オーストラリアのグローバル教育の理論と実践

開発教育研究の継承と新たな展開

Theory and Practice of Global Education in Australia
Cotinuity and Progress of the Research in Development Education

木村　裕
Kimura Yutaka

東信堂

はしがき

　科学技術の進歩やグローバル化の進展とともに、ヒト・モノ・カネの国境を越えた移動は増大し、情報は一瞬にして世界中を駆け巡るようになってきた。こうした状況は社会の新たな可能性を示すとともに、貧困や格差、環境破壊など、様々な課題も生み出してきた。「地球的諸問題」と呼ばれるこれらの問題には、現在のところ、唯一絶対の解決策は見つかっていない。また、諸問題の解決の先につくりあげるべき社会のあり方についても、共通に合意されたものが示されているわけではない。

　しかしながら、ここで少なくとも明らかなことは、地球的諸問題の解決なくして万人にとってのより良い社会の実現は望めないということであり、解決のためには世界中の人々や国々の協力が不可欠であるということである。一人でも多くの人々が知恵を持ち寄り、実現したい社会について議論すること、解決すべき問題の原因や現状を探ること、問題の解決に向けた取り組みの実態およびその成果と課題を明らかにすること、今後取り組むべき行動の方向性を探ること、行動に参加することなどが求められている。そしてそのためにも、こうした取り組みを行う力量を持った「地球市民」の育成がめざされている。2002年の第57回国連総会において「持続可能な開発のための教育 (Education for Sustainable Development：ESD) の10年」が決議され、2005年から実施に移されたことは、地球市民を育成することの重要性と教育活動への期待を示す象徴的な出来事の1つであろう。

　本書で注目する開発教育やグローバル教育はこうした問題意識を共有する取り組みとして提起され、世界各国で、学校内外で、実践されてきた。しかしながら言うまでもなく、これらの教育活動はただ行われれば良いというわ

けではない。カリキュラム編成や授業づくりに関するこれまでの研究蓄積を検討することによってそれらを行う際の要点を明らかにし、それをふまえて効果的な実践を進める必要がある。

　本書は、オーストラリアにおけるグローバル教育の理論と実践を、その基盤にある開発教育研究の蓄積がどのように継承され、また、新たな展開を見せているのかという視点から検討することを通して、学校教育という枠組みの中でグローバル教育を実践することの可能性と課題を探ろうとするものである。

　1960年代にキリスト教系の教会やNGOによって実践されるようになったオーストラリアの開発教育は、1990年代に入ってグローバル教育と呼称を変化させる。そして、連邦政府の機関であるオーストラリア国際開発庁（Australian Agency for International Development：AusAID）が主導する国家プロジェクトである「グローバル教育プロジェクト（Global Education Project：GEP）」として展開してきた。その中で重ねられてきた研究の射程は、授業づくりやカリキュラム編成に関するものはもとより、教育制度への位置づけ方をめぐる議論にも及ぶ。日本ではこれまで、オーストラリアの開発教育やグローバル教育に関する研究蓄積についてはほとんど取り上げられてこなかったが、われわれは、オーストラリアにおいて重ねられてきた豊かな取り組みの蓄積に多くを学ぶことができる。

　本書の刊行に向けた作業を行っているまさにその最中に、オーストラリアでは、学校教育の場におけるグローバル教育の実践に影響を与え得る2つの大きな変化が起こった。1つは、2013年度より開始された「オーストラリアン・カリキュラム」と呼ばれるナショナル・カリキュラムの段階的な導入であり、もう1つは、2013年11月に起きた、ギラード（Gillard, J.）労働党政権からアボット（Abbott, T.）自由党・国民党連立政権への連邦政府の政権交代とそれに伴うAusAIDの再編である。オーストラリアの社会、そして、そこで展開されてきたグローバル教育は、新たな局面を迎えようとしている。

　こうした変化が起きているとは言え、オーストラリアにおいて開発教育と

グローバル教育が理論的にも実践的にも重要な研究成果を蓄積してきたことに変わりはない。そして、新たな時代へと進み始めた現在だからこそ、これまでに積み重ねられてきた研究の成果と課題を明確にし、未来に引き継いでいくことが必要である。

　日本においても、開発教育協会を中心として推進されてきた開発教育や、ユネスコスクールを中心に取り組みが広がりつつあるESDなど、より良い未来の社会づくりに向けた取り組みが重ねられてきた。今後ますます、その成果を国内外に向けて発信し、さらなる議論や実践を展開していくことが肝要である。そしてそのためには、これまでに重ねてきた取り組みの成果や課題をわれわれ自身が認識するとともに、理論および実践に関する研究のさらなる発展に向けた議論の方向性を提示することも重要となるだろう。本書で取り上げるオーストラリアの研究蓄積は、その際に重要な示唆を与えるものでもあると考えている。

　めざすべき未来の姿が明確には見えない現在は、未来の姿をいかようにも描き得る現在でもある。そして、そうした未来の姿を描き、その実現に向けて取り組んでいくのは、今を生きるわれわれ一人ひとりであり、未来の社会の中心的な担い手となる、現在および未来の子どもたちである。

　本書が、学校教育の場においてグローバル教育を実践することの可能性と取り組むべき課題の一端を提示し、今後のより良い実践づくり、そして、より良い地球社会づくりを進めるきっかけとなれば幸いである。

2014年1月

木村　裕

目　次／オーストラリアのグローバル教育の理論と実践

はしがき………………………………………………………………………………ⅰ
略語一覧………………………………………………………………………………ⅸ

序　章……………………………………………………………………………3

第1節　問題の所在……………………………………………………………3
第2節　先行研究の整理………………………………………………………7
　(1) 日本における先行研究の成果と課題（8）
　(2) オーストラリアにおける先行研究の成果と課題（11）
第3節　本研究の課題と分析視角の設定 …………………………………16
第4節　本研究の構成 ………………………………………………………18
［註］（20）

第Ⅰ部　グローバル教育の歴史的展開 ……………………………27

第1章　開発教育からグローバル教育への歴史的展開
　　　　　――NGOによる取り組みから国家プロジェクトへ …………28

第1節　オーストラリアへの開発教育の導入と学校教育の場への広がり……28
　(1) 開発教育導入以前（～1968年）（28）
　(2) 開発教育の導入と実践の場の拡大（1968年～1989年）（30）
第2節　学校教育の場への定着と国家プロジェクトへの展開………………34
　(1) 1989年以降の開発概念の提起と開発教育（34）
　(2) 学校教育の場への定着（1989年～1994年）（37）
　(3) 国家プロジェクトとしての展開（1994年～現在）（39）
第3節　ナショナル・カリキュラム開発と開発教育 ………………………41
　(1) ナショナル・カリキュラム開発をめぐる動きと開発教育（41）
　(2) 『グローバル教育に関するステイトメント』に見る学校教育の場
　　　でのグローバル教育の位置づけ（44）
　(3) 連邦政府の教育政策がグローバル教育に及ぼす影響（45）
小　括 …………………………………………………………………………47
［註］（49）

目次　v

第2章　グローバル教育プロジェクトの全体像とその特質
　　　　──連邦政府が国家プロジェクトに及ぼす影響 …………………………54

　第1節　ハワード政権による連邦政府の教育改革と国家プロジェクト ……54
　　（1）ハワード政権による教育改革の特徴（54）
　　（2）教育に関する国家プロジェクトを分析する際の視点（56）
　第2節　グローバル教育プロジェクトの全体像 ……………………………59
　　（1）各州・直轄区でのグローバル教育プロジェクトの実施（59）
　　（2）教材の開発と出版およびウェブサイトの運営（61）
　第3節　グローバル教育プロジェクトにおける取り組みとその特質 ………64
　　（1）グローバル教育プロジェクトで扱われる教育内容（64）
　　（2）グローバル教育プロジェクトにおけるブロウェットの取り組み（65）
　　（3）グローバル教育プロジェクトの特質（69）
　小　括 ……………………………………………………………………………72
　［註］（73）

第Ⅱ部　グローバル教育プロジェクトへの
　　　　　開発教育研究の継承 ………………………………………………… 77

第3章　コルダーとスミスの開発教育論の特質と課題
　　　　──イギリスにおけるグローバル教育研究の継承 ……………………78

　第1節　コルダーとスミスの開発教育論の理論的背景 ……………………78
　　（1）パイクらのグローバル教育における4つの次元（78）
　　（2）パイクらの考えるグローバル教育の教育目的と教育目標（81）
　　（3）学習方法（84）
　　（4）学習過程（85）
　　（5）パイクらのグローバル教育論の特徴（86）
　第2節　コルダーとスミスの開発教育論における実践の構成原理……………88
　　（1）開発教育の教育目的と教育目標（88）
　　（2）学習方法（92）
　　（3）学習過程（93）
　第3節　グローバル教育論との比較に見るコルダーとスミスの
　　　　　開発教育論の特質と課題 ……………………………………………96
　　（1）コルダーとスミスの開発教育論の特質（97）
　　（2）コルダーとスミスの開発教育論の課題（99）

第4章 フィエンの開発教育論の特質と課題
──批判的教育学に基づく開発教育論の展開 ……………… 105

第1節 教育活動に対するフィエンの問題意識 ……………………… 105
　(1) 環境教育の3類型に見られるフィエンの主張（106）
　(2) 教育活動における社会的な行動のあり方（108）

第2節 コルダーとスミスの開発教育論との比較に見るフィエンの
　　　 開発教育論の特徴 ……………………………………………… 110
　(1) フィエンと開発教育との関わり（110）
　(2) フィエンの開発教育論における実践の構成原理（111）
　(3) 開発教育の背景にあるイデオロギー（114）
　(4) 教師の役割（115）

第3節 フィエンの開発教育論に見られる批判的教育学の影響 ……… 117
　(1) 開発教育の持つイデオロギーの明示（117）
　(2) 教師の果たすべき役割の強調（119）

第4節 フィエンの開発教育論に見られる特質と課題 ……………… 121
　(1) フィエンの開発教育論の特質（121）
　(2) フィエンの開発教育論の課題（124）

小　括 ……………………………………………………………………… 125

［註］（128）

第5章 『グローバル・パースペクティブ・シリーズ』に対する
連邦政府からの影響──開発教育研究の継承と変容 ……… 131

第1節 実践の分析視角の設定 …………………………………………… 131
　(1) 「政府型」開発教育と『シリーズ』（131）
　(2) 実践の分析視角（133）

第2節 『シリーズ』に収められている単元例の具体像 ……………… 137
　(1) 『シリーズ』の概要（137）
　(2) 単元例「良いビジネス」の具体像（139）

第3節 単元分析を通して見る開発教育研究の継承と変容 …………… 143
　(1) 単元例「良いビジネス」における実践の特徴（143）
　(2) 単元例「良いビジネス」に見られる開発教育研究の継承と変容（146）

小　括 ……………………………………………………………………… 148

［註］（150）

第Ⅲ部　グローバル教育の新たな展開と可能性 ………… 153

第6章　『グローバル・パースペクティブ・シリーズ』に基づく実践の具体像とその可能性
　　　　──開発教育論の抱える課題の克服に向けた展望 ………… 154

　第1節　実践分析を通して取り組むべき検討課題 ………… 154
　第2節　調査および単元「水は金よりも大切？」の概要 ………… 155
　　（1）調査の概要（155）
　　（2）単元の概要（158）
　第3節　実践に見る認識の深化とそれを促すための方策 ………… 162
　　（1）「社会認識の深化」を促すための取り組み①（162）
　　（2）「社会認識の深化」を促すための取り組み②（164）
　　（3）「自己認識の深化」を促すための取り組み①（166）
　　（4）「自己認識の深化」を促すための取り組み②（168）
　第4節　行動への参加の位置づけとそれを促す教師の働きかけ ………… 170
　第5節　実践から示唆される教育評価のあり方 ………… 171
　第6節　実践における『シリーズ』の使われ方とグローバル教育プロジェクトの役割 ………… 173
　小　括 ………… 175
　［註］（178）

第7章　後期中等教育修了試験が実践に及ぼす影響
　　　　──教育評価のあり方に関する問題提起 ………… 180

　第1節　SACE の枠組みにおけるグローバル教育の実践の可能性 ………… 180
　　（1）SACE の科目概要における教育内容に関する規定（181）
　　（2）SACE の科目概要における教育評価に関する規定（183）
　　（3）SACE の規定とグローバル教育の実践の可能性（186）
　第2節　SACE の枠組みに実践を位置づけるための取り組み ………… 188
　　（1）教育内容と教育評価に関する規定を反映させた単元づくり（189）
　　（2）評価の観点とクライテリアの内容の具体化（192）
　第3節　実践を通して見る教育評価の役割とあり方 ………… 195
　　（1）評価課題への取り組みに関する生徒への支援策（195）
　　（2）評価課題への生徒の取り組みと学習の成果（197）
　　（3）評価計画が生徒の学習活動を進める際に果たした役割（200）

(4) SACEが実践に及ぼす影響とグローバル教育における
　　　教育評価のあり方（201）
　小　括 ……………………………………………………………… 204
　［註］（206）

終　章 …………………………………………………………… 209
　第1節　本研究の成果 …………………………………………… 209
　第2節　本研究に残された課題 ………………………………… 221
　［註］（223）

引用・参考文献一覧 ……………………………………………… 225

巻末資料（オーストラリアの開発教育・グローバル教育の年表）… 239

あとがき …………………………………………………………… 248

事項索引 …………………………………………………………… 255
人名索引 …………………………………………………………… 257

略語一覧

ACFOA	Australian Council for Overseas Aid（オーストラリア海外援助審議会）
ACT	Australian Capital Territory（オーストラリア首都特別地域）
AIDAB	Australian International Development Assistance Bureau（オーストラリア国際開発援助局）
AusAID	Australian Agency for International Development（オーストラリア国際開発庁）
DETYA	Department of Education, Training and Youth Affairs（教育訓練青少年問題省）
DFAT	Department of Foreign Affairs and Trade（外務貿易省）
GEP	Global Education Project（グローバル教育プロジェクト）
NADEC	National Association of Development Education Centres（全国開発教育センター協会）
NGO	Non Government Organization（非政府組織）
NSW	New South Wales（ニューサウスウェールズ州）
NT	Northern Territory（北部準州）
QLD	Queensland（クイーンズランド州）
SA	South Australia（南オーストラリア州）
SACE	South Australian Certificate of Education（南オーストラリア州教育修了資格）
SACSA	South Australian Curriculum, Standards and Accountability（南オーストラリア州のカリキュラム、スタンダード、アカウンタビリティ）
SEAA	Social Educators' Association of Australia（全豪社会科教育学会）
SSABSA	Senior Secondary Assessment Board of South Australia（南オーストラリア州後期中等教育評価委員会）
TAS	Tasmania（タスマニア州）
VIC	Victoria（ビクトリア州）
WA	Western Australia（西オーストラリア州）

オーストラリアのグローバル教育の理論と実践
──開発教育研究の継承と新たな展開──

序　章

　本研究は、オーストラリア連邦(以下、オーストラリア)における「グローバル教育(global education)」の理論と実践の検討を目的とするものである。具体的には、オーストラリアにおける「開発教育(development education)」研究の蓄積がどのように継承され、新たな展開を見せているのかという視点からグローバル教育の理論と実践を検討することを通して、近代公教育において中心的な役割を担ってきた学校教育という枠組みの中でグローバル教育を実践することの可能性と課題を探ることをめざす。なお、後述するように、オーストラリアにおけるグローバル教育は開発教育をもとに展開してきた。そのため、本研究は開発教育研究の一環として位置づけられることを断わっておきたい。ただし、本研究の意義を明らかにするために、序章では日本のグローバル教育研究の動向も紹介する。

第1節　問題の所在

　開発教育とは、南北問題の解決に向けた取り組みの必要性が国際的に認識されるようになった1960年代に、開発途上国に対する援助活動を行っていたキリスト教系の教会や非政府組織(Non Government Organization：以下、NGO)によって、主に学校外の教育の場で実践されるようになった教育活動である。実践され始めた当初は、貧困や格差の問題、援助活動などに関心を持つ大人を主な対象として、開発途上国の現状や援助活動の実態を伝えることで援助活動への理解と支援を得るという、広報活動としての役割を担ってきた。
　開発教育が実践されるようになった主要な要因の1つには、イギリスやオ

ランダなどのヨーロッパ諸国における贖罪意識とチャリティー思想があった。すなわち、開発途上国として貧しい状況の中に置かれている国々があるのは植民地時代に自分たちが宗主国としてそれらの国々を植民地化した結果であるという認識と、貧しい他国を助ける道義的責任があるのだという認識が流布したのである。こうした認識を背景として、開発教育はイギリスやオランダにおいて実践され始め、次第に他国にも広がっていった。

オーストラリアにおいても1960年代に開発教育が実践され始めた。イギリスやオランダと同様に、開発教育は当初、キリスト教系の教会やNGOによって主に学校外の教育の場で、広報活動としての役割を担うものとして実践されていた。そのため、開発途上国の貧困の状況を知り、NGOなどの行う援助活動を支援しようとする人間の育成がめざされていた。

第1章で詳述するように、開発教育の目的はその後、開発論および開発概念の展開に伴って変化してきた。たとえば、1970年代に「従属理論(Dependency Theory)」が提唱されて以来、貧困や格差を是正するためには既存の貿易体制や経済構造などの社会構造の批判的な吟味と変革が必要であるとの認識が広がった。また、1980年代後半以降には「持続可能な開発(sustainable development)」「人間開発(human development)」「社会開発(social development)」などの開発概念が提唱され、経済成長一辺倒の開発のあり方に対する疑問も呈されてきた。さらに、貧困や格差などの問題と、環境破壊や人権侵害、平和構築などの問題との強い関連性が認められるようになる中で、開発教育で扱われる問題の範囲も広がってきた。

こうした開発論および開発概念の展開に伴い、開発教育では、経済成長を一義的な目的とする開発のあり方に批判の目を向け、万人にとって平和で公正で持続可能な世界の構築に寄与することのできる「地球市民(global citizen)」の育成がめざされるようになる。すなわち、地球上に存在する貧困や格差、環境破壊や人権侵害など、より良い地球社会づくりを実現するために解決すべき「地球的諸問題(global issues)」の解決をめざして、地球的諸問題を生み出している原因を探り、解決策を模索し、解決に向けた行動に参加することのできる人間の育成がめざされるようになったのである。

地球的諸問題の解決に取り組むことのできる人間の育成をめざすという教育目的は、開発教育だけでなく、人権教育、環境教育、平和教育、多文化教育などにも共通する[1]。オーストラリアの開発教育およびグローバル教育に理論的基盤を提供しているコルダー(Calder, M.)とスミス(Smith, R.)は、これらの教育活動の共通性を指摘するとともに、それぞれの教育活動には固有の出発点や強調点、体系づけられた概念(organising ideas)があると言う(**図序-1**)。たとえば開発教育は、「万人にとっての平等への努力」を中心テーマとし、「開発に関する多様なイメージ」「資源の適正な分配」「貧富」「相互依存」「権力」「変化」という強調点や概念を持つものとされる。他の教育活動についても同様に、それぞれの主要な強調点や概念が示されている。ただし、これら5つの教育活動は、「エンパワーメント」「万人にとっての社会の発展」「世界とそこに住む人々の生存」「関わり合いと行動」「世界規模での正義(justice)」という共通の目的(goals)と概念(concepts)を持っており、また、それぞれが扱う地球的諸問題が拡大してきたため、密接な関連を持つものであると考えられている。

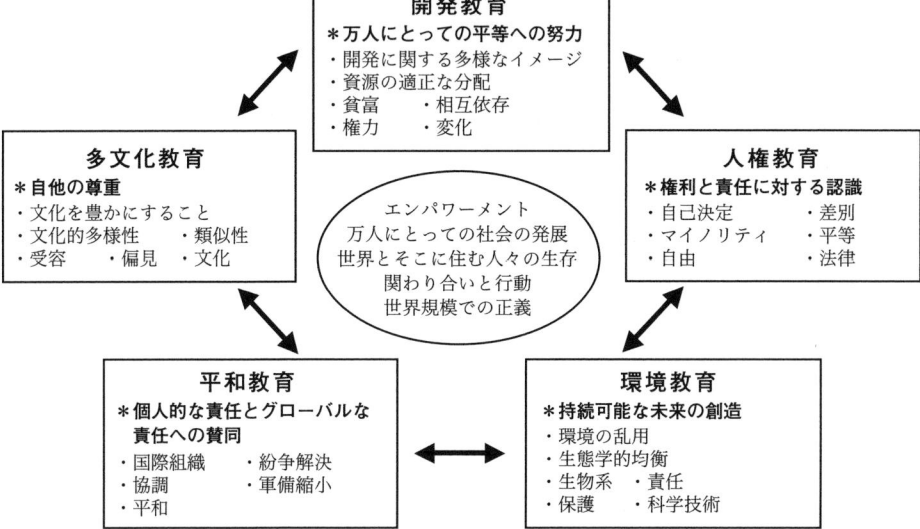

図序-1：地球市民の育成をめざす各教育活動の強調点と相互の関係

(図は、Calder, M. & Smith, R., *A Better World for All: Development Education for the Classroom* (Book 1), Canberra: Australian Government Publishing Service, Australia, 1991, p.16を訳出して筆者が作成)

扱われる問題の拡大やめざす人間像の変化は、オーストラリアにおける開発教育に名称変更を迫った。開発教育という用語ではその教育目的や教育内容が容易かつ正確にはイメージされにくいということ、すなわち、開発とは何か、何を何のために開発することをめざした教育なのか、何を扱う教育なのか、どのような人を育てることを目的とした教育なのか、といった疑問を持たれやすいということが問題視されたのである。

　こうした議論を背景として、1990年代に入ると開発教育という名称に替わってグローバル教育という名称が一般的となる。そして現在、グローバル教育は、「将来、物事をよく知り、エンパワーされた地球市民となって、万人にとって平和で、公正で、持続可能な世界に向けて活動できるようになるための価値観や技能、態度、知識を学習者に教える」[2]教育活動であるとされ、「グローバル教育プロジェクト (Global Education Project)」（以下、GEP）と呼ばれる国家プロジェクトを通して、学校教育の場での普及がめざされている[3]。本論で詳述するように、GEPではコルダーとスミスおよびフィエン (Fien, J.) の開発教育に関する研究成果に多くを学んでいる。そのため、GEPにおけるグローバル教育は、開発教育研究の成果を基礎として展開していることが分かる。

　こうした教育目的や呼称の変化に加えて、実践の場の拡大も見られた。開発教育は、実践され始めた当初は主に学校外の教育の場で実践されていたが、次第に学校教育の場でも実践されるようになったのである。オーストラリアでは特に、1994年以降、「オーストラリア国際開発援助局 (Australian International Development Assistance Bureau：AIDAB)」、および、その後身である「オーストラリア国際開発庁 (Australian Agency for International Development：以下、AusAID)」[4]によって主導された国家プロジェクトであるGEPを通して、学校教育の場におけるグローバル教育の普及がめざされてきた。

　学校外の教育の場で実践される開発教育やグローバル教育は、NGOなどの活動にすでに興味を持っている人々を主たる対象とする傾向が強い。しかしながら、地球的諸問題を解決していくためには、できるだけ多くの人々が解決に向けた取り組みに参加し、協力することが不可欠である。そのため、

多くの児童生徒を対象として長期的な視野に立った実践を行うことを可能にする学校教育の場における実践には大きな可能性がある。

　ただし、学校教育の場でグローバル教育を実践することには、ある種の「矛盾」がつきまとう。第1章でも示すように、グローバル教育の前身である開発教育では、国民国家の利益を超えた公正な地球社会づくりの実現と、それに寄与する地球市民の育成がめざされてきた。一方で、学校教育に象徴される近代公教育は、国家主導のもとで全ての国民が国民として最低限必要な実用的学力と社会秩序への適応のための道徳教育を与えるものという性格を強く持つものとして成立してきたという経緯を持つ[5]。つまり、学校教育には、国家政府の要求する国民、すなわち、国民国家の維持および発展に寄与する国民の育成という役割が付与されてきた。そのため、開発教育およびグローバル教育が育成をめざす地球市民像と近代公教育が育成をめざす国民像とは必ずしも一致するわけではない。したがって、学校教育の場におけるグローバル教育の実践を進める際には、学校教育という場の持つ可能性と限界を認識したうえで、それをふまえてカリキュラム編成や授業づくりに関するこれまでの研究の到達点と課題を明らかにし、理論の再構築をめざすとともに、それに基づく実践のあり方を問い直す作業が必要となる。

　後述するように、オーストラリアでは、特に学校教育の場における開発教育およびグローバル教育の実践をめぐる研究が重ねられてきた。また、GEPに代表されるように、連邦政府の関わりのもとに実践の普及がめざされている。そのため、オーストラリアにおける開発教育研究およびグローバル教育研究の射程は、授業づくりやカリキュラム編成に関するものはもとより、教育制度への位置づけ方をめぐる議論にも及ぶ。こうした状況をふまえて、本研究では、オーストラリアにおいて重ねられてきた学校教育の場におけるグローバル教育の理論と実践をめぐる議論を検討していく。

第2節　先行研究の整理

　本節では、これまでに行われてきた先行研究の成果と課題を整理する。な

お、本研究はオーストラリアにおける研究を扱うものであるが、オーストラリアに着目することの意義を明確にするために、ここでは日本の先行研究についても概観する。

(1) 日本における先行研究の成果と課題

　日本において開発教育に対する関心が高まるようになったのは、1970年代後半のことである。日本の開発教育研究を牽引してきた田中治彦によれば、1977年に、開発教育と題した最初の出版物である『新たな「開発教育」をめざして——南北問題・開発途上国に関する教科書調査報告書』[6]が発行された。その後、青年海外協力隊事務局の機関誌『クロスロード』において開発教育の特集が組まれたり[7]、1979年に、国連広報センター、ユニセフ、国連大学の主催による日本初の「開発教育シンポジウム」が開催されたりした。1980年にはこのシンポジウムの参加者を中心とした有志により開発教育研究会が発足する。そして、1982年12月には開発教育協議会が結成され、毎年、全国研究集会を開催したり、機関誌『開発教育』をはじめとする多くの出版物を発行したりしてきた[8]。開発教育協議会は2002年に開発教育協会(Development Education Association and Resource Center)へと名称を変更し、現在に至るまで、教材の発行や講師派遣、調査研究や人材育成などに取り組んでいる[9]。

　日本に開発教育が紹介された当初は、開発教育とは何か、開発をどのようにとらえるべきかといった点で議論が重ねられた[10]。そして1994年に、田中治彦によって、開発教育の歴史的展開や実践例を紹介した『南北問題と開発教育』[11]が著された。それまでに国内外で行われてきた議論をふまえて著された同書は、日本での開発教育に対する認識と理解を促すとともに、その後の理論および実践に関する研究に先鞭をつけたものであると言える。

　開発教育の実践のあり方に関する議論を進めるにあたり、日本においてこれまで特に参考にされてきたのが、イギリスを中心としたヨーロッパ諸国やアメリカ合衆国における開発教育やワールド・スタディーズ(World Studies)、グローバル教育に関する研究成果である。たとえば、『ワールド・スタディー

ズ――学びかた・教えかたハンドブック』[12]や『地球市民教育のすすめかた――ワールド・スタディーズ・ワークブック』[13]、『地球市民を育む学習――Global Teacher, Global Learner』[14]などのテキストが翻訳され、参考にされた。そこでは、ワールド・スタディーズを実践する際の基本的な理念や単元事例、アクティビティなどが紹介されている。グローバル教育についても、ワールド・スタディーズの研究成果を基礎としてグローバル教育研究を牽引してきたセルビー (Selby, D.) やパイク (Pike, G.) らの研究成果が紹介されてきた[15]。

　こうした単元づくりや授業づくりの基本的な原則の紹介に加えて、学校教育の場での実践を広げるべく、実践事例の紹介や教材開発なども行われてきた。たとえば、早くから日本で開発教育の実践に取り組んできた西岡尚也は、特に地理教育における開発教育の可能性を提起している[16]。また、藤原孝章の『外国人労働者問題をどう教えるか――グローバル時代の国際理解教育』[17]や『シミュレーション教材「ひょうたん島問題」』[18]、大津和子の『社会科――1本のバナナから』[19]などは、学校教育の場における開発教育の優れた実践例として評価されてきた。さらに、開発教育協会は教材の作成や教師教育などに積極的に取り組んできた。たとえば、開発教育協会によってまとめられた5冊のブックレット[20]では、開発教育の実践事例が紹介されているほか、開発教育に特徴的な「参加型学習」と呼ばれる学習方法の効果や重要性および実践方法、総合的な学習の時間における実践の可能性、地域のNGOなどとの連携を通した実践の可能性などが提案されている。

　近年では、開発途上国に見られる問題のみを取り上げるのではなく、学習者自身が住む身近な地域に見られる問題を軸に学習を進めることの重要性も指摘されている。たとえば、開発教育協会の要職を歴任してきた山西優二らは、開発に関わる問題は自分たちの住む地域の問題であるという視点に立って国内外で行われている課題解決に向けた取り組みの意義を考察し、今後の開発教育が進むべき方向性を示している[21]。また、同じく開発教育協会の中心的なメンバーの一人である小貫仁は、開発教育が開発という概念自体を問い直すことを内に含んだものである点を強調するとともに、グローバリゼーションのもとで地域と世界が連動する当事者性を伴った展開を行うことが学

びの真髄になると指摘している[22]。

　これらの先行研究においては、開発教育の定義や目的、教材や実践例、学習活動を行う際の留意点などを紹介することに重点が置かれている。また、その中で、開発教育に特徴的な学習方法である「参加型学習」や「ワークショップ」の効果が注目されてきた[23]。さらに、NGOなど学校外で活動している援助団体と連携することによって、学校内にとどまらない実践の可能性を拓くこともねらわれている。これらの先行研究の成果は、開発教育に対する理解を深め、実践を普及させていくうえで重要な役割を果たしてきた。しかしながら、そこでは、参考にしてきたグローバル教育やワールド・スタディーズに関する理論面での研究成果を批判的に検討するという視点が弱い。また、実践を普及させることに重きが置かれ、実践を通して見えてくる成果や課題をふまえて開発教育の授業づくりやカリキュラム編成に関する理論の再構築をめざすという研究の志向性が十分に強調されているとは言えない。

　グローバル教育およびワールド・スタディーズの理論面での研究成果に関して、その意義と課題を詳細に検討した先行研究としては、木村一子の研究が挙げられる[24]。木村は、アメリカ合衆国で展開されたグローバル教育が様々な価値観を持つ民族や国家の存在を無視してしまっていることを最大の問題点ととらえる[25]。そして、アメリカ合衆国のグローバル教育の影響を受けながらも、それまでにイギリスで展開されていた多文化教育や開発教育などの研究成果に学び、それらを包括する教育論として構想されたものとしてイギリスのワールド・スタディーズを位置づけ[26]、アメリカ合衆国のグローバル教育が抱える問題点を克服し得るものとしてワールド・スタディーズに注目する。そのうえで、グローバル性の理解と自己探究との両立を可能にする学習過程および学習方法を明らかにすることをめざして、ワールド・スタディーズの研究成果を検討している[27]。そして、①他の人たちについての学習（「外への旅（journey outwards）」）を、社会的見方・考え方の自己探究を目的として行う他の人たちからの学び（「内への旅（journey inwards）」）となるように学習を位置づけることで、それらの問題を自分とは無関係な「彼らの」問題として理解することに終わりがちであった従来の教育の問題を克服しようとし

た点、②こうした理念を単元構成原理とし、理論レベルだけでなく単元構成レベルにおいても目標・内容・方法の構造化をはかることに成功していた点、③教育の意義を地球的諸問題の背景や構造を「理解させること」に求めるのではなく、世界の「とらえ方」を学ぶことにより自分たちの未来を構想・選択・追求していく力の育成に求めるとともに、学習を出発点として児童生徒が主体的に探究を行うよう動機づけることをめざして、問題の背景にある個々の原因や相互の関係などについての探究を行うという教育観を持っている点を、ワールド・スタディーズの重要な意義として示している[28]。木村の研究は、ともすれば「遠い国の人々の問題」としてとらえられがちであった地球的諸問題を身近な問題としてとらえ、その解決に向けた行動に取り組むことを可能にする授業や単元の構成原理を明らかにした点で重要である。

　ただし、木村の先行研究ではグローバル教育の授業や単元の構成原理を明らかにするというミクロな視点からの検討に焦点があてられ、それが実践される学校教育をとりまく教育政策や教育制度などからの実践への影響という、マクロな視点からの検討は十分ではない。前節で述べた学校教育とグローバル教育との間に存在する「矛盾」を念頭に置くとき、グローバル教育論そのもののあり方を問うだけではなく、それがどのような政治的・社会的文脈の中で実践されようとしているのか、また、実践される過程で何らかの変容を迫られてはいないのかという点もまた十分に考慮する必要があると言えるだろう。

(2) オーストラリアにおける先行研究の成果と課題

　オーストラリアにおける開発教育およびグローバル教育に関する研究成果は、日本ではほとんど注目されてこなかった。教科書における難民や先住民の取り上げ方を分析したものや[29]、オーストラリアで開催されたワークショップの報告[30]が見られるものの、いずれも具体的な授業の様相やカリキュラムの内容などにふみこんで検討を加えたものではない。

　一方、オーストラリア国内における先行研究に目を向けると、まず、NGOによる開発教育への取り組みに関するものが見られる。たとえば、オー

ストラリアにおける開発教育研究に先鞭をつけたバーンズ (Burns, R. J.) は、1968年にデンマークで開かれた国際セミナーを通してオーストラリアのNGOに開発教育が紹介されたことや、オーストラリアに住む人々に南北問題について知らせるという役割をNGOが担ってきたことを明らかにしている[31]。また、ライアン (Ryan, A.)[32] やコーデン (Cowden, S. M.)[33]、キド (Kido, K.)[34] は、国際連合（以下、国連）や各国政府、NGOなどが貧困に苦しむ開発途上国への関心を高め、援助活動を積極的に行い始めたことを契機として開発教育が実践されるようになったことや、開発論の展開に伴って開発教育の教育目的および教育内容に変化が見られたことを指摘している。ライアンはまた、オーストラリアでは歴史的に開発教育が連邦政府と深い関わりを持って展開されてきたために、政府が望む開発教育、すなわち、既存の社会構造の批判的な吟味と変革を行うことを避けるような開発教育を進めるという性質を持ってきたことを、オーストラリアの開発教育に歴史的に見られる特徴として指摘している[35]。

1990年代になると、学校教育の場での実践に向けたカリキュラム開発や授業づくりに関する理論面での研究が本格化する。理論に関して今日まで開発教育およびグローバル教育に大きな影響を与えてきたのが、本書の第II部で取り上げる、コルダーとスミスの共同研究、およびフィエンの研究の成果である。

コルダーとスミスは、1991年に、主著『万人にとってより良い世界を』[36] を著した。そこでは、イギリスのパイクらが行ってきたグローバル教育やワールド・スタディーズに関する研究成果に学びながら、自身の開発教育論を展開している。コルダーらは開発教育の理念として万人にとってのより良い世界の構築を掲げたうえで、開発教育を「児童生徒が、万人にとってのより良い世界の開発に効果的に参加するのを助けるプロセス」であるとともに、「全てのカリキュラム領域に取り入れられるパースペクティブ」であると定義する[37]。そして、開発教育の理念を達成するために求められる教育活動を実現するために、より具体的な教育目標や学習方法、学習過程を提案している。

フィエンも同様に、開発教育の具体的な教育目標や学習方法を提案してい

る。ただし、フィエンはコルダーとスミスの開発教育論を基礎としながらも、ジルー (Giroux, H. A.) に代表される批判的教育学の研究成果に学ぶことによって、開発教育が持つイデオロギーを明示することや政治プロセスへの積極的な参加を可能にするための力量形成の必要性を強調するなど、コルダーらとは異なる強調点を持った開発教育論を提案している。

　こうした研究の成果も受けて、実践例の紹介や教材開発も積極的に行われてきた。特に1990年代半ば以降には、GEPの援助のもとに数多くの教材や実践事例集が作成され、出版されてきた。その代表的なものが、本書の第5章で詳しく取り上げる教師用の単元事例集『グローバル・パースペクティブ・シリーズ』（以下、『シリーズ』）である[38]。また、グローバル教育の普及には、全豪社会科教育学会 (Social Educators' Association of Australia：以下、SEAA) やNGOも積極的に取り組んでいる。たとえば、SEAAの会員を中心に作成された『優れた取り組みと指導的立場にある人たち──オーストラリアにおけるグローバル教育の概略』[39]では、オーストラリア全土の中から特に優れた取り組みを行っている学校が取り上げられ、その取り組みの様子が紹介されている。その他にも、ワールド・ビジョン・オーストラリア (World Vision Australia) やセーブ・ザ・チルドレン・オーストラリア (Save the Children Australia) などのNGOも独自の教材を開発している[40]。NGOによって開発された教材もまた、学校教育の場において使用されている。

　カリキュラム開発や授業づくりに関する理論面での研究および教材開発と並んで1990年代以降に重視されたのが、学校教育に関する制度的枠組みの中にどのようにグローバル教育を位置づけ実践するのかという視点からの研究であった。第1章でも述べるように、オーストラリアでは1990年代に入り、ナショナル・カリキュラム開発の動きが活発化する。すなわち、連邦政府樹立以降、初等・中等教育に関しては各州・直轄区がそれぞれ自由に教育政策を策定することができ、また、各学校にカリキュラム編成や教材選択などの裁量が与えられてきたのに対して、連邦政府の示す方針に沿ったカリキュラム編成や、教育の成果と課題を明確にするためのアカウンタビリティが求められるようになってきた。そのため、政府の示すこれらの枠組みにグローバ

ル教育をどのように位置づけるのかが、学校教育の場において実践を行う際の重要な課題の1つとなったのである。

学校教育への位置づけ方に関する主要な研究としてはまず、フィエンが中心メンバーを務めた研究グループ[41]によるものが挙げられる。そこでは、1994年から1996年にかけて行われたGEPの取り組みについて、活動内容の総括と評価が行われ、その成果が3冊の報告書にまとめられた。そのうちの1冊である『モノグラフ1：オーストラリアのカリキュラムに関する文書に見るグローバル教育実践の機会』[42]では、グローバル教育の目的や目標、実践上の留意点などが総論として示されたうえで、ナショナル・カリキュラムと関連する文書の内容を参照しながら、ナショナル・カリキュラムで構想されている学習活動の中にどのようにグローバル教育を位置づけ得るのかが検討されている[43]。また、GEPの重要な成果の1つである『シリーズ』を補完するものとして2002年に出版された『グローバル・パースペクティブ——オーストラリアの学校のためのグローバル教育に関するステイトメント』[44]（以下、『グローバル教育に関するステイトメント』）においても、グローバル教育の原理や目的、カリキュラム編成における学習上の強調点とともに、ナショナル・カリキュラムで構想されている各学習領域で扱い得るトピックを例示することによって、学校教育への位置づけ方が提案されている[45]。

ところで、1990年代以降のオーストラリアにおける教育改革の強調点の1つが、教育の成果と課題に関するアカウンタビリティへの要求であった。そのため、学校教育の場にグローバル教育を普及させるにあたり、教育評価をどのように行うのかが重要な課題の1つとして立ち現われてくる。すなわち、グローバル教育に関するテーマをただ扱うだけではなく、学習を通してどのような学力が身についたのか、さらにはその学力が、連邦政府や州・直轄区の政府が求める学力と対応しているのかが問われるようになってきたのである。

この課題に目を向けたのがキドである[46]。キドは、グローバル教育において教育評価の重要性が看過されてきたことを指摘するとともに[47]、グローバル教育においても教育評価を行うことが必要であると主張する。それは、教

育評価が学習者に、自身の学習をふり返り、その成果を示すとともに、学習を改善するための機会を提供し得るためである[48]。キドはこうした問題意識に基づき、南オーストラリア州 (South Australia) においてグローバル教育を実践している教師へのインタビュー調査を行った[49]。そして、グローバル教育の重要な目標の1つである「行動を起こすこと」という点を位置づけた実践および評価活動を構想している教師は多くないことと[50]、教室での評価活動が、グローバル教育の目的と照らし合わせた際の適切さよりも、既存の教育制度の中で成功を収めることに鑑みて実践されている例が見られることを指摘している[51]。ここからは、グローバル教育の目標と照らし合わせた教育評価のあり方を明らかにすることの必要性とともに、それを既存の教育制度の中にどのように位置づけることができるのかを問い直すことの必要性を見てとることができる。

ここまでに見てきたオーストラリアにおける先行研究に関しては、主に次の3つの課題を指摘することができる。

1つ目は、1990年代半ば以降の展開が十分には明らかにされていない点である。特に、連邦政府が主導する教育改革の流れの中で進められてきたGEPをめぐっては、そこで構想されるグローバル教育の内容にも、教育政策や教育制度への位置づけ方にも、連邦政府からの影響が及ぶはずである。連邦政府との深い関わりを背景としてオーストラリアにおける開発教育が政府の望む性質を持つものになってきたというライアンの指摘をふまえるならば、連邦政府からどのような影響があるのかを問いながら、国家プロジェクトとして進められることの可能性と制約を念頭に置いて、GEPを中心とした1990年代半ば以降の展開を明らかにする必要があるだろう。

課題の2つ目は、理論面に関する研究成果の批判的な検討がなされていない点である。コルダーとスミスの共同研究およびフィエンの研究の成果がまとめられた後、それに基づく教材開発や実践例の紹介などが行われてきた一方で、両論の共通点や相違点と、それを生み出す要因などについては検討されていない[52]。また、これまであまり重視されてこなかった教育評価のあり方について検討する必要性が提起されているにも関わらず、教育評価という

視点から従来の研究の成果と課題を明らかにするという作業も十分には進められていない。そのため、両論の到達点と課題を整理し、今後の研究の方向性を明らかにするという作業が必要となるだろう。

3つ目は、具体的な実践を通した理論の再構築をめざした研究が行われていない点である。先行研究においてもアクション・リサーチを通したプロフェッショナル・デベロップメントの有効性が指摘されるなど、具体的な実践から学ぶという方向性は強調されるようになってきている。しかし、先行研究では実践の分析にとどまっており、実践をふまえてその背後にある理論の有効性を検証することによって理論の再構築をめざすという作業は行われていない。実践に生かすことのできる理論を構築するためには、実践を通して理論を批判的に検討することが重要であろう。

第3節　本研究の課題と分析視角の設定

前節での先行研究の検討をふまえて、本研究では次の3つの課題を設定するとともに、それぞれの課題について以下のようにアプローチする。

課題の1つ目は、1990年代半ば以降のグローバル教育をめぐり、学校教育をとりまく教育政策や教育制度などのマクロなレベルにおいて、連邦政府がどのようなかたちでどのような影響を与えているのかを明らかにすることである。これはすなわち、グローバル教育と関わるどのような教育政策や教育制度の枠組みがつくられているのか、そしてそうした枠組みはどのような性質を持つものとして運用されているのかを問うことを意味する。この課題に迫るために、本研究では、歴史的に見て連邦政府が開発教育およびグローバル教育に関わるどのような教育政策や教育制度の枠組みをつくってきたのかを明らかにするとともに、国家プロジェクトであるGEPがどのような性質を持つ制度的枠組みとして運用されているのかを明らかにしていく。

課題の2つ目は、GEPのもとでの具体的な実践というミクロなレベルにおいて、連邦政府がどのようなかたちでどのような影響を与えているのかを明らかにすることである。この課題に迫るために、まず、グローバル教育に理

論的基盤を提供してきた開発教育論の到達点と課題を明らかにする。具体的には、コルダーとスミスおよびフィエンの開発教育論に注目し、両論が、めざす社会の実現のためにどのような力量を持つ人間を育成しようとしているのか、そのためにどのような教育活動を構想しているのかを検討する。それはすなわち、教育目的、教育目標、学習方法、学習過程、教育評価という要素を含んだものとして教育活動が構想され、実践に移されるという点に注目し、その構成原理を明らかにすることを意味する[53]。続いて、『シリーズ』の単元分析を行うことによって、2つの開発教育論がどのようなかたちでGEPに取り入れられているのかを検討する。以上の作業を通して、ミクロなレベルでの連邦政府からの影響の様相を明らかにするとともに、これまで特に連続的にとらえられてきたコルダーとスミスの提唱する開発教育とGEPで構想されているグローバル教育との連続性と非連続性についても考えていきたい。

　課題の3つ目は、実践を通して理論のあり方を問い直すことである。実践は決して理論通りに進められるものではない。理論を基盤にしつつも、教育制度や教育政策との関係、学習者や学習環境の実態、実践者の信念などからの影響を受けて調整され、学習者との相互作用の中で進められていくものである。そのため、実践を詳細に検討することによって、従来の理論では十分に検討しきれていなかった点を乗り越えるための示唆を得られるだろう。本研究では、この作業を通して、グローバル教育論の再構築に向けた展望を得ることをめざしたい。

　なお、2013年9月の連邦政府の政権交代に伴うAusAIDの外務貿易省（Department of Foreign Affairs and Trade：以下、DFAT）への再編や、「オーストラリアン・カリキュラム（Australian Curriculum）」と呼ばれるナショナル・カリキュラムの段階的な導入など、GEPをとりまく状況は変化を続けている。こうした変化は今まさに進行し始めたところであり現時点で評価することは難しいため、本研究では2013年以前の、AusAIDによるGEPに関する取り組みに焦点をあてて検討を進める。また、オーストラリアでは初等・中等教育に関する権限を各州・直轄区が握っているため、それぞれで異なる教育制度の

確立や教育改革が進められている場合もある。そのため、具体的な事例にふみこむ際には、注目する州・直轄区を限定しておく必要がある。本研究においては、開発教育およびグローバル教育の研究と実践が盛んに行われてきた南オーストラリア州に着目する。

第4節　本研究の構成

　本研究は、3部で構成されている。
　第Ⅰ部「グローバル教育の歴史的展開」(第1章、第2章)では、社会的背景およびカリキュラム政策との関連をふまえながら、オーストラリアにおける開発教育およびグローバル教育の歴史的展開を整理するとともに、GEPの具体像と、マクロなレベルで連邦政府がGEPに与えている影響の様相を明らかにする。
　第1章「開発教育からグローバル教育への歴史的展開――NGOによる取り組みから国家プロジェクトへ」では、オーストラリアにおいて開発教育が実践され始めたとされる1960年代から現在に至るまでの開発教育からグローバル教育への歴史的展開と、それが教育政策や教育制度に関する連邦政府の取り組みからどのような影響を受けてきたのかを明らかにする。そのためにまず、開発論および開発概念の展開との関わりをふまえて開発教育の教育目的および教育内容の変遷を追うとともに、それらが開発教育にどのように反映されてきたのかを整理する。さらに、連邦政府による教育政策および教育制度に関する取り組みとの関連に注目して、マクロなレベルで連邦政府が開発教育およびグローバル教育に与えてきた影響の様相を明らかにする。
　第2章「グローバル教育プロジェクトの全体像とその特質――連邦政府が国家プロジェクトに及ぼす影響」では、GEPに焦点をあてて、まずその全体像を明らかにする。次に、GEPに対する連邦政府からの影響に注目しながら、GEPの制度上の特質を探っていく。
　第Ⅱ部「グローバル教育プロジェクトへの開発教育研究の継承」(第3章、第4章、第5章)では、オーストラリアの開発教育およびグローバル教育研究に

大きな影響を与えるとともにGEPにおけるグローバル教育に理論的基盤を提供している、コルダーとスミス、およびフィエンの開発教育論の特質と課題を検討する。さらに、両論の特徴がどのように反映されているのか、あるいは反映されていないのかという視点から、GEPで作成された『シリーズ』の単元例の特徴を明らかにする。この作業を通して、ミクロなレベルで連邦政府がグローバル教育に与えている影響を明らかにする。

第3章「コルダーとスミスの開発教育論の特質と課題——イギリスにおけるグローバル教育研究の継承」では、コルダーとスミスの共同研究に着目し、彼女らの所論における実践の構成原理およびその特質と課題を明らかにする。その際には、コルダーらが依拠するパイクらのグローバル教育論と比較しながら検討を進める。

第4章「フィエンの開発教育論の特質と課題——批判的教育学に基づく開発教育論の展開」では、フィエンの開発教育論の特質と課題を明らかにする。そのためにまず、教育活動に対するフィエンの問題意識を探ったうえで、フィエンの開発教育論の具体像とその特徴を、コルダーらの開発教育論と比較しながら明らかにする。次に、ジルーの批判的教育学がフィエンの開発教育論に与える影響について検討し、それをふまえて、フィエンの開発教育論の特質と課題について考察を加える。

第5章「『グローバル・パースペクティブ・シリーズ』に対する連邦政府からの影響——開発教育研究の継承と変容」では、『シリーズ』に検討を加える。具体的には、コルダーとスミスおよびフィエンの開発教育論の特徴がどのように反映されているのか、あるいは反映されていないのかという視点から、『シリーズ』に収められている単元例の特徴を分析する。この作業を通して、ミクロなレベルでの連邦政府からの影響の様相を明らかにする。

第Ⅲ部「グローバル教育の新たな展開と可能性」(第6章、第7章)では、学校教育の場で行われた特徴的な実践を分析し、『シリーズ』の抱える制約や、従来の研究では十分に検討されていなかった理論上の課題を乗り越えるための方途を探る。この作業を通して、グローバル教育論の再構築に向けた展望を得るとともに、今後取り組むべき研究の方向性を明らかにする。

第6章「『グローバル・パースペクティブ・シリーズ』に基づく実践の具体像とその可能性——開発教育論の抱える課題の克服に向けた展望」では、南オーストラリア州の州都アデレードにあるグッドウッド小学校 (Goodwood Primary School) において行った授業研究をもとに、『シリーズ』の基盤にある開発教育論の抱える課題を乗り越えるための方途を探る。さらに、実践における『シリーズ』の使われ方と、学校での実践に関してGEPが果たしている役割について考察する。

　第7章「後期中等教育修了試験が実践に及ぼす影響——教育評価のあり方に関する問題提起」では、同じくアデレードにあるアデレード高等学校 (Adelaide High School) での実践を取り上げる。具体的には、後期中等教育修了資格取得のための試験の枠組みと関連づけた実践の分析を通して、教育制度が学校教育の場におけるグローバル教育の実践に及ぼし得る影響を明らかにするとともに、先行研究において十分に扱われてこなかった教育評価のあり方について検討したい。

　終章では、各章の簡単なまとめと明らかになった点を示すとともに、本研究の成果と課題を明らかにする。具体的には、まず、1990年代半ば以降のグローバル教育をめぐり、マクロなレベルとミクロなレベルのそれぞれにおいて連邦政府がどのようなかたちでどのような影響を与えているのかを明らかにする。次に、グローバル教育論の再構築に向けた展望と今後取り組むべき研究の方向性を示す。そのうえで、近代公教育において中心的な役割を担ってきた学校教育という枠組みの中でグローバル教育を実践することの可能性と課題について考察する。

〔註〕

1　問題の現状を知ること、原因を分析すること、解決に向けた取り組みを追求することなどを促す際に、教育活動の果たす役割は大きい。こうした認識から、先進諸国を中心に、開発教育や人権教育、環境教育、平和教育などが学校内外で実践されてきた。これらの教育活動は当初、それぞれ固有の学習テーマを持つものとして展開されてきた。たとえば、開発教育は貧困や格差の問題を中心的な課題としている。また、環境教育は、自然と人間との関わりのあり方をその中心的な課題としてきた。しかしながら今日、各教育活動が扱う問題の複雑な関連性が明らかになり、多くの共通課題を持

つものとして位置づけられるようになってきている（こうした指摘は、大津和子『国際理解教育——地球市民を育てる授業と構想』（国土社、1992年）や川嶋宗継他編著『環境教育への招待』（ミネルヴァ書房、2002年）など、各教育活動に関する著書の中にも見られる）。2005年に開始された「国連持続可能な開発のための教育の10年（United Nations Decade of Education for Sustainable Development）」の提案は、こうした動きを示す代表的な例の1つであると言える。扱うテーマのこうした広がりは、地球的諸問題の複雑な関連性をふまえれば、必然であろう。ただし、扱うテーマの拡大よりもむしろ、そうしたテーマをどう扱い、どのような教育活動を展開するのかという点において、研究や実践に対する立場の違いが表れる。この点については、本書の第Ⅱ部で詳述する。

2 Reid-Nguyen, R. (ed.), *Think Global: Global Perspectives in the Lower Primary Classroom*, Melbourne: Curriculum Corporation, Australia, 1999, p.3. なお、同書において"teach"の語が使われているためここでは「教える」と訳したが、本書の第5章で詳述するように、同書で想定されている学習活動では、教師が一方的に教え込むのではなく、学習者が自身で調べたり他者と議論したりすることが想定されていることを断っておきたい。

3 後述するように、GEPの代表的な教師用単元事例集『グローバル・パースペクティブ・シリーズ』や、それを補完するものとして出版された『グローバル・パースペクティブ——オーストラリアの学校のためのグローバル教育に関するステイトメント』などが学校教育の場での実践に焦点をあてていることから、GEPが学校教育の場でのグローバル教育の普及をめざしていることが指摘できる。ただし、GEPを通して作成された教材などは学校外の教育の場でも使用されており、GEPの成果は学校教育の場での実践に限定されてはいない。

4 AusAIDは、連邦政府の海外援助プログラムを管理している機関であり、1995年に設立された。1946年にパプアニューギニアに対する援助プログラムが始まって以来、オーストラリアでは援助プログラムを実施する役割は複数の異なる省庁によって担われていたが、1974年にそうした役割をまとめるかたちで、オーストラリア開発援助庁（Australian Development Assistance Agency：以下、ADAA）が設置された。ADAAはその後、1976年にオーストラリア開発援助局（Australian Development Assistance Bureau：ADAB）、1987年にオーストラリア国際開発援助局（Australian International Development Assistance Bureau：以下、AIDAB）、1995年にAusAIDへと名称変更された（AusAIDのホームページ内にある歴史の概略についての説明（http://ausaid.gov.au/about/pages/history.aspx：2013年8月30日確認）より）。なお、2013年9月に起きた連邦政府の政権交代（アボット（Abbott, T.）自由党・国民党連立政権）に伴い、同年11月に、AusAIDは外務貿易省（Department of Foreign Affairs and Trade：DFAT）に再編された。

5 中野新之祐「学校とは何か（1）」田嶋一他著『新版 やさしい教育原理』有斐閣、2007年、P.48。

6 教科書調査委員会編『新たな「開発教育」をめざして——南北問題・開発途上国に関する教科書調査報告書』国際協力事業団青年海外協力隊事務局、1977年。

7 青年海外協力隊『クロスロード』1979年10月号および1980年10月号。

8　田中治彦『南北問題と開発教育』亜紀書房、1994年、pp.113-117。
9　開発教育協会の概要や現在行っている取り組みの詳細などについては、同協会のホームページ（http://www.dear.or.jp/index.html：2014年1月24日確認）を参照されたい。
10　たとえば、東和大学国際教育研究所「新しい国際理解教育としての開発教育」（国際理解教育研究所『国際理解』No.13、1981年、pp.9-20）、「座談会：開発教育の広がりを求めて」（開発教育協議会『開発教育』No.15、1989年、pp.1-22）、金谷敏郎「開発教育論議の十年一試論」（開発教育協議会『開発教育』No.22、1992年、pp.1-23）、田中治彦「開発教育の定義を再考する」（開発教育協議会『開発教育』No.28、1994年、pp.48-52）、「課題別分科会報告書：開発とは？」（開発教育協議会『開発教育』No.39、1999年、pp.27-29）など。ただし、田中治彦が参加型開発（participatory development）と呼ばれる開発概念の提唱に伴って国際協力の現場が従来の慈善型・技術移転型から住民参加型へと変わってきている現状をふまえ、「援助」とは何か、開発とは何か、を考えることの重要性を説いている（田中治彦『国際協力と開発教育──「援助」の近未来を探る』明石書店、2008年）ことからも分かるように、開発教育とは何か、開発をどうとらえるべきかといった課題は、今後も常に問い続けなければならない重要な課題であると言える。
11　田中治彦、前掲書、1994年。
12　サイモン・フィッシャー、デイヴィッド・ヒックス（国際理解教育・資料情報センター編訳）『ワールド・スタディーズ──学びかた・教えかたハンドブック』めこん、1991年〔原著：Fisher, S. & Hicks, D., *World Studies 8-13: A Teacher's Handbook*, London: Oliver & Boyd, U.K., 1985〕。
13　ディヴィッド・ヒックス、ミリアム・スタイナー編（岩﨑裕保監訳）『地球市民教育のすすめかた──ワールド・スタディーズ・ワークブック』明石書店、1997年〔原著：Hicks, D. & Steiner, M. (eds.), *Making Global Connections: A World Studies Workbook*, London: Oliver & Boyd, U.K., 1989〕。
14　グラハム・パイク他（阿久澤麻理子訳）『地球市民を育む学習──Global Teacher, Global Learner』明石書店、1997年〔原著：Pike, G. & Selby, D., *Global Teacher, Global Learner*, London: Hodder and Stoughton, U.K., 1988〕。
15　たとえば、宇田川晴義監修『地球市民への入門講座──グローバル教育の可能性』（三修社、2001年）など。また、魚住忠久・深草正博編著『21世紀地球市民の育成──グローバル教育の探究と展開』（黎明書房、2001年）では、具体的な事例とともに、グローバル教育の考え方を取り入れた社会科や総合的な学習の可能性が論じられている。
16　西岡尚也『開発教育のすすめ』（かもがわ出版、1996年）、および、西岡尚也『子どもたちへの開発教育──世界のリアルをどう教えるか』（ナカニシヤ出版、2007年）。
17　藤原孝章『外国人労働者問題をどう教えるか──グローバル時代の国際理解教育』明石書店、1994年。
18　藤原孝章『シミュレーション教材「ひょうたん島問題」』明石書店、2008年。
19　大津和子『社会科──1本のバナナから』国土社、1987年。
20　開発教育協議会編『「開発教育」ってなあに？──開発教育Q&A集』（開発教育協議

会、1998年）、同『わくわく開発教育——参加型学習へのヒント』（1999年）、同『いきいき開発教育——総合学習に向けたカリキュラムと教材』（2000年）、同『つながれ開発教育——学校と地域のパートナーシップ事例集』（2001年）、同『開発教育キーワード51』（2002年）の5冊である。

21　山西優二・上條直美・近藤牧子編『地域から描くこれからの開発教育』新評論、2008年。

22　小貫仁「開発教育のカリキュラムとESD」（特活）開発教育協会内ESD開発教育カリキュラム研究会編『開発教育で実践するESDカリキュラム——地域を掘り下げ、世界とつながる学びのデザイン』学文社、2010年、p.37。同書では、小貫の指摘をふまえたカリキュラムのあり方が、具体的な事例とともに紹介されている。

23　開発教育において参加型学習が採用されてきたことのねらいとして、田中は、「単に子どもたちを既存の学校の枠のなかで学習に参加させる技法として行っているのではなく、より広く学校の運営や地域社会そして世界の問題解決への参加をめざしている」ことを挙げるとともに、「参加型学習を通して、社会参加のための知識や技法を身につけ、参加型社会づくりを行っていくことが最終的な目標である」と指摘している（田中治彦「国際協力と開発教育」田中治彦編著『開発教育——持続可能な世界のために』学文社、2008年、p.245）。

24　木村一子『イギリスのグローバル教育』勁草書房、2000年。

25　同上書、p.14。

26　同上書、p.17。

27　同上。

28　同上書、pp.201-204。

29　本間和美「学校教育における難民問題の取り扱い方——オーストラリアの教科書『New Wave Geography 1』を手がかりとして」（開発教育協会編『開発教育』No.49、2004年、pp.68-71）や、木下雅仁「社会科教材に見るアボリジニ像とその問題点」（『関西教育学会紀要』第23号、1999年、pp.176-180）など。

30　太田弘「オーストラリア・イギリスの開発教育——学校／地理教育から見た開発教育」開発教育協議会『開発教育』No.15、1989年、pp.30-41。

31　Burns, R. J., 'The Role of NGOs in Educating Australians about North-South Issues', in *Development Dossier,* 6, 1981, pp.33-38.

32　Ryan, A., *Is Giving Enough?: The Role of Development Education in Australian NGOs,* Ph.D. thesis for Flinders University, Australia, 1991.

33　Cowden, S. M., *Reassessing Development Education: An Analysis of Recent Experience with Case Studies Drawn from Australian NGO Practice,* Master's Dissertation for Monash University, Australia, 1996, p.17。コーデンは「第三世界」という用語を使用しているが、これは「発展途上国」や「開発途上国」とほぼ同義であるため、本書においては「開発途上国」の表記に統一する。

34　Kido, K., *Assessment Strategies in Global Education,* Master's thesis for Flinders University, Australia, 2003。なお、キドは日本人であるが、氏名の日本語表記が不明であるため、本書においてはカタカナで「キド」と示す。

35 Ryan, A., *op.cit.*
36 Calder, M. & Smith, R., *A Better World for All: Development Education for the Classroom* (*Book 1 & 2*), Canberra: Australian Government Publishing Service, Australia, 1991.
37 *Ibid.* (*Book 1*), p.18.
38 『シリーズ』以外にも、たとえば、Poultney, T., *Globalise Me!: A Student's Guide to Globalisation,* Melbourne: Curriculum Corporation, Australia, 2004 など、GEPに関連する多様な教材が作成されている。
39 Tudball, L. & Stirling, L., *Bright Sparks, Leading Lights: Snapshots of Global Education in Australia,* Melbourne: SEAA, Australia, 2011.
40 たとえば、ワールド・ビジョン・オーストラリアは「つながり合おう (*Get Connected*)」と呼ばれる教材を、セーブ・ザ・チルドレン・オーストラリアは「スピーキング・アウト・プログラム (*Speaking Out Program*)」と呼ばれる教材を開発している。
41 この研究グループは、クイーンズランド州にあるグリフィス大学 (Griffith University)、グローバル学習センター (Global Learning Centre)、クイーンズランド工科大学 (Queensland University of Technology) が共同で立ち上げたものであり、AusAIDの前身であるAIDABから資金を得て、「グローバル教育――カリキュラムへの統合とプロフェッショナル・デベロップメント (Global Education: Integrating Curriculum and Professional Development)」に取り組んだ。
42 Fien, J. (eds.), *Monograph 1: Global Education Opportunities in Australian Curriculum Documents,* Brisbane: Griffith University, Queensland University of Technology, Global Learning Centre (Qld) Incorporated, Australia, 1996.
43 そこで参照されている主な文書としては、ナショナル・カリキュラム開発の対象とされた学習領域の1つである「社会と環境の学習 (Studies of Society and Environment)」の「ステイトメント (Statement)」と「カリキュラム・プロファイル (Curriculum Profile)」(これらの詳細については、第1章第3節を参照) や、各州・直轄区のシラバスが挙げられる。なお、『モノグラフ2：グローバル教育のためのアクション・リサーチとプロフェッショナル・デベロップメント』 (Fien, J. (eds.), *Monograph 2: Action Research and Professional Development for Global Education,* Brisbane: Griffith University, Queensland University of Technology, Global Learning Centre (Qld) Incorporated, Australia, 1996) では、新たなプロフェッショナル・デベロップメントのあり方としてアクション・リサーチを通したものの有効性が示されたうえで、複数の具体例が紹介されている。また、『モノグラフ3：評価報告書』 (Singh, M., *Monograph 3: Evaluation Report,* Brisbane: Griffith University, Queensland University of Technology, Global Learning Centre (Qld) Incorporated, Australia, 1996) では、GEPの概要および取り組みのふり返りと今後に向けた展望が示されている。
44 Curriculum Corporation, *Global Perspectives: A Statement on Global Education for Australian Schools,* Melbourne: Curriculum Corporation, Australia, 2002.
45 学習領域に関する説明については、第1章第3節を参照されたい。なお、この『グローバル教育に関するステイトメント』の改訂版として、2008年に『グローバル・パース

ペクティブ——オーストラリアの学校におけるグローバル教育のためのフレームワーク』(Curriculum Corporation, *Global Perspectives: A Framework for Global Education in Australian Schools*, Melbourne: Curriculum Corporation, Australia, 2008) が出版された。両者の基本的な主張には大きな変化は見られないが、『グローバル教育に関するステイトメント』がグローバル教育の目的や原理、強調点や学習過程の要点を記述することに重きを置いているのに対して、改訂版ではグローバル教育のパースペクティブを各学習領域にどのように組み込んでいくのかという点や効果的な実践を行うために留意すべき点を記述することに重きを置いており、実践を広げていくための具体的方策を提示することに対する意識の高まりを見てとることができる。

46　Kido, K., *op.cit.*

47　キドはその理由を、グローバル教育がたどってきた歴史に求める。すなわち、NGOによる実践では、より詳しく、より新しい資料や解説を学習者に提供するための教材やマニュアルの作成に主眼が置かれてきたため、教育評価について言及されることは稀であったと言うのである (*Ibid.*, p.30)。

48　*Ibid.*, p.3.

49　その研究目的に掲げられたのは、「グローバル教育を行っている教師は評価の目的をどのように認識しているのか」「南オーストラリア州の学校におけるグローバル教育では、どのような種類の評価方略が使われているのか」「教室で行われている評価方略には、グローバル教育の目的がどの程度明確に見られるのか」の3つであった (*Ibid.*, p.5)。

50　*Ibid.*, p.47 and pp.57-64.

51　キドは、特に後期中等教育段階の生徒を対象としたグローバル教育における評価活動に関して、南オーストラリア州で1989年に設置された後期中等教育修了資格である「南オーストラリア州の教育修了資格 (South Australian Certificate of Education：以下、SACE)」を取得するための試験からの影響に言及している。南オーストラリア州においてSACEは大学進学の際の重要な要件になるため、そこで少しでも良い成績を収めることは生徒にとっても教師にとっても重要な課題である。そしてこのSACEでは、生徒の持っている知識やものの見方を、かぎられた時間の中で、記述式の問題によって測る傾向があるため、教室での評価活動が、グローバル教育の目的と照らし合わせた際の適切さよりも、既存の教育制度の中で成功を収めることに鑑みて実践されている例が見られるというのである (*Ibid.*, pp.50-51 and pp.73-74)。ここからは、SACEの枠組みの中で、第11学年および第12学年を対象としてグローバル教育を実践することの困難さがうかがえる。

52　たとえば、オーストラリアにおけるグローバル教育の現状をまとめた近年の論考としてブリス (Bliss, S.) のものが挙げられるが、彼女も、オーストラリアにおけるグローバル教育は開発教育を前身として展開してきたものであること、知識の教授に重きを置くものから地球的諸問題の探究に重きを置くものへと教育方法が変化してきたこと、西洋中心主義的な見方に基づくものから多様な見方に基づくものへと世界観や価値観が多様化してきたことなどを指摘するとともに、依然としてグローバル教育に

対する正しい認識が十分に広がっているとは言えないことや、十分な実践を展開していくためにはグローバル教育の定義や教授方法、地球市民の果たすべき役割などに関する理解を広げていく必要があることを指摘するにとどまり、理論の到達点や課題についてふみこんだ言及は行っていない (Bliss, S., 'Australian Global Education: Beyond Rhetoric towards Reality', in Australian Curriculum Studies Association (ed.), *Curriculum Perspectives,* vol.27, no.1, Australia, 2007, pp.40-52)。

53　これらの要素については、天野正輝『教育方法の探究』（晃洋書房、1995年）を参考に設定した。なお、天野は授業の過程を「教授・学習過程 (teaching – learning process)」と見ることができるとして説明しているが（同上書、p.143)、本書の第3章および第4章で取り上げるコルダーとスミスおよびフィエンは"approach"という用語を用いて自身の求める授業の過程を説明しているため、本書では"approach"の示す内容に鑑みて「学習方法」という用語を用いる。

第Ⅰ部
グローバル教育の歴史的展開

第1章　開発教育からグローバル教育への歴史的展開
───NGOによる取り組みから国家プロジェクトへ───

　オーストラリアで開発教育が実践されるようになったのは1960年代である。その後、1990年代に入るとグローバル教育と呼称を替え、国家プロジェクトであるGEPを通して学校教育の場への普及が図られている。では、オーストラリアにおいて開発教育およびグローバル教育は、どのような社会的・文化的背景の中で、どのような歴史的展開を見せてきたのであろうか。また、教育政策や教育制度に関する連邦政府の取り組みからどのような影響を受けてきたのであろうか。本章では、これらの課題に迫る。

第1節　オーストラリアへの開発教育の導入と学校教育の場への広がり

　開発教育は、実践されるようになった1960年代以降、その教育目的や教育内容を変化させながら実践の場を広げてきた。本節では、オーストラリアで開発教育が実践されるようになった経緯とその後の展開過程を整理するとともに、その過程で連邦政府がどのように関与してきたのかを明らかにする。

(1) 開発教育導入以前（～1968年）

　序章で述べたように、開発教育は1960年代に、開発途上国に対する援助活動を行っていたキリスト教系の教会やNGOによって、イギリスを中心とするヨーロッパ諸国で学校外の教育の場を中心に実践され始めた教育活動である。実践され始めた当初から現在に至るまで、開発援助の基盤となる開発論および開発概念と密接な関わりを持って構想され、実践されてきた。それは、「望ましい開発」の実現に寄与することのできる人間の育成を担うとい

う役割を持ってきたためである。

　開発教育が実践され始めた1960年代、開発援助の基盤とされていたのは「近代化論(Modernisation Theory)」であった。近代化論とは、どの社会も一定の発展要因さえ充足されれば、基本的に同じ道をたどって伝統社会から近代社会へと発展し、やがては欧米のような高度大衆消費社会に至るととらえる考え方である。そのため、開発途上国が貧困状態にあるのは、開発途上国側に資本や近代技術などが欠如していることに根本的な原因があり、それらを資金援助などによって補うことで、欧米先進国のような発展が実現されると理解された[1]。

　近代化論に基づき援助活動を行っていたNGOなどが開発教育を実践し始めた主な目的は、開発途上国に見られる貧困や格差の現状とそこに住む人々のニーズなどを先進国内に住む人々に知ってもらい、貧しい国々への援助活動に対する支持を増やすことにあった。NGOなどの援助活動を支える資金集めのための方略として、すなわち、募金を促すための広報活動の一環としての役割を担っていたのである。そのため、当時の開発教育では主に、先進国に住む人々への情報提供が行われていた[2]。

　このようにして実践され始めた開発教育はその後、オーストラリアやカナダなどへも広がっていく。バーンズによれば、オーストラリアのNGOに開発教育が紹介される契機となったのは、1968年にデンマークで開かれた国際セミナーであった[3]。これは、世界学生キリスト教連盟(World Student Christian Federation)の関連組織として1950年に設立された「世界大学サービス(World University Service)」の事業の一環として開かれたものである[4]。このセミナーへの参加者が、その成果をオーストラリアに持ち帰ったのである。

　1960年代は開発途上国の貧困の問題に対する国際社会からの関心が高まる時期であった。その背景には、1959年にフランクス(Franks, O.)[5]が指摘した「南北問題」の存在があった。フランクスはこの南北問題を、米ソを中心とする「東西問題」終結の後に国際社会が解決すべきもっとも深刻な問題の1つであるとし、その解決に向けた各国の協力を求めたのである。こうした状況の中で、国連をはじめとした国際機関や各国政府、NGOなどの援助団体、

教会などは、貧困に苦しむ開発途上国への関心を高め、そうした諸国への援助活動を積極的に行うようになる[6]。

このような開発途上国の貧困の問題に対する関心の高まりは、オーストラリアにおいても例外ではなかった。それは、現在に至るまで積極的に活動を続けているNGO[7]の設立やオーストラリア海外援助審議会(Australian Council for Overseas Aid：以下、ACFOA)の設立などの動きに表れた。ACFOAはNGOの連合体として1965年に設立された団体であり、連邦政府とNGOとの折衝窓口の役目を果たすとともに、NGO間の連絡調整、共同事業の推進および一般社会への働きかけのための活動を行った。ACFOAはその後、連邦政府からの資金援助をもとに、傘下にあるNGOの活動を支援していく。ACFOAからの支援を受けたNGOによってその後の開発教育が進められていくことから、ACFOAの設立は開発教育の推進を支える重要な要因の1つであったと言える。

(2) 開発教育の導入と実践の場の拡大（1968年～1989年）

こうした状況の中、1968年に開催された「世界大学サービス」のセミナーへの参加者たちによって、開発教育がオーストラリアに紹介された。それ以降、開発論および開発概念に関する国際的な議論の展開に伴って、各国での開発教育の内容に変化が表れる。また、国際的な議論や国内での問題提起を受けて開発教育の普及に力を入れるようになった連邦政府からの援助の拡大を背景として、オーストラリアで開発教育が広がっていく。

まず、開発論および開発概念に関する議論の展開に伴う開発教育の内容の変化について見ていこう。前項で述べたように、1960年代の開発援助および開発教育は、近代化論に基づいて行われていた。しかしながら1970年代に入ると、近代化論に基づく1960年代の開発援助の失敗が明らかとなってくる。近代化論に基づいて資金や技術の援助を行った結果、国民総生産(Gross National Product：GNP)の伸びが見られる一方で、国内の格差が拡大した開発途上国も現れ、資本面や技術面での先進国への依存も続いたのである。こうした事実から、開発途上国の状況が改善されないのは、その背景に、先進国

との間の「支配－被支配」の構造があるからだという議論が生まれた。そして、国連を中心とした国際的な議論の場において「従属理論」が提唱されることとなった。

　従属理論とは、「近代社会と低開発社会とは、先進－後進という発達段階の違いではなく、搾取－被搾取という歴史的な構造のもとで、一方の開発が他方の低開発を作り出している」とする考え方である[8]。この従属理論の登場により、開発に関わる問題の原因は先進国にもあると認識されるようになり、開発途上国への資金援助だけではなく、国際的な経済構造の変革や先進国内における問題解決への取り組みも重要であると指摘され始めた。その結果、開発教育は、情報提供のためのツールとしてだけではなく先進国に住む人々の生き方を問い直す契機を与えるものとして、また、解決に向けた人々の取り組みを促す重要な教育活動の1つとしての役割を付与されることになった。

　さらに、1987年に国連の「環境と開発に関する世界委員会（World Commission on Environment and Development）」から出された『地球の未来を守るために（Our Common Future：通称、「ブルントラント報告書（Brundtland Report）」）』[9]において、「持続可能な開発」という開発概念が提唱された。これは、「将来の世代が自らの欲求を充足する能力を損なうことなく、今日の世代の欲求を満たす」[10]ような開発と定義される概念である。この開発概念の提唱によって、開発に関わる問題と環境に関わる問題の強い関連性が明らかにされるとともに、これらを統一的にとらえ、その解決に取り組むことの重要性が指摘された。開発に関わる問題を独立して扱うのではなく、環境に関わる問題をはじめとする様々な問題との複雑な関連の中でとらえ、その解決をめざすことの重要性が認識されるようになったのである。これを受けて開発教育においても、人と自然、世代間などに見られる相互依存関係に目を向けることの重要性や、開発に関わる問題の複雑さや学際的な性格をふまえた問題状況の把握と解決策の模索が重視されるようになった。

　次に、オーストラリアにおける開発教育の広まりについて見ていこう。オーストラリア国内において開発に関わる問題への取り組みが注目される契機と

なったのが、1973年にACFOAによって首都キャンベラ (Canberra) で開催された開発教育に関する全国会議であった[11]。そこでは、開発途上国において格差や貧困を生み出している社会構造や経済構造が、オーストラリア国内においても、特に先住民と非先住民との関係の中に見られることが指摘された[12]。開発に関わる問題は遠く離れた開発途上国においてのみ見られるものではなく、足もとの問題でもあると認識されるとともに、こうした問題の解決に向けて取り組むことの重要性と切実性が指摘されたのである。

このようにして国内外で高まっていった開発教育の重要性への認識を受け、連邦政府も積極的な関与を開始した。その契機となったのが、ウィットラム (Whitlam, E. G.) 率いる労働党政権の樹立である。1972年、23年ぶりに連邦政府の政権をとった労働党は、1973年にオーストラリアが多文化社会であることを宣言したほか[13]、1975年に人種差別禁止法を成立させるなど、それまでの白豪主義 (White Australian Policy)[14]から多文化主義[15]への方向転換を行った[16]。こうした新たな社会の実現をめざすウィットラム政権によってACFOAへの予算が増やされ、NGOなどの援助団体はACFOAから支援を受けながら、ニュースレターやパンフレットを通した情報提供、ワークショップやロビー活動への参加などを中心に、主に学校外の教育の場において積極的に開発教育を実践した[17]。また、ACFOAの支援によって、開発教育に関するオーストラリア初の資料センターであるアイディア・センター (Ideas Centre) が、1973年にシドニーに設立された。

ACFOAに対する連邦政府からの資金援助は、1970年代半ばに始まった経済状況の悪化と労働党から自由党[18]への政権交代とが相まって一時弱まるが[19]、1980年代に入ると再び盛り上がりを見せた[20]。特に、1987年のオーストラリア国際開発援助局 (Australian International Development Assistance Bureau：以下、AIDAB) の設立は大きな意義を持つものであった。AIDABは、DFATの一部門に属する連邦政府の公式の援助団体である。これは、ジャクソン委員会 (Jackson Committee) が1984年に発表したジャクソン報告書 (Jackson Report)[21]を受けて連邦政府が設立したものであり、その後、開発教育に対して主に資金面で支援を行うこととなった。

1980年代後半になると、教材などの出版物の刊行、教師へのコンサルティング、教師教育プログラムの提供などを行う「開発教育センター」[22]が各州で設立された(**表1-1**)。センターの果たす役割の重要性が注目されるにつれて、AIDABや多くのNGOから、財政的な支援、あるいは物品支給というかたちでの支援が積極的に行われるようになる[23]。また、センターが設立されなかった州・直轄区では、学会や教育コンサルタント、州の教育省などが連携することで開発教育の推進に努めた。こうした動きを背景として、1980年代後半には、開発教育が学校教育の場へと広がりを見せるようになった。

さらに、こうした広がりの背景には、オーストラリアの学校教育に関する制度上の特徴があったことも看過することはできない。オーストラリアでは1901年の連邦政府樹立以来、初等・中等教育に関する権限を各州・直轄区の政府が持ってきたため、各州・直轄区では独自の教育制度が定められてい

表1-1：各州・直轄区の「開発教育センター」の一覧

州・直轄区	設立年	センター名
クイーンズランド州 (QLD)	1986年	グローバル学習センター (Global Learning Centre)
ニューサウスウェールズ州 (NSW)	1973年	アイディア・センター (Ideas Centre) ※資金難のため、1994年に閉鎖
オーストラリア首都特別地域 (ACT)	/	設立されず
ビクトリア州 (VIC)	/	設立されず
南オーストラリア州 (SA)	1990年	南オーストラリア州開発教育センター (South Australian Development Education Centre) ※1992年にグローバル教育センター (Global Education Centre) と改称
北部準州 (NT)	/	設立されず
西オーストラリア州 (WA)	1985年	ワン・ワールド・センター (One World Centre)
タスマニア州 (TAS)	1985年	タスマニア開発教育センター (Tasmanian Development Education Centre) ※2003年にタスマニアグローバル学習センター (Tasmanian Centre for Global Learning) と改称

(表は、筆者が作成)

た。さらに、各州・直轄区ではカリキュラム編成や教材選択に関して各学校に大きな裁量が認められていた。こうした条件もまた、開発教育に関心を持つ教師たちが学校教育の場で開発教育を実践することを支える1つの要因であったと言えよう。

このように、1960年代終わりから1980年代は、開発論および開発概念に関する議論の展開に伴って開発教育の内容が質的に変化するとともに、学校外の教育の場から学校教育の場へと実践の場を広げた時期であった。開発教育の変化について特に重要となるのは、募金を促すための広報活動としての役割から、先進国に住む人々の生き方を問い直す契機を与えるものとして、また、解決に向けた人々の取り組みを促す重要な教育活動の1つとしての役割を担うようになった点である。また、その展開過程において、連邦政府は主に、NGOなどの活動を資金提供によって支援するというかたちで開発教育に関わっていた。その際、資金提供は開発教育を実践する個々の援助団体に直接的に行われるのではなく、ACFOAを通じて間接的に行われていた。また、学校での教育活動に対する政府からの要求が弱かったため、教師が自由に教育活動を構想し、実践することができた。以上が、この時期の特徴であると言える。

第2節　学校教育の場への定着と国家プロジェクトへの展開

本節では、1989年以降の開発教育の変化の様相と学校教育の場への定着の過程、そして今日に続く国家プロジェクトへの展開を明らかにする。

(1) 1989年以降の開発概念の提起と開発教育

1989年以降には、参加型開発(participatory development)や人間開発、社会開発などの新たな開発概念が広がっていった。これらの開発概念の登場により、オーストラリアにおける開発教育の内容も広がりを見せていく。

参加型開発とは、主に開発途上国における村落開発において住民たちが主体となって進める開発をさすために使われた概念である。この概念は住民の

参加がなければ開発事業が地域のニーズに即さないという認識に基づいて提起されたものであり、1989年に経済協力開発機構 (Organization for Economic Co-operation and Development) の開発援助委員会 (Development Assistance Committee) が発表した報告書を契機として公的に用いられるようになった。今日では、開発途上国のみならず、先進諸国の地域開発やまちづくりなどにおいても重要な概念となっている。

　人間開発とは、「人々の選択の幅を広げるプロセス」と定義されるものであり、そこには少なくとも、長くて健康な生活を送ること、知識を得ること、適切な生活水準を維持するために必要なリソースにアクセスすることが含まれるとされる[24]。1990年に国連開発計画によって提唱されたこの概念は、経済成長を重視する従来型の経済開発という開発パラダイムから、人間の幸福を中心に据えた開発パラダイムへの転換を試みたものとして評価されている[25]。そしてこの人間開発が可能となるような社会条件の整備を主眼とし、物質的な豊かさを中心とした経済生活ではなく、人間性を尊重した生活の豊かさを実現するための社会基盤の整備と向上をめざす概念として提唱されたのが、社会開発である[26]。

　人間開発および社会開発の大きな特徴は、経済成長の実現を重視した経済開発のみを追求することを批判し、人間性の十分な発揮を中心に据えた開発を行うことを重視している点にある。そのため、開発教育においても、人間のエンパワーメント (empowerment)[27] の実現をめざして、環境、人権、平和など、開発に関わる問題を他の様々な問題と関連づけながら構造的に理解するという視点が強調されるようになった。また、参加型開発の提起によって、望ましい開発とは何なのかを関わりのある全ての人々が考え、協議や実現に向けた取り組みに参加することが求められるようになった。このように、1987年に提唱された持続可能な開発という概念の登場以降、参加型開発、人間開発、社会開発といった開発概念の影響を受けて、開発教育では望ましい開発のあり方を考える際に、人々の文化や人間性を理解し尊重すること、人々の生活を支える環境への影響を十分にふまえること、当事者全員の参加を保障することが重視されるようになってきたのである。

ここまでの検討をふまえると、まず、1980年代後半以降の開発論および開発概念をめぐる議論においては、近代化論や従属理論において前提とされてきた経済成長を重視する開発のあり方を問い直し、人間の幸福を重視する開発の重要性を主張するという論調が強まってきたことが指摘できる。また、それぞれの開発論および開発概念によって、開発教育の教育目的および教育内容に異なる強調点が付与されてきたことも分かる(**表1-2**)。

2000年代以降、新たな開発論や開発概念の提起に基づく開発教育の変化

表1-2：開発論・開発概念が開発教育に付与する教育目的・教育内容の強調点

開発の主眼 開発論・開発概念	経済成長を重視		人間の幸福を重視	
	近代化論	従属理論 / 持続可能な開発	参加型開発	人間開発 社会開発
それぞれの開発論・開発概念によって開発教育に付与される教育目的・教育内容の強調点	・開発途上国に見られる貧困や格差の現状とそこに住む人々のニーズなどを先進国内に住む人々に知らせることで、貧しい国々への援助活動に対する支持を増やすことが主要な目的とされる ・募金を促すための広報活動の一環としての役割を持つため、開発途上国の貧しい現実を知らせる情報提供が主な内容となる	開発に関わる問題は既存の社会構造が生み出しているため、その原因は先進国内にもあると認識されるようになり、開発途上国への資金援助だけではなく、教育活動を通した国際的な経済構造の変革や、先進国内における問題解決への取り組みも重要な内容となる	・開発と環境に関わる問題の強い関連性が明らかにされるとともに、これらを統一的にとらえ、その解決に向けて取り組むことの重要性が強調される ・人と自然、世代間などに見られる相互依存関係に目を向けることの重要性や、開発に関わる問題の複雑さや学際的な性格をふまえた問題状況の把握と解決策の模索が重視される	望ましい開発とは何なのかを、関わりのある全ての人々が考え、協議や実現に向けた取り組みに参加することが求められる	人間のエンパワーメントの実現をめざして、開発に関わる問題を他の様々な問題(環境、人権、平和など)と関連づけながら構造的に理解するという視点が強調される
	・国内の問題にも目を向けることの重要性が認識される ・情報提供のためのツールとしてだけではなく、先進国に住む人々の生き方を問い直す契機を与えるものとして、また、解決に向けた人々の取り組みを促す重要な教育活動の1つとしての役割を付与される				

(表は、筆者が作成)

は、管見のかぎり見られない。ただし、人間の幸福を重視した開発論および開発概念に基づく開発教育が主流を成しているとは言え、依然として情報提供に主眼を置く開発教育も見られるなど、全ての実践が同じ目的を持つものとなっているわけではない。また、開発教育は一般に、どれか1つの開発論や開発概念のみに基づいて実践されるのではなく、複数の開発論や開発概念に基づく学習上の強調点を取り入れるかたちで実践されている。これまでの議論をふまえながら、開発教育の実践者が依拠する開発論や開発概念、目的意識によって、異なる強調点を持つ実践が行われているのである。

(2) 学校教育の場への定着 (1989年〜1994年)

続いて、開発教育の広まりに関する1989年以降の動きを追っていこう。1989年以降は、開発教育が次第に学校教育の場に定着していく時期であった[28]。この時期に開発教育が学校教育の場に定着していった主な要因として、制度および組織の確立と、開発教育の教材の普及が挙げられる。

制度および組織の確立に関する重要な出来事として、「学校教育に関するホバート宣言 (The Hobart Declaration on Schooling)」(以下、「ホバート宣言」) の採択と、全国開発教育センター協会 (National Association of Development Education Centres：以下、NADEC) の設立を指摘することができる。

「ホバート宣言」は、1989年にオーストラリア教育審議会 (Australian Education Council)[29] の第60回会議において採択された。そこでは、経済再生のために必要とされた教育水準の全国的な向上と学力保障をめざして、初等教育から後期中等教育までを対象とするナショナル・カリキュラムの開発が決定された。初等・中等教育についての政策決定権を州・直轄区が持つことと、各学校がカリキュラム編成や教材選択に関して大きな裁量を持つことを特徴としてきたオーストラリアの教育政策に、方針転換が図られたのである。

「ホバート宣言」では、グローバルな視野を持つ人材の育成が教育の重要な課題の1つとして認識された。また、連邦と各州・直轄区が協力して全国規模のカリキュラム開発を行うことと、それに関連する資料の作成と出版を行う機関であるカリキュラム・コーポレーション (Curriculum Corporation)[30] を

設立することが決定された。次節で詳しく検討するように、この「ホバート宣言」が、学校教育の場における開発教育実践に正当性を与えることとなる。さらに、カリキュラム・コーポレーションにおいて開発教育の手引書や教材が出版されることとなる。

　NADECとは開発教育に関する研究や実践の普及をめざして活動している団体のネットワーク組織である。1991年のNADEC設立により、表1-1に挙げた各センターの結びつきが強固になった結果、国内における共同研究の進展が見られ、年次集会における意見交流や教材の共同開発などが活発になった。連邦政府は開発教育の促進を国家レベルで支援することをめざし、NADECに対してAIDABやAusAID[31]を通した資金援助を行っている。また、各州・直轄区の地理教師学会 (Geography Teachers Association) や開発教育を実践するNGOなどもNADECと協力して教材開発や理論研究に取り組んでいる。

　1990年代前半は、学校教育の場における開発教育の広がりを背景に、実践を構想するうえで必要な目標設定や単元構成などの指針となる理論書とそれに基づく教材が求められ、作成されるようになった時期であった。特に、理論面に関して、後のGEPにも影響を与える重要な研究を行ったのが、本書の第3章で取り上げるコルダーおよびスミスと、第4章で取り上げるフィエンである。

　コルダーとスミスは、オーストラリアの学校教育の場に開発教育を普及させることをめざして研究と実践を重ねてきた人物である。イギリスの研究成果を基盤とし、オーストラリアで行われてきた取り組みをふまえてまとめられた彼女らの共同研究の成果は、教師用の手引書と児童生徒用の活動事例集からなる『万人にとってより良い世界を』[32]として、1991年に出版された。そこでは、開発教育の基本的な理念や実践を進めるうえでの要点が整理されるとともに、授業で使える活動事例が紹介されている。同書は、連邦政府の資金援助を受けながら、連邦政府やNGO、教師たちの協力のもとに作成された。同書を基盤とし、その後の研究成果を取り入れるかたちで『シリーズ』が作成されたことにも表れているように、同書は現在に至るまで、オーストラリアの開発教育研究およびグローバル教育研究の基盤となってきた。

フィエンもまた、学校教育の場に開発教育を普及させることを念頭に置いて研究を行ってきた人物である。第4章で詳述するように、フィエンの主張は、コルダーとスミスの開発教育論を基盤としながらも、批判的教育学の成果に学ぶことによって、コルダーらのそれとは異なる強調点を持つ。彼の主張は『シリーズ』に影響を与えているほか、環境教育や「持続可能な開発のための教育(Education for Sustainable Development：ESD)」にも重要な論点を提供するものとなっている。

　こうした研究が進められる一方で、1990年代に入ると、「開発教育」に替わって「グローバル教育」という名称が一般的になってくる。その背景には、「開発教育」という用語からはその意味を十分にイメージしにくいという議論がなされていたことが挙げられる。たとえば、表1-1にある南オーストラリア州開発教育センター(South Australian Development Education Centre)は、センター名を1992年にグローバル教育センター(Global Education Centre)へと改称した理由として、「開発(development)」という用語の分かりにくさを挙げている[33]。すなわち、開発教育という用語では、何を扱う教育なのか、どのような人を育てることを目的とした教育なのか、といった疑問を持たれやすいということが問題視されたのである。そのため、「地球的(global)」諸問題の解決をめざす教育活動であることをより明確にするために、「グローバル教育」の名称が使われるようになった。

　このような名称変更を経つつも、学校教育の場に実践を広げていくという動きは継続された。そしてその動きは、1994年以降、GEPという国家プロジェクトとして進められていくこととなった。

(3) 国家プロジェクトとしての展開(1994年～現在)

　GEPは、連邦政府の海外援助活動を担当しているAusAIDを中心として、開発教育の推進に貢献してきたNGOのスタッフや学校の教師、研究者など多様な立場にある人々の協力のもとに進められている国家プロジェクトである。1994年にニューサウスウェールズ州のアイディア・センターが資金難のために閉鎖されてしまったように、資金面での不安定さは開発教育の普及

にとって克服すべき重要な課題であった。しかし、GEPではAusAIDからの資金を基盤として、各州・直轄区でNGOなどによって個別に進められてきた取り組みを発展させようとしているため、長期的なビジョンに立って堅実な取り組みを行うことが可能となっている。オーストラリアでは1994年以降、このGEPを通して、学校教育の場における実践の発展と普及がめざされている。

　GEPの重要な成果の1つが、教師用の単元事例集である『シリーズ』の作成および出版である。『シリーズ』は、初等学校低学年の児童向けの単元事例を収めた『グローバルに考える』[34]（1999年出版）、初等学校高学年の児童向けの単元事例を収めた『グローバルに見る』[35]（1999年出版）、中等学校の生徒向けの単元事例を収めた『グローバルにふるまう』[36]（2000年出版）の3冊から成る。これは、コルダーとスミス、そしてフィエンの所論を理論的基盤としながら、開発教育の研究者やNGOのスタッフ、政府関係者、教師など様々な人々の協力のもとに作成されたものである。

　さらに、2002年には、『シリーズ』を補完するものとして、『グローバル教育に関するステイトメント』[37]が出版された。その中では、グローバル教育の原理や目的、カリキュラム編成における学習上の強調点などが示されるとともに、学校教育の場においてどのように実践し得るのかが提案されている。次節で詳しく見ていくように、学校教育の場への位置づけ方を提案している『グローバル教育に関するステイトメント』の出版は、「ホバート宣言」と並び、学校教育の場へのグローバル教育の定着を促す重要な役割を担うものとなった。

　ここまで見てきたように、1990年代以降、開発教育論に関する研究とそれに基づく教材の作成が進展した。さらに、NADECの設立による全国規模のネットワークの確立やGEPの立ち上げと、「ホバート宣言」を契機とするナショナル・カリキュラム開発の動きとが相まって、開発教育およびグローバル教育が学校教育の場に定着していったことが分かる。

　ところで、GEPの立ち上げと推進は、グローバル教育を進めるプロジェクトそのものにも連邦政府が関与するようになってきたことを意味する。さ

らに、ナショナル・カリキュラム開発に見られるように、連邦政府の主導による教育政策や教育制度の枠組みづくりが進められ、それに沿うかたちでグローバル教育を学校教育に位置づけるための方策が模索されるようになってきた。前節で扱った1980年代以前にはACFOAを通した間接的な資金提供というかたちで政府が開発教育に関わっていたのに対し、より直接的に政府がグローバル教育に関わるようになってきたことを、1990年代以降の特徴として指摘することができよう。

第3節　ナショナル・カリキュラム開発と開発教育

　前節で見たように、1990年代以降のグローバル教育の展開をマクロなレベルでとらえる際に重要となるのが、ナショナル・カリキュラム開発に関する動きと、『グローバル教育に関するステイトメント』の出版である。本節ではこれら2つの取り組みを通して連邦政府がグローバル教育にどのような影響を与えてきたのか、また、与え得るのかを検討する。

(1) ナショナル・カリキュラム開発をめぐる動きと開発教育

　1989年に出された「ホバート宣言」以降、1999年の「アデレード宣言：21世紀における学校教育に関する国家目標 (The Adelaide Declaration on National Goals for Schooling in the Twenty-First Century)」（以下、「アデレード宣言」）、2008年の「メルボルン宣言：若いオーストラリア人のための教育目標 (The Melbourne Declaration on Educational Goals for Young Australians)」と、連邦政府はおよそ10年ごとに教育における国家目標を設定し、その達成に向けた教育改革を進めてきた。こうした一連の教育改革に共通する取り組みの1つが、ナショナル・カリキュラム開発である。

　ナショナル・カリキュラムの開発が決定された「ホバート宣言」では、ナショナル・カリキュラム開発の基本理念である「オーストラリアの学校教育に関する共通で合意された国家目標 (Common and Agreed National Goals for Schooling in Australia)」[38]（以下、「国家目標」）が掲げられた。これにより、学校教育全体を通

して児童生徒に身につけさせるべき知識や技能、価値観や態度についての方向性が示された。

表1-3は、「国家目標」において掲げられた10項目の目標である。各項目を見てみると、特に⑥i、⑦、⑧において「釣り合いのとれた開発とグローバルな環境に関する理解とそれへの関心」「積極的かつ知識を持った市民として参加していくために必要となる知識や技能、態度や価値観を発達」「文化遺産についての理解とそれへの尊敬」が挙げられているように、開発や環境に関わる問題に目を向けることや社会への参加をめざすこと、多様な人々や文化の尊重を重視することなど、開発教育において強調されてきた教育内容と重なる内容が「国家目標」に含まれていることが指摘できる。学校教育の場への実践の普及がめざされていた開発教育にとって、「国家目標」が示されたことは、開発教育で身につけるべきであるとされてきた知識や技能、態度などの獲得を学校教育全体を通してめざすことの正当性を示す、1つの根拠となったのである。

1991年の第64回オーストラリア教育審議会では、「ホバート宣言」を受けて、「英語」「算数・数学」「科学」「社会と環境の学習(Studies of Society and Environment)」「科学技術(Technology)」「芸術」「健康と身体の教育」「英語以外の言語(Language other than English)」の8つの学習領域が、ナショナル・カリキュラム開発の対象として設定された。その結果、1994年までに各領域に関する「ステイトメント(Statement)」と「カリキュラム・プロファイル(Curriculum Profile)」が作成された。「ステイトメント」とはカリキュラム開発のための全国的な枠組みを示した文書であり、「カリキュラム・プロファイル」とは各領域における成績評価の全国的な枠組みを示した文書である[39]。こうした文書を作成することによって、学校教育で扱うべき教育内容に一定の共通性を持たせることと、教育の成果を把握することによる学力水準の維持と向上を図ることがめざされたのである。

「国家目標」もナショナル・カリキュラムおよび各領域に関する「ステイトメント」と「カリキュラム・プロファイル」も連邦政府を中心に作成されたものであるという点では共通していたが、開発教育およびグローバル教育に及

表1-3：「国家目標」に掲げられた10項目

①全ての若者に卓越した教育（excellent education）を提供する。その教育は、若者の才能（talents）と能力（capacities）を可能性のかぎり発達させるとともに、国家の社会的・文化的・経済的なニーズにとっても適切である。
②児童生徒が高い水準の学習成果を挙げるとともに、自信、楽観主義、高い自尊心、他者への配慮の気持ち、個人の優れた点を発達させることができる。
③教育機会の均等を促進するとともに、様々な集団の持つ特別な学習上の要求に応える。
④国家が現在持っている、あるいはこれから持つであろう経済的・社会的なニーズに応えるとともに、児童生徒が将来、雇用やその他の人生の局面において最大限に柔軟性と順応性を発揮できるようになるために必要な技能を与える。
⑤継続教育や訓練の基礎となる知識や技能、学習することを尊重する気持ち、そして生涯学習に対する積極的な態度を与える。
⑥以下の知識や技能などを児童生徒の中に発達させる。 　a　聞くこと、話すこと、読むこと、書くことに関する技能を含む英語リテラシーの技能 　b　計算能力とその他の数学的技能 　c　分析と問題解決の技能 　d　情報処理およびコンピューター関連の技能 　e　科学的・技術的な技能および、社会における科学と技術の役割についての理解 　f　オーストラリアの歴史的・地理的背景に関する知識とその尊重（appreciation） 　g　英語以外の言語に関する知識 　h　創造的な芸術に対する正しい評価と理解、および、それに参加していくことに対する自信 　i　釣り合いのとれた開発とグローバルな環境に関する理解とそれへの関心 　j　道徳、倫理、社会的公正の面から判断する能力
⑦児童生徒が、国際的な状況の中に置かれた民主主義的なオーストラリア社会において、積極的かつ知識を持った市民として参加していくために必要となる知識や技能、態度や価値観を発達させる。
⑧児童生徒に、アボリジニや民族集団が持っている独特の文化的背景を含む、われわれの文化遺産についての理解とそれへの尊敬の念を与える。
⑨児童生徒の身体的発達と個人の健康、そして余暇時間の創造的な利用に備える。
⑩われわれの社会における労働の性質と役割について理解することを含む、適切なキャリア教育と労働の世界に関する知識を与える。

（表は、MCEETYA, The Hobart Declaration on Schooling (http://www.mceecdya.edu.au/mceecdya/hobart_declaration, 11577.html (2014年1月24日確認)) をもとに筆者が作成）

ぼし得る影響の強さと範囲は同じではない。「国家目標」は学校教育全体が向かうべき大きな方向性を示すのみであり、また、文言のうえで示された方向性は開発教育が本来有してきた学習上の特徴と重なるものであったため、従来行われてきた実践に変更を迫るものではなかった。一方で、「ステイト

メント」と「カリキュラム・プロファイル」を伴うナショナル・カリキュラムは各学習領域で扱うべき具体的な教育内容やめざすべき学力水準を示すものであったため、そこで示される規定と開発教育およびグローバル教育の教育内容との対応の明確化を求めるものとなる可能性を有していたのである。

　ただし、実際には「ステイトメント」および「カリキュラム・プロファイル」は法的拘束力を持つものとはならず、その運用は各州・直轄区に任されることとなった[40]。しかしながら、ナショナル・カリキュラムの策定により、各州・直轄区の定める教育課程がそこで定められた学習領域と整合性を保つかたちで編成されるようになった[41]。そのため、ナショナル・カリキュラム開発の動きは開発教育およびグローバル教育に対して実質的に強力な影響力を持つものとはならなかったものの、各学習領域に関して示された「ステイトメント」および「カリキュラム・プロファイル」の規定に沿うかたちで実践することの必要性を喚起するものになったと言えよう。

(2)『グローバル教育に関するステイトメント』に見る学校教育の場でのグローバル教育の位置づけ

　その後も「ステイトメント」および「カリキュラム・プロファイル」が法的拘束力を持つには至らなかったが、ナショナル・カリキュラム開発の動きは継続して進められた[42]。こうした状況の中、GEPでは『グローバル教育に関するステイトメント』が作成され、グローバル教育の目的や学習上の要点と、それを学校教育にどのように位置づけることができるのかが提案された[43]。

　『グローバル教育に関するステイトメント』では、グローバル教育の目的として「若者に地球市民となるための素養を身につけさせること」[44]が示されている。ここで言われる地球市民とは、「より広い世界に気づき、共同体意識を共有し、世界市民（world citizen）[45]としての自分自身の役割に対する感覚を持つ」「多様性を尊重し、その価値を認める」「全ての人の権利、社会正義（social justice）、そして持続可能性がより確保されている未来を創造するために行動しようとする」「自分自身の行動に対する責任を持とうとする」という4つの特徴を持つ人とされる[46]。そして、地球市民を育成するためには、

「適切な知識と理解を促進する」「肯定的な価値観と態度を強める」「情報とコミュニケーションに関する児童生徒の批判的技能の発達を助ける」「行動と参加への関わりを助長する」ことが重要であるとされている[47]。また、グローバル教育において特に取り上げられるべき学習テーマとして、「1つの世界：グローバリゼーションと相互依存」「アイデンティティと文化的多様性」「変化の側面(dimensions of change)」「社会正義と人権」「平和構築と紛争」「持続可能な未来」が示されている[48]。

　学校教育の場への位置づけ方については、「グローバル教育がもっとも影響を与えてきたのはおそらく社会と環境の領域だが、グローバル・パースペクティブはあらゆる学習領域に関連している」[49]という記述から、大きく分けて2つの方向性が想定されていることが分かる。1つ目は、「パースペクティブ」として、全ての学年および全ての学習領域に取り入れるという方向性である。「パースペクティブ」とは、グローバル教育の取り組みに見られる特徴、すなわち、グローバル教育を貫く世界観や学習観のことをさす[50]。ここから、先述した地球市民となるための素養は、学校教育全体を通して段階的に育成する必要があると考えられていることが分かる。

　位置づけ方の2つ目の方向性とは、「社会と環境の学習」の学習領域を、グローバル教育を実践するための主要な学習領域とするということである。この学習領域では、「民主主義社会やグローバル・コミュニティの中で、積極的かつ知識を持った市民として参加していくために必要となる知識や技能、態度や価値観を促進させること」がめざされていたり、学習を進めるうえで軸となる視点として「参加」「時間」「文化」「自然・社会制度」などが挙げられている[51]。ナショナル・カリキュラム開発の過程で設定された各学習領域の内容をふまえて、グローバル教育で扱われる教育内容との関わりが特に深い「社会と環境の学習」の領域において重点的に学習に取り組むことができると考えられているのである。

(3) 連邦政府の教育政策がグローバル教育に及ぼす影響

　ここまで、「ホバート宣言」および『グローバル教育に関するステイトメン

ト』に示されたグローバル教育の学校教育の場での位置づけを見てきた。本項ではここまでの検討をふまえて、連邦政府による1990年代以降の教育政策がグローバル教育の実践にどのような影響を与えたのか、また、与え得るのかを考察する。

連邦政府が主導する1990年代以降の教育政策の特徴は、「国家目標」の提示とナショナル・カリキュラムの開発を通して、学校教育が向かうべき方向性を国全体で共有し、共通の教育内容を児童生徒に獲得させようとする点にあった。まず、「国家目標」に関しては、そこで示された学校教育の方向性が開発教育の学習上の特徴と文言のうえでは重なっていたことにより、開発教育で身につけるべきであるとされてきた知識や技能、態度などの獲得を学校教育全体を通してめざすことの正当性に1つの根拠を提供することとなった。また、ナショナル・カリキュラムについては、それが法的拘束力を持たなかったことから、実践に対して実質的に強力な影響を与えるものとはならなかったものの、開発の過程で示された教育制度の枠組みの中でどのように実践を進める必要があるのかについての議論が促された。その結果、GEPにおいて、「パースペクティブ」として全ての学年および全ての学習領域に取り入れるとともに、「社会と環境の学習」の学習領域において特に重点的に取り組むことができるということが示された。

学校教育の場に位置づけられることは、多くの児童生徒を対象として長期に渡る計画的な実践を行うことを可能にするとともに、児童生徒の発達段階を考慮したカリキュラム編成を行うことも可能にする。開発教育で扱う諸問題に対する関心を高めたり、それに取り組むための価値観や態度を育てたりするためには、できるだけ幼い頃から子どもたちに計画的にこうした問題に触れさせることが効果的であるという指摘がある[52]。また、開発教育やグローバル教育が扱う地球的諸問題の解決には、それに関心を持つ一部の人々だけでなく、できるだけ多くの人々の協力や参加が不可欠である。以上の点から、義務教育段階を含む学校教育の場で実践することに根拠が与えられ、具体的な位置づけ方が提案されるに至ったことは、政府の教育政策がグローバル教育の目的を達成するうえで望ましい影響を与えた点であると言える。

一方で、ナショナル・カリキュラムの開発に代表されるような、学校教育で扱うべき教育内容に一定の共通性を持たせるとともに教育の成果を把握しようとする教育政策の方向性については、注意が必要である。第2章で取り上げるように、1996年に発足した保守派のハワード (Howard, J.) 政権は、学習者の価値観にまでふみこむかたちで、教育内容の共通化や教育成果の把握に対する要求を強めていく。そしてまた、そこで想定されている教育内容は、必ずしも開発教育やグローバル教育において強調されてきた教育内容と重なるものではない。こうした教育内容が制度化され、法的拘束力を持つようになれば、実践者の望む開発教育およびグローバル教育を実践することが困難になることも予想される。連邦政府が育成をめざす国民像とグローバル教育が育成をめざす地球市民像とは必ずしも一致するわけではないというグローバル教育の性質上、両者の緊張関係を含み、場合によっては対立を生み出し得るものとして、この教育政策の動向をとらえる必要があるだろう。

小括

本章では、オーストラリアにおける開発教育およびグローバル教育の歴史的展開と、それが教育政策や教育制度に関する連邦政府の取り組みからどのような影響を受けてきたのかを検討してきた。

まず、教育目的と教育内容の歴史的展開を追った。オーストラリアにおいて開発教育が実践され始めた1960年代、開発教育は近代化論に基づき、主に募金を促すための広報活動としての役割を担っていた。しかしその後、従属理論、持続可能な開発、参加型開発、人間開発、社会開発といった開発論および開発概念の影響を受けて、経済成長を重視する開発のあり方を問い直し、人間の幸福を重視する開発の重要性を主張するという論調が強まるとともに、先進国に住む人々に自身の生き方を問い直す契機を与え、解決に向けた取り組みを促す教育活動としての役割を担うようになった。

次に、実践の場については、学校外の教育の場から学校教育の場への展開が見られた。それを支えた主要な要因として、コルダーとスミス、フィエン

らによる開発教育論に関する研究の推進と、それに基づく教材開発が挙げられた。さらに、NADECの設立による全国規模のネットワークの確立やGEPの立ち上げ、「ホバート宣言」を契機とするナショナル・カリキュラム開発の動きもまた、学校教育の場への開発教育およびグローバル教育の定着を促す重要な要因であった。

　こうした歴史的展開の過程において、連邦政府は常に、開発教育およびグローバル教育と関わっていた。ただし、その関わり方には変化が見られた。まず、1960年代から1980年代にかけては、主にNGOなどの活動を資金提供によって支援するというかたちで開発教育に関わっていた。その際、資金提供は開発教育を実践する個々の援助団体に直接的に行われるのではなく、ACFOAを通じて間接的に行われていた。また、学校での教育活動に対する連邦政府からの要求が弱かったため、教師が自由に教育活動を構想し、実践することができた。一方、1990年代に入ると、GEPに代表されるように、グローバル教育を進めるプロジェクトそのものにも連邦政府が関与するようになる。さらに、教育に関する「国家目標」の提示やナショナル・カリキュラム開発などの教育政策や教育制度の枠組みづくりが進められることによって、その枠組みに沿うかたちでグローバル教育を学校教育に位置づけるための方策が模索されるようになった。マクロなレベルにおいても、ミクロなレベルにおいても、より直接的に連邦政府が関与するようになったのである。

　連邦政府による1989年以降の教育政策は、義務教育段階を含む学校教育の場でグローバル教育を実践することに根拠を与えた。一方で、学校教育で扱うべき教育内容に一定の共通性を持たせるとともに教育の成果を把握しようとする教育政策の方向性は、実践者の望む開発教育およびグローバル教育を実践することを困難にする危険性を含むものでもあった。連邦政府が育成をめざす国民像とグローバル教育が育成をめざす地球市民像とは必ずしも一致するわけではないというグローバル教育の性質上、両者の緊張関係を含み、場合によっては対立を生み出し得るものとして、この教育政策の動向をとらえることが必要となるのである。

　本章では、開発教育およびグローバル教育の歴史的展開を明らかにすると

ともに、特に学校教育全体をとりまく教育政策や教育制度との関わりというマクロなレベルにおいて、連邦政府が開発教育およびグローバル教育に与えてきた影響を明らかにした。本章でも述べたように、オーストラリアでは1994年以降、GEPという国家プロジェクトを通して、連邦政府がグローバル教育と直接的に関わっている。そこで次章では、このGEPに焦点をあてて、その具体像に迫っていく。

〔註〕
1 近代化論に関する説明については、江原裕美「開発と教育の歴史と課題」(江原裕美編『開発と教育』新評論、2001年、pp.52-56)を参照。
2 Kido, K., *Assessment Strategies in Global Education,* Master's thesis for Flinders University, Australia, 2003, p.13.
3 Burns, R. J., 'The Role of NGOs in Educating Australians about North-South Issues', in *Development Dossier,* 6, 1981, pp.33-38.
4 世界大学サービスは、第一次世界大戦の影響を受けたヨーロッパの学生の救援を目的とする国際学生サービス(International Student Service)を前身として設立された。これはその後、開発途上国における学生支援などの活動も行うようになった。
5 イギリスのロイド銀行の頭取。イデオロギーと軍事の対立である東西問題に並ぶ重要な課題として、南北問題の存在を指摘した。
6 Cowden, S. M., *Reassessing Development Education: An Analysis of Recent Experience with Case Studies Drawn from Australian NGO Practice,* Master's Dissertation for Monash University, Australia, 1996, p.17.
7 たとえば、ワールド・ビジョン・オーストラリア(World Vision Australia：1965年設立)やクリスチャン・エイド・アブロード(Christian Aid Abroad：1953年に設立されたフード・フォー・ピース(Food For Peace)を前身として1962年に設立)などが設立された。
8 江原裕美、前掲論文、p.16。
9 World Commission on Environment and Development, *Our Common Future,* New York: Oxford University Press, U.S.A., 1987 (邦訳：環境と開発に関する世界委員会『地球の未来を守るために』福武書店、1987年)。
10 同上書(邦訳)、p.28。
11 この会議には、アボリジニや第三世界からの代表者を含む100人以上が参加した(Kido, K., *op.cit.,* p.15)。
12 Cowden, S. M., *op.cit.,* p.31.
13 当時の移民相であるグラスビー(Grasbby, A. J.)が行った。そこでは、移民の不利益の解消や社会生活における政治的・経済的機会の均等化が図られた(佐々木毅「オーストラリアにおける多文化主義の展開と問題点」小林哲也、江淵一公編『多文化教育の比較研究——教育における文化的同化と多様化』(第3版)、九州大学出版会、1997

年、p.136)。
14　白豪主義とは、「英国から入植したアングロサクソン民族とケルト民族から構成されるアングロ・ケルト系移民の社会的経済的優位を保つために、非ヨーロッパ系移民の入植やオーストラリアに居留している非ヨーロッパ人の市民権を制限」することをめざす、オーストラリア固有の移民政策である (中西直和『オーストラリア移民文化論——「異文化」と「普遍主義」の接合』松籟社、1999年、p.35)。オーストラリアでは白豪主義に基づき、ヨーロッパ系白人の文化を絶対的なものとして、先住民族であるアボリジニやトレス海峡島嶼民の人々の迫害や隷属民化が進められた。この政策は、先住民族に対してだけでなく、ヨーロッパ各地やアジア諸国などからの移民に対しても厳しく適用された。白豪主義をとることによって、多民族、多文化の国家を統一しようとしたのである。
15　関根政美は、一口に「多文化主義」と言ってもそこでとられる政策は多様であることを示したうえで、オーストラリアにおける多文化主義を、「政治的、社会的、経済的、文化・言語的不平等をなくして国民社会の統合を維持しようとすること」を前提とするという特徴を持つものとして説明している (関根政美『多文化主義社会の到来』朝日新聞社、2000年、p.42)。
16　こうした転換の背景としてまず挙げられるのは、白豪主義に対する先住民族や移民からの異議申し立てや国際社会からの批判である。また、それに加えて、第二次世界大戦後に大陸防衛と経済復興・経済成長を目的とした人口増加のための大量移民政策の実施によって非英語系ヨーロッパ人移住者が増加したという社会状況の変化もあった。社会状況の変化に伴い、安定的な社会統合を維持するために、新たな国民統合政策が求められるようになったのである。ただし、1974年の連邦総選挙においてグラスビーが落選したことや、1975年にウィットラムが連邦総督によって政権担当能力なしという理由で罷免されたことなどの影響により、多文化主義の導入が本格化するのは1980年代になってからのことであった (関根政美「ヨーロッパ国家からの変貌」藤川隆男編『オーストラリアの歴史』有斐閣、2004年、p.214)。
17　Ryan, A., *Is Giving Enough?: The Role of Development Education in Australian NGOs*, Ph.D. thesis for Flinders University, Australia, 1991, pp.168-174.
18　1975年から1983年まで、自由党のフレーザー (Fraser, M.) を首相とする保守派が連邦政府の政権を握った。
19　政府からの資金援助の縮小以外にも、開発教育実践を広めることに対する障害となる事象が見られた。たとえば、先進国に住む人々の意識改革や自分たちにできることを考えることの重要性が認識され始める一方で、ACFOAのメンバーである団体の中には、1960年代に主流であった資金集めをめざした開発教育を行うものも少なくなかった。さらに、NGOの中にも開発教育を不可欠なものと見るか、あまりに政治的になっていくことに脅威を感じるかという分化が生まれ、それらの間の溝が深まっていった。そのため、NGO間の協力体制が弱くなった (Cowden, S. M., *op.cit.*, pp.27-29)。
20　1983年に労働党のホーク (Hawke, R.) が政権をとったこともその一因である。労働

第1章　開発教育からグローバル教育への歴史的展開　51

党はその後、同じく労働党のキーティング（Keating, P. J.）首相への交代（1991年）を経て、1996年に保守派のハワード（Howard, J.）政権が発足するまでの13年に渡り、連邦政府の政権を握ることとなる。

21　ジャクソン委員会は、援助政策の初の全面的な見直しを目的として、1983年にホーク労働党政権によって設置された委員会である。この委員会が発表したジャクソン報告書では、開発教育の重要性とともにオーストラリアでの開発教育に関する取り組みの乏しさが指摘された。また、開発教育を推進するにあたっては、学校やボランティアの支援団体、コミュニティのネットワークが重要であることも認められた。

22　センターの名称は様々であるが、開発教育を推進するという点では一致しているため、ここでは「開発教育センター」と総称する。

23　Cowden, *op.cit.*, pp.33-38.

24　United Nations Development Programme, *Human Development Report 1990,* New York: Oxford University Press, U.S.A., 1990, p.10.

25　こうした指摘は、たとえば、村田敏雄「教育開発のオピニオンリーダー――国連機関」（江原裕美編、前掲書、p.104）に見られる。

26　相澤紗百合「社会開発・人間開発」開発教育協議会編『開発教育キーワード51』開発教育協議会、2002年、pp.60-61。

27　エンパワーメントとは、一般に「力をつけること」とされる概念であり、開発の分野をはじめ、社会福祉や女性の解放などの多様な分野で注目されている。開発教育と関わりの深い開発の分野においては、特に、フリードマン（Friedmann,J.）のエンパワーメント概念が重要であろう。フリードマンは開発途上国での開発協力に都市計画や地域開発の立場で長年携わった経験から、従来の経済を中心にした開発を強調する開発路線に対して、「オルタナティブな開発」の重要性を唱える。そして、開発途上国における貧困の要因を社会構造による人間らしさの剥奪という視点からとらえ、人々が社会的、政治的、心理的な力を獲得することを通して貧困から脱出することをめざす。ここでいう社会的な力とは、世帯での生産の基盤になるものへアクセスするための力である。政治的な力とは、世帯の個々の成員が自らの将来に影響を及ぼすような様々な決定過程に加わるための力である。心理的な力とは、個人が潜在力を感じる力である。フリードマンのいうエンパワーメントとは、これら3つの力の獲得を意味している。これらの力を手に入れることによって、人々が貧困からの脱出をめざした政治的行動を起こすことが可能になるとされるのである（ジョン・フリードマン（斉藤千宏・雨森孝悦監訳）『市民・政府・NGO――「力の剥奪」からエンパワーメントへ』新評論、1995年）。

28　もちろん、この時期にも学校教育にばかり目が向けられていたわけではない。たとえば、開発に関わる問題に大人たちをどのようにして巻き込んでいくのかということが課題とされ、主に大人を巻き込むことをねらったキャンペーン型の開発教育へも目が向けられるようになった。この傾向は現在まで続いている（Cowden, S. M., *op.cit.*, p.53）。しかしながら、オーストラリアにおける開発教育の広まりという点から見ると学校教育の場への定着が大きな動きであったため、主にこの動きに焦点をあてて見

ていく。
29 オーストラリア教育審議会とは、教育に関する連邦と州の連携や情報交換を目的として1936年に設置された、全国規模の担当大臣審議会である。
30 カリキュラム・コーポレーションとは、ビクトリア州の州都メルボルンに本部を置く企業（1990年設立）であり、主に学校の教師が授業の中で使用することのできる教材の開発を行っていた。これは連邦政府とは独立した企業であるが、教材開発を行ううえで連邦政府との強い結びつきを持っていた。GEPの中で出版される教材の多くも、カリキュラム・コーポレーションから出版されている。なお、カリキュラム・コーポレーションは2010年3月に、第2章で述べるエデュケーション・ドット・エイユーと合併され、政府直轄の企業である「エデュケーション・サービス・オーストラリア（Education Service Australia）」として運営されるようになった。カリキュラム・コーポレーションの詳細については、同企業のホームページ（http://www.curriculum.edu.au/ccsite/cc_home,17988.html：2008年11月27日確認）を参照した。なお、エデュケーション・サービス・オーストラリアの詳細については、同企業のホームページ（http://www.esa.edu.au/：2014年1月24日確認）を参照されたい。
31 AusAIDについては、序章の註4を参照されたい。
32 Calder, M. & Smith, R., *A Better World for All: Development Education for the Classroom (Book 1 & 2)*, Canberra: Australian Government Publishing Service, Australia, 1991.
33 http://www.global-education.asn.au/servlet/Web?s=1733303&action=changePage&pageID=213665948（2014年1月24日確認）
34 Reid-Nguyen, R. (ed.), *Think Global: Global Perspectives in the Lower Primary Classroom,* Melbourne: Curriculum Corporation, Australia, 1999.
35 Guy, R. (ed.), *Look Global: Global Perspectives in the Upper Primary Classroom,* Melbourne: Curriculum Corporation, Australia, 1999.
36 Triolo, R. (ed.), *Go Global: Global Perspectives in the Secondary Classroom,* Melbourne: Curriculum Corporation, Australia, 2000.
37 Curriculum Corporation, *Global Perspectives: A Statement on Global Education for Australian Schools,* Melbourne: Curriculum Corporation, Australia, 2002.
38 先行研究においては「オーストラリアの学校教育の共通で合意された国家目標」と訳されていることもある（たとえば、熊谷真子、佐藤博志「オーストラリアにおける学校審議会制度の検討——学校段階への権限委譲の歴史的展開と学校審議会の現状」『オーストラリア教育研究』創刊号、1994年、pp.14-38）。
39 その詳細およびナショナル・カリキュラム開発に関する当時の動向については、佐藤博志「オーストラリアにおけるナショナル・カリキュラムに関する考察——実施過程を中心に」（『比較教育学研究』第22号、1996年、pp.101-112）を参照されたい。
40 これは、ナショナル・カリキュラムにしたがって各州・直轄区の教育内容を規定することに対して、初等・中等教育に関する権限を握ってきた各州・直轄区からの合意が得られなかったためである。
41 佐藤博志「多様な各州・直轄区の学校教育制度」石附実、笹森健編『オーストラリア・

ニュージーランドの教育』東信堂、2001年、p.39。
42　ナショナル・カリキュラム開発の歴史的な動向については、拙稿「カリキュラム」（佐藤博志編著『オーストラリアの教育改革——21世紀型教育立国への挑戦』学文社、2011年、pp.79-101）を参照されたい。
43　これは、コルダーやフィエン、南オーストラリア州のグローバル教育センターのスタッフなどの協力のもとに作成され、GEPの成果として出版されたものである。なお、同様の取り組みは、Fien, J. (eds), *Monograph 1: Global Education Opportunities in Australian Curriculum Documents,* Brisbane: Griffith University, Queensland University of Technology, Global Learning Centre (Qld) Incorporated, Australia, 1996にも見られる。
44　Curriculum Corporation, *op.cit.,* 2002, p.6.
45　この記述においてはworld citizenという用語が使用されているが、『グローバル教育に関するステイトメント』では基本的にglobal citizenの用語が使用されているため、引用したこの箇所を除き、本書では「地球市民」の用語を使用することとする。
46　Curriculum Corporation, *op.cit.,* 2002, p.7.
47　*Idem.*
48　*Ibid.,* pp.10-13.
49　*Ibid.,* p.2.
50　『グローバル教育に関するステイトメント』では、パースペクティブが児童生徒と教師に与えるものとして、「人々の住む人間社会と環境全体を考慮に入れるアプローチ」「未来、人間社会のダイナミックな性質、より望ましい未来を選び形成するための一人ひとりの能力に対する強調」「変化、相互依存、アイデンティティと多様性、権利と責任、平和構築、貧富、持続可能性、グローバルな正義 (justice) などの、重要なテーマについて探究する機会」「協同的な学習と行動、および共同責任に対する焦点」「批判的思考とコミュニケーションの強調」「前向きで責任ある価値観と態度、積極的な参加のために重要な技能と姿勢を発達させるための機会」の6つを挙げている (*Ibid.,* p.3)。
51　Curriculum Corporation, *A Statement on Studies of Society and Environment for Australian Schools,* Melbourne: Curriculum Corporation, Australia, 1994, pp.3-12.
52　Calder, M. & Smith, R., *op.cit.* (*Book 1*), pp.26-27.

第2章 グローバル教育プロジェクトの全体像とその特質
――連邦政府が国家プロジェクトに及ぼす影響――

　前章で見てきたように、オーストラリアでは1994年以降、AusAIDが主導する国家プロジェクトであるGEPを通して、学校教育の場へのグローバル教育の普及をめざした全国的な取り組みが進められている[1]。本章ではまず、GEPの全体像を明らかにする。そのうえで、教材の作成やウェブサイトを通した情報発信などの取り組みが本格化する1990年代後半以降に焦点をあてて、GEPに対する連邦政府からの影響に注目しながら、GEPの制度上の特質を探っていく。

第1節　ハワード政権による連邦政府の教育改革と国家プロジェクト

　GEPに対する連邦政府からの影響に関して検討した先行研究は、管見のかぎり見られない。しかし、GEPと並んで進められたシティズンシップ教育（Civics and Citizenship Education）に関する国家プロジェクト「デモクラシーの発見（Discovering Democracy）」[2]プログラムに対する連邦政府からの影響については、飯笹佐代子が詳細な検討を行っている[3]。そこでは、1996年に成立した保守派のハワード政権が「デモクラシーの発見」にどのような影響を与えたのかが明らかにされている。本節では、GEPの分析に先立ち、「デモクラシーの発見」に関する先行研究を手がかりに、国家プロジェクトに対する連邦政府からの影響を分析する際の視点を整理する。

(1) ハワード政権による教育改革の特徴
　ハワード政権は、1996年から2007年まで連邦政府を率いていた自由党と

国民党の連合による政府である。第1章で述べたように、連邦政府が主導する1990年代以降の教育政策の特徴は、「国家目標」の提示とナショナル・カリキュラムの開発を通して、学校教育が向かうべき方向性を国全体で共有し、共通の教育内容を児童生徒に獲得させようとする点にあった。こうした動きはハワード政権が発足した1996年以降に特に顕著となり、同政権による政策の大きな転換によって、学校教育は新たな局面をむかえることとなった。

　ハワード政権による教育政策の特徴として、主に以下の3点を指摘することができる[4]。1点目は、国家による教育目標の提示と、その目標達成に向けた各学校の取り組みの強化である。1999年に採択された「アデレード宣言」を受けて、基礎学力とシティズンシップの育成に力を入れるべきことが示されるとともに、その成果を目に見えるかたちで示すことが強調された。これに伴い、示された国家目標を達成するために、各州・直轄区でスタンダードの開発や学習内容の具体化などの作業が進められた[5]。この動きは、文化的背景や人種、民族などの違いに関わらず、オーストラリア国民として最低限求められる能力を一律に規定するとともに、能力の獲得状況を把握するためのスタンダードを設定してその達成を求めようとする動きであると言える。

　2点目は、西洋的な伝統や価値観のもとに国家を統一しようとする動きである。ハワードは、文化的多様性の尊重とアジア太平洋地域にある諸国家との連携の強化をめざした労働党のキーティング（Keating, P. J.）前政権の政策を否定してきた。こうしたハワード政権の立場が明確に表れているものの1つが、シティズンシップ教育に関する国家プロジェクトである。ここで進められたシティズンシップ教育では、英国的な伝統を継承するとともに、福祉に依存しない、自立した自己責任の強い市民の育成がめざされてきた[6]。この動きは、オーストラリア国民として求められる特定の文化や価値観を規定するとともに、教育を通してこうした文化や価値観を全ての児童生徒に獲得させようとするものであると言える。

　3点目は、職業教育の重視である。上述の「アデレード宣言」において職業教育および職業訓練（Vocational Education and Training）の推進と充実の必要性が強調され、第12学年修了時までに職業に関する知識や技能を身につけるこ

との重要性が指摘された。これは、国家の経済発展と国際競争力の強化に対する強い意識の表れである。

このようにハワード政権による教育改革では、オーストラリア国民として最低限求められる能力の明確化とその獲得の保障、西洋的な伝統や価値観に基づく国家の統一、そして国家の経済発展と国際競争力の強化の実現が強調されている。こうした教育改革の主要な取り組みの1つであったのが、シティズンシップ教育に関する国家プロジェクト「デモクラシーの発見」である。

(2) 教育に関する国家プロジェクトを分析する際の視点

オーストラリアでは連邦教育訓練青少年問題省（Department of Education, Training and Youth Affairs：以下、DETYA）のもとに組織されたシティズンシップ教育委員会（Civics Education Group）[7]の指導によって「デモクラシーの発見」プログラムが進められた。このプログラムは、オーストラリア全土の学校でシティズンシップ教育の取り組みを強化することをめざしたものであり、「カリキュラムの素材と専門的な学習リソースの開発」「全ての州・直轄区で行われるプロフェッショナル・デベロップメント・プログラムへの資金提供」「全国的な事業に関するプログラム」から成っている[8]。これは、ハワード政権においてDETYAの大臣を務めたケンプ（Kemp, D.）の主導により進められた。

同プロジェクトで作成された教材『デモクラシーの発見』は、1997年から2004年にかけて、私立学校を含む全国の初等・中等学校に無償で配布された[9]。これにより、公教育のカリキュラムへの全国的な導入が図られたのである。これは独立した教科とされたのではなく、主として社会科に関連する科目の一環として実施されている[10]。

この教材は、「オーストラリアの政治システムおよび諸制度の歴史としくみ、ならびにオーストラリアのデモクラシーを支える諸原理」を学び、「能動的で知識を持ったシティズンシップ」にとって不可欠な価値や態度、技能を身につけることを目的として作成された[11]。これは、第4学年から第10学年を対象としたものであり、「初等教育キット（Discovering Democracy Primary Kit）」と「中等教育キット（Discovering Democracy Secondary Kit）」の2種類のキットから

成る。各キットには、テキスト、CD-ROM、ビデオ、ポスターなどの教材と教師用の手引書が含まれている。シティズンシップ教育委員会によって作成されたこの教材は、カリキュラム・コーポレーションから出版された。

オーストラリアのシティズンシップ教育に関する研究を重ねてきた飯笹は、「デモクラシーの発見」プログラムを「現場の教師の意向を踏まえたものというよりも、トップダウン的に一種の『カリキュラム統制』がなされた側面が強い」[12]としたうえで、政治的な文脈や政治的意図との関連に重点を置いて、その特徴を明らかにしている。

飯笹によれば、オーストラリアにおけるシティズンシップ教育は、オーストラリアのナショナル・アイデンティティの再構築としての側面を強く含んでいる[13]。そして、「政府が求めるタイプの『市民』を育成すること」をめざし、「国民の総『市民』化ともいうべき『国民教育』としての側面を強く持っている」ことを、国家が主導するシティズンシップ教育の特徴として挙げている[14]。「市民」とは国家と対峙する反権力的なアクターとしての意味合いを持って使われることもあり、「国民」であることとの間に緊張関係が生まれることが少なくはない。しかしながらオーストラリアでは、連邦政府がこの「市民」の育成を担うシティズンシップ教育に深く関与することによって、連邦政府の求める価値観や能力を持った「国民」としての側面の強い「市民」の育成を行うものとしてシティズンシップ教育が構想されているのである。

飯笹は「デモクラシーの発見」プログラムで作成された教材を分析し、次のような特徴を指摘している。それは、デモクラシーの西洋的起源や由来についての知識は十分に習得することができる一方で、今日の多文化的現実の中で他者を理解し、共存を図っていくうえで不可欠な知識や視点を十分に提供し得ているとは言えないこと、圧倒的に西洋に偏重した歴史が語られていること、先住民族に対するかつての不正義は解決済みの問題として語られる一方で、現在に引き継がれる問題を正面から取り上げることにはきわめて慎重であること、多文化的な現実は、肯定的に評価すべきものというよりも将来に向けての不安材料として語られていること、である[15]。こうした分析結果をもとに、飯笹は、「デモクラシーの発見」において「デモクラシー」が「懐

古的で、西洋中心主義を志向する言説として機能して」おり、その結果、「『デモクラシーの物語』は非西洋の他者や文化に排他的なストーリーとして紡がれてしまった」と結論づけている[16]。そしてさらに、「デモクラシー」とは歴史をふり返ることで「発見」されるべきものではなく、常に構築を図っていくべき未来志向の動的なプロセスであるべきものではないかと疑問を呈している[17]。

　飯笹が指摘するように、こうした特徴を有するシティズンシップ教育の確立に大きな影響を与えた要因の1つとして、ハースト (Hirst, J.) がシティズンシップ教育委員会の議長に任命されたことが挙げられよう[18]。ケンプ大臣によって任命されたハーストは、ハワード政権の持つ歴史観や多文化主義観ときわめて近い考えを持つ歴史学者である。ハーストは議長としてコーディネーターの役割を果たすだけでなく、自らも教材『デモクラシーの発見──オーストラリアの政府・法律ガイド』[19]を執筆するなどして具体的な教材の内容にも大きな影響を与えており、「デモクラシーの発見」プログラムを主導した[20]。

　ここから、「デモクラシーの発見」プログラムは連邦政府の政治的立場や主張を擁護する人物によって主導されたために、連邦政府の政治的立場や主張を学習者に浸透させようとする教育活動を提示する制度上の枠組みを持つものとなっていることが分かる。これは特に、連邦政府の立場や主張を肯定するような資料の選択やテーマ設定が行われたり、その立場を擁護するよう学習者を導く言説によって構成される教材が作成されたりすることに表れている。

　以上をふまえると、国家プロジェクトに対する連邦政府からの影響を分析する際に留意すべき視点が見えてくる。それは、そのプロジェクトが連邦政府の政治的立場や主張に対してどのような立場をとる人物によって進められているのかという点であり、その結果、どのような性質を持つ教育活動を提示する制度上の枠組みが構想されているのかという点である。

　それではこの「デモクラシーの発見」プログラムと時期を同じくして進められてきたGEPには、連邦政府の影響がどのように表れているのだろうか。

あるいは表れていないのだろうか。以下では、本節で得られた視点をもとに、その特質に迫っていく。

第2節　グローバル教育プロジェクトの全体像

　GEPの特質に迫るために、本節ではまず、GEPの全体像を明らかにする。GEPにおいて行われている主な取り組みとしては、「各州・直轄区でのGEPの実施」「教材の開発と出版」「ウェブサイトの運営」の3つが挙げられる。以下では、それぞれの取り組みの具体像を見ていく。

(1) 各州・直轄区でのグローバル教育プロジェクトの実施

　各州・直轄区でのGEPは、①AusAIDが州・直轄区ごとにGEP担当者・担当機関を募集する、②応募者は「活動計画」「必要経費」「期待できる成果」をまとめた申請書類をAusAIDに提出する、③AusAIDは申請書類をもとに選考を行い、各州の担当者・担当機関を採用する、④採用された担当者・担当機関は、申請書類の内容にしたがって活動を行い、その成果をまとめた報告書を作成してAusAIDに提出する、という流れで実施される。AusAIDの前身であるAIDABは、1980年代後半には開発教育を実践しているNGOなどに資金を提供して教材開発を中心とした取り組みを行っていた。しかし、AusAIDが1990年代半ばに、資金に対する効果という視点からその支援策の成果を評価した結果、教師教育プログラムに重点的に資金を投入することが重要であることが明らかとなった。すなわち、充実した実践を行うことのできる教師の育成が、グローバル教育の発展と普及のために特に力を入れて取り組むべき課題であるとされたのである。そのため、1990年代半ば以降、教師教育プログラムを効果的に行うことのできる応募者を採用する傾向が強まっている[21]。

　表2-1は、筆者が調査を行った2007年12月にGEPを担っていた各州・直轄区の担当者の一覧である[22]。表にあるグローバル学習センター (Global Learning Centre: 1986年設立)、グローバル教育センター (1990年設立)、ワン・ワー

表2-1：各州・直轄区のGEP担当者・担当機関の一覧（2007年12月当時）

州・直轄区	担当者・担当機関	備考
QLD	グローバル学習センター (Global Learning Centre)	NPOの1つ
NSW	グローバル教育プロジェクト (Global Education Project) ＊担当する既存の機関や団体がない場合、「グローバル教育プロジェクト」の名称を付したうえで、備考欄に示したかたちで主たる担当者が置かれている。	主に、ブリス (Bliss, S.：シドニー大学上級講師) が担当
ACT		
VIC		主に、ビクトリア州地理教師学会 (Geography Teachers' Association of Victoria) が担当
SA	グローバル教育センター (Global Education Centre)	NGOかつNPO
NT	北部準州社会科教育学会 (Social Educators' Association of the Northern Territory)	北部準州で活動する、社会科教育に携わる教師や研究者の学会
WA	ワン・ワールド・センター (One World Centre)	NGOの1つ
TAS	タスマニア大学 (University of Tasmania)	主に、ブロウェット (Browett, J.：タスマニア大学講師) が担当

(表は、筆者が作成)

ルド・センター (One World Centre：1985年設立) は、設立時より開発教育の推進に力を入れてきた団体である (第1章の表1-1を参照)。このように、各州・直轄区でGEPを進めるにあたり、開発教育を推進してきた団体が重要な役割を果たしていることが分かる。

　各州・直轄区の担当者・担当機関の具体的な取り組みとしては、教師をめざす学生や現職教員を対象とした、ワークショップや大学での講義が挙げられる。こうした取り組みは教師教育プログラムの一環と位置づけられている。ただし、そこで行われるワークショップや講義の内容は担当者に任されているため、画一的なものが行われるというわけではない。次節で取り上げるように、担当者・担当機関が工夫しながら独自の取り組みを行っている。

　GEPを担当するセンターはまた、資料室を持っている。これらのセンターでは、開発教育やグローバル教育に関する理論書や活動事例集、写真やポスター、ビデオなどの資料を揃えており、利用者はそれらを自由に閲覧したり、

借りたりすることができる。また、担当者・担当機関は、主に教師を対象とした授業づくりのコンサルティングも行っている。そこでは、資料の紹介や具体的な活動の提案などを行いながら、教師が学校教育の場においてグローバル教育を実践するための手助けを行っている。

(2) 教材の開発と出版およびウェブサイトの運営

　GEPにおける教材の開発と出版に関して一般的に行われているのが、GEP担当者とカリキュラム・コーポレーションとの連携である[23]。

　カリキュラム・コーポレーションでグローバル教育に関連する事業全般の責任者を務めているのがマクニコル (McNicol, C.) である[24]。マクニコルによれば、GEP担当者・担当機関とカリキュラム・コーポレーションとの連携による場合には一般に、AusAIDが教材などの作成をカリキュラム・コーポレーションに委託し、カリキュラム・コーポレーションが作成委員会を結成して作成するという流れがとられる[25]。作成委員会は通常、10名から20名程度のメンバーで構成される。メンバーに選ばれるのは、主に、担当者・担当機関のスタッフ、教師、連邦および州・直轄区政府の教育関連職員、研究者である。この作成委員会の編成に際しては、できるかぎり多くの州・直轄区から委員を集めるようにしていると言う。これにより、作成している教材が、各州・直轄区が定めるカリキュラムの枠組みと合致したものとなることをねらっているのである。また、学校内外でグローバル教育を実践してきた教師やNGOのスタッフなどを委員に加えることによって、実践を通して得られた知見を教材開発に生かし、より実践的な教材を作成することをねらっている。これまでに、『シリーズ』や『グローバル教育に関するステイトメント』[26]の作成と出版などが、AusAIDからの委託事業というかたちで行われている。

　マクニコルによれば、AusAIDは教材の作成をカリキュラム・コーポレーションに完全に任せるのではなく、ガイドラインを示すかたちで教材の内容に関して要望を出すと言う[27]。一方、企業であるカリキュラム・コーポレーションにとってAusAIDからの資金提供は重要な財源の1つであるため、で

きるかぎりAusAIDの意向を反映させながら教材を作成するようにしていると言う。

　このようにカリキュラム・コーポレーションが中心となる場合に加えて、AusAIDが各州・直轄区のGEP担当者やNGOに直接委託する場合もある。特に、南オーストラリア州でGEPを担当しているグローバル教育センターや、GEP担当者ではないもののGEPと密接な関係を持ってグローバル教育を推進しているNGOであるワールド・ビジョン・オーストラリアは、精力的に教材開発を行っている。

　ウェブサイトの運営は、カリキュラム・コーポレーションとエデュケーション・ドット・エイユー(education.au)[28]と呼ばれる企業との連携のもとに行われている。具体的には、AusAIDの意向をもとにしてカリキュラム・コーポレーションがウェブサイトに掲載すべき多様なデータや関連のリンク先などの情報をまとめてエデュケーション・ドット・エイユーに伝達し、エデュケーション・ドット・エイユーがその情報をもとにウェブサイトを作成するという流れで運営されている。このウェブサイトは「グローバル教育ウェブサイト(Global Education Website)」[29]と呼ばれ、オーストラリアの初等・中等学校におけるグローバル教育の量と質を向上させることを目標として運営されている。これは1997年に開設されて以来、主にグローバル教育を実践する教師たちによって利用されている。

　以上の取り組みをふまえてGEPの全体像を表したのが、**図2-1**である。オーストラリア全土に渡るグローバル教育の推進をめざすGEPでは主に、各州・直轄区の担当者・担当機関を選定したり、出版される教材やウェブサイトの内容に要求を出したりすることによって、AusAIDの、ひいては連邦政府の要求を反映した実践を全国に広めることを可能にするシステムが確立されているのである[30]。

　ただし、教師は実践に際して、GEPの中で作成された教材や資料、ウェブサイトだけでなく、GEPとは無関係の資料やウェブサイトなども利用し、自身の信念やグローバル教育に対する考え方に基づいて実践を構想する。また、各州・直轄区の担当者が授業づくりのコンサルティングを行ったり、資

第2章　グローバル教育プロジェクトの全体像とその特質　63

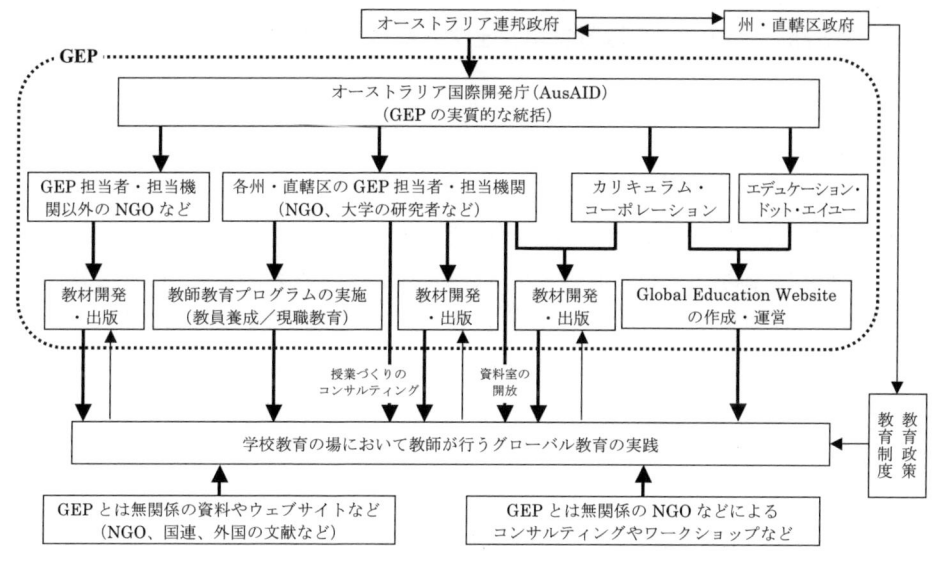

図2-1：グローバル教育プロジェクトの全体像

(図は、筆者が作成)

料室を開放したりする際には、GEPで構想されているグローバル教育をそのまま広めようとするとはかぎらない。そこで次節では、GEPで実際に行われている取り組みの一端を取り上げ、連邦政府からの要求がどのようなかたちでGEPに影響を与えているのか、あるいは与えていないのかを検討することによって、GEPの制度上の特質に迫っていく。

なお、第1章で見てきたように、「国家目標」の提示やナショナル・カリキュラムの開発、教育成果の把握に対する要求など、学校教育の場における実践に関しては、教育政策や教育制度に関する連邦政府や州・直轄区政府の取り組みからの影響も考慮に入れる必要がある。これは特に、大学進学と関わる後期中等教育段階での実践において重要である。ただし、これはGEPそのものに内在する要因ではないため、本章では扱わず、第7章で取り上げる。

第3節　グローバル教育プロジェクトにおける取り組みとその特質

本節では、第1節で示した2つの分析の視点、すなわち、プロジェクトが連邦政府の政治的立場や主張に対してどのような立場をとる人物によって進められているのかという点と、その結果としてどのような性質を持つ教育活動を提示する制度上の枠組みが構想されているのかという点に注目して、GEPの制度上の特質を明らかにしていく。そのためにまず、GEPで構想されるグローバル教育の教育内容をめぐる議論を取り上げ、どのような性質を持つ教育活動が構想されているのかを検討する。続いて、担当者による教師教育プログラムの実践例を検討し、連邦政府の政治的立場や主張に対するGEPの担当者・担当機関の立場の一端を明らかにする。

(1) グローバル教育プロジェクトで扱われる教育内容

AusAIDの委託を受けて教材を作成しているカリキュラム・コーポレーションのマクニコルは、GEPで作成される教材は全国の実践者が使用することを想定しているため、その内容や学習活動が特定の立場に立つものとはならないよう配慮していると言う。すなわち、政治的な内容や、特定の個人や団体の主張に偏った資料や記述を取り上げることを避け、「中立的」な立場に立つことを意図していると言うのである[31]。しかし、GEPで作成される教材において取り上げられている諸問題を見ると、そこには一定の立場性を指摘することができる。

第1章で見てきたように、1970年代以降の開発教育では国内の問題にも目を向けることの重要性が議論されてきた。これは、貧困や格差など開発に関わる問題は開発途上国だけではなく先進諸国内にも存在していると認識することによって、こうした問題と学習者自身のつながりをより明確に把握したり、自国も含めて世界中に見られる貧困や格差などの問題の解決をめざしたりすることを強調する主張であった。オーストラリアについて見てみると、特に先住民族であるアボリジニの人々への偏見や差別、あるいは貧困が問題となってきた。しかしながら、GEPで作成される教材では、主にオースト

ラリア国外に見られる問題が取り上げられる傾向が強い。つまり、GEPでは、開発教育が扱ってきた国内の問題を重点的に取り上げた教材が見られないのである。

この点について、GEPの最高責任者であるAusAIDのバーチ (Burch, A.)[32] は、グローバル教育において国外の問題だけではなく国内の問題を取り上げることの重要性を認めつつも、海外援助活動を担当するAusAIDという機関の一事業であるというGEPの性質上、国外の問題を中心に扱うことになると述べている[33]。AusAIDは連邦政府の機関として、海外援助活動を担っている。そのため、自身の活動を広く国民に知らせ、活動への支持を得ることも重要な活動の1つである。GEPで取り上げられている問題の選択に見られる傾向は、AusAIDのこうした役割に起因するものであると言えよう。

以上をふまえると、GEPにおけるグローバル教育は、「中立的」な立場に立つことを志向しつつも国外の問題に目を向けることを強調し、また、海外援助活動に対する支持を広げることを志向するものとなっていることが分かる。GEPでは、開発教育の歴史的展開をふまえたグローバル教育の要点が理解されつつも、政府機関という組織の性質により、そこで構想されるグローバル教育に対して、取り上げる問題の選択に影響が見られるのである。

ただし、GEPではこうした性質を堅持したグローバル教育のみを許容しているわけではない。バーチは、教師や各州・直轄区のGEP担当者・担当機関が、GEPで作成された教材だけではなく、その他の教材や資料も用いながら独自の実践を行うことに対して理解を示していた[34]。それでは、各州・直轄区の担当者・担当機関は、本項で見てきたGEPの立場に対してどのような立場をとっているのであろうか。

(2) グローバル教育プロジェクトにおけるブロウェットの取り組み

筆者が調査を行った2008年当時、タスマニア州のGEPを担当していたのが、タスマニア大学講師のブロウェット (Browett, J.) であった。ブロウェットは、タスマニア大学がGEPの担当機関に選ばれたことを受けて、教師教育プログラムを実施した。

表2-2：ブロウェットの夏期講座（2008年1月7日～9日）の概要

1月7日	セッション1	＊自己紹介 ＊講座の概要の説明
	セッション2	＊地球市民 (global citizen) とは何か ・Curriculum Corporation, *Global Perspectives : A Statement on Global Education for Australian Schools*, Melbourne: Curriculum Corporation, Australia, 2002. ＊各州のセンターなどについての簡単な説明 ＊「hypothetical」アクティビティ（ロールプレイの一種）
	セッション3	＊文献紹介 ・Poultney, T., *Globalise Me!: A Student's Guide to Globalisation*, Melbourne: Curriculum Corporation, Australia, 2004. ・Bigelow, B.(eds.), *Rethinking Globalization: Teaching for Justice in an Unjust World*, Wisconsin: Rethinking Schools Ltd, U.S.A., 2002. など ＊社会正義と人権に関するグループワーク
	セッション4	＊ユネスコによる人権に関する活動についての説明 ＊ベトナムのストリートチルドレンを対象とした職業訓練学校についてのビデオ視聴
1月8日	セッション5	＊子どもが行う仕事に関するペアワーク（10種類の仕事のイラストを見て、「良い仕事」と「悪い仕事」に分類し、その理由を考える）← ワールド・ビジョン・オーストラリアが考案したワーク ＊「持続可能な未来」について ・地球憲章（Earth Charter） ・*Education for Sustainable Future*
	セッション6	＊教授方略についての説明 ＊気候変動の内容の説明 ・http://www.climatechangematters.net.au/ ＊映画「不都合な真実」の視聴
	セッション7	＊児童生徒にできる行動とは何か ・Severn Suzukiによる国連地球サミット（1992）でのスピーチの視聴 ・Fountain, S., *Education for Development: A Teacher's Resource for Global Learning*, London : Hodder & Stoughton, U. K., 1995. ← ユニセフの事業の一部 ＊児童生徒が実際に学校教育の場で行った行動の事例の紹介 ⇒ ゲストスピーカーを呼んできて議論を促したり、学校の庭で野菜づくりと有機肥料づくりを行ったりした事例
	セッション8	＊グローバル教育ウェブサイトの閲覧と内容についての説明 ＊それ以外のウェブサイトの検索と閲覧

第2章　グローバル教育プロジェクトの全体像とその特質　67

1月9日	セッション9 & セッション10	＊文献、資料の配布 ・<u>Calder, M. (ed.), Show Me the World: Units with a Global Perspective for Primary and Middle School,</u> Adelaide: Global Education Centre, Australia, 1997. ・<u>AEF News</u> ＊アイデンティティと文化的多様性についてのブレーン・ストーミングと理論的な説明 ＊教室で使われている児童生徒向け教材の中で、外国の文化がどのように描かれているのかについての話し合いと説明 ＊旅行のパンフレットの中で、外国の文化がどのように描かれているのかについての話し合いと説明 ＊教材の紹介 ・<u>Snapshots of Asia</u>キット ・〜〜Wildy, M. & Smith, F., Teaching about Other Countries: A Teaching Model for Primary and Middle School Teachers,〜〜 Adelaide: Global Education Centre (SA), Australia, 2007. ＊カリキュラム・コーポレーションによる"The River"を使ったグループ活動 ＊グローバル教育をどのように学校教育の場で実践していくことができるのかについての説明 ・〜〜Think Global〜〜および〜〜Thinking Globally〜〜
	セッション11	＊資料の紹介 ・<u>Access Asia: Primary Teaching and Learning Units,</u> Melbourne: Curriculum Corporation, Australia, 1996. ・〜〜Murdoch, K. & Hamston, J., Knowing Me, Knowing You,〜〜 Burwood: Dellasta Publishing, Australia, 1999. ・Focus（AusAID発行の雑誌） ・Amnesty International（NGO）発行の雑誌 ・Oxfam（NGO）発行の雑誌　　　　　　　　　など ＊受講生による宿題のプレゼンテーション
	セッション12	＊受講生のプレゼンテーションに対するブロウェットからの評価とフィードバック

（表は、筆者のフィールドノーツと、配布された資料などをもとに筆者が作成）
＊資料や文献は表中に傍線を引いて示した。<u>下線を付したもの</u>はAusAIDあるいは連邦政府によるものを、〜〜波線を付したもの〜〜はAusAID以外によるものを示す

　本項で取り上げるのは、2008年1月7日から9日にかけて開講されたグローバル教育に関する夏期講座である。この講座には、プロフェッショナル・デベロップメントのためのプログラムの受講を希望する現職教員と、教員を志望する学部生が参加していた[35]。**表2-2**は、同講座の概要を示したものである。
　同講座では、講座全体の流れの説明に引き続き、セッション2において、グローバル教育の概要が説明された。具体的には、GEPで作成された『グロー

バル教育に関するステイトメント』の内容を紹介するかたちで、グローバル教育を通して育成することがめざされている地球市民とはどのような市民であるのか、また、なぜグローバル教育を実践することの重要性が高まっているのかが説明された。その後、グループワークや映像資料の視聴、文献の紹介などを通して、社会正義や人権、児童労働、気候変動をはじめとする環境破壊、文化的多様性など、グローバル教育で重要とされている諸問題についての理解を深めたり、グローバル教育で利用される教授方略を知ったり、グローバル教育に関わる理論的な議論を知ったりするためのセッションが設けられた。また、これらの内容をただ説明するだけではなく、セッション9およびセッション10において、どのようなかたちで学校教育の場において実践することができるのかも示された。そこでは、『シリーズ』のうち初等学校低学年の児童向けの単元事例が収められた『グローバルに考える』と、その改訂版としてブロウェットが作成途中であった『グローバルに考えること』[36]に基づきながら説明が進められた。

　それでは、ブロウェットは連邦政府の政治的立場や主張に対してどのような立場をとっていたのであろうか。これを知るための手がかりとなるのが、講座の中で何度も行われている文献や資料、教材やウェブサイトなどの紹介である。

　ブロウェットが同講座で紹介あるいは使用した文献や資料は、GEPを通して作成された教材や資料[37]、グローバル教育ウェブサイトだけではなかった。その他にも、ワールド・ビジョン・オーストラリアやオックスファム（Oxfam）などのNGOが作成した資料、ユニセフの活動の一環として作成された『開発のための教育』[38]、南オーストラリア州のグローバル教育センターのスタッフたちによって作成された教材[39]など多岐に渡る。また、たとえばグローバル教育ウェブサイトを紹介する場面において「これはグローバル教育を行ううえで有益な資料をたくさん提供しているが、AusAIDの立場から作成された情報が多いので、これだけを絶対視しないようにしなければならない」ということにも言及していた。

　こうした文献や資料、教材やウェブサイトの紹介の仕方や利用方法から

は、GEPの構想するグローバル教育を相対化しようとしていることが分かる。前項で指摘したように、GEPにおけるグローバル教育は、「中立的」な立場に立つことを志向しつつも、国外の問題に目を向けることを強調し、また、海外援助活動に対する支持を広げることを志向するものとなっていた。ブロウェットの取り組みは、こうしたGEPの立場性を相対化しようとするものとなっているのである。ただし、こうした取り組みは、学習者一人ひとりが問題を多面的にとらえ、自分なりの理解を深めるための手立てとされているのであり、AusAIDの立場を批判したり反対したりすることをねらったものではない。あくまでAusAIDの意向は尊重しつつ、それを絶対視しないという立場をとっているのである。

　AusAIDの立場を相対化しようとする取り組みは、ブロウェットだけが行っているものではない。たとえば、グローバル教育センターにおいても、同様の点に留意したワークショップや授業づくりのコンサルティングが行われている。ここから、GEPでは連邦政府の要求を反映した実践を全国に広めることを可能にするシステムが確立され、AusAIDの立場を反映したグローバル教育が構想されている一方で、ブロウェットらの例に見られるように、各州・直轄区の担当者・担当機関によってAusAIDの立場を相対化する取り組みも行われていることが分かる。

(3) グローバル教育プロジェクトの特質

　以上の検討をふまえて、最後に、GEPに対する連邦政府からの影響に注目しながら、GEPの制度上の特質について考察する。

　GEPの特質としてまず挙げられるのは、各州・直轄区の担当者・担当機関を選定したり、出版される教材やウェブサイトの内容に要求を出したりすることによって、AusAIDの、ひいては連邦政府の要求を反映した実践を全国に広めることを可能にするシステムが確立されているという点である。こうしたシステムの確立と、連邦政府の海外援助活動を担当するAusAIDという機関の一事業であるという性質を背景として、GEPでは、国外の問題に目を向けることを強調し、また、海外援助活動に対する支持を広げることを

志向する立場に立ったグローバル教育が構想されていた。すなわち、GEPでは、構想されるグローバル教育において取り上げる問題の選択に、連邦政府からの影響が見られるのである。

ただし、責任者であるバーチ自身がGEPで構想されているグローバル教育を絶対視したり強要したりせず、それとは異なる独自の実践を行うことへの理解を示していた。そのため、GEPの担当者・担当機関が自身の考えに基づいて構想したグローバル教育の普及をめざすことも可能である。本節で取り上げたブロウェットの取り組みは、GEPの成果に基づきつつも、その立場を相対化することを意図しながらグローバル教育を実践することをめざした教師教育が進められていることを示す例であると言えた。

ここから分かるように、GEPでは、連邦政府の主張を反映した実践を全国に広めることを可能にするシステムが確立されている一方で、各州・直轄区において実質的にGEPを担っている担当者・担当機関がAusAIDの立場を相対化させるための取り組みを行うことが可能であり、実際にそうした取り組みを行っている例も見られる。このように、GEPを通して構想されたグローバル教育の性質を相対化する役割をGEPの担当者・担当機関が果たしているという点が、GEPの制度上の特質の2つ目である。

本章の第1節で見たように、ハワード政権は、オーストラリア国民として最低限求められる能力の明確化とその獲得の保障、西洋的な伝統や価値観に基づく国家の統一、そして、国家の経済発展と国際競争力の強化の実現を強調する立場に立って教育改革を行っていた。そして、「デモクラシーの発見」プログラムに代表されるシティズンシップ教育には、こうしたハワード政権の立場が強く反映されていた。しかしながら、GEPは、「デモクラシーの発見」プログラムと同様に連邦政府の立場や主張を反映させるシステムが確立されているにも関わらず、連邦政府の立場を相対化し得る契機を持つものとなっているのである[40]。

両者の間に違いが生まれた理由としてまず挙げられるのは、プロジェクトに関わる人物が連邦政府の主張に対してとる立場の違いである。「デモクラシーの発見」プログラムでは、連邦政府の政治的立場や主張を明確に擁護す

第2章　グローバル教育プロジェクトの全体像とその特質　71

るハーストが議長に選ばれ、ハーストを中心としてプロジェクト全体のコーディネートや教材作成が進められていた。一方、GEPでは、ブロウェットのように、GEPで構想されるグローバル教育を相対化してとらえることの必要性を自覚している人物が担当者に選ばれていた。また、担当者・担当機関は、教師教育プログラムや授業づくりのコンサルティングなどを通して実践者と直接関わり、自身の考えに基づくグローバル教育の普及をめざすことも可能であった。

　さらに、GEPについては、開発教育に関する研究および実践の蓄積が重要な役割を果たしていることも指摘できる。第1章で示したように、開発教育では、経済成長を重視する開発のあり方を問い直し、人間の幸福を重視する開発の重要性を主張するという論調が強まってきた。また、国内の問題にも目を向けることの重要性が認識されたり、情報提供のためのツールとしてだけではなく、先進国に住む人々の生き方を問い直したり解決に向けた人々の取り組みを促したりするという役割を担うようになってきた。そしてまた、そうした主張を反映させた教材開発や実践が重ねられてきた。GEPの構想するグローバル教育を相対化し、めざすべき実践のあり方を多面的に検討するためにブロウェットが行っていた文献や資料、教材やウェブサイトの紹介は、こうした開発教育研究の蓄積のうえに成り立つものであったと言える。

　先述のように、連邦政府は自身の行う海外援助活動に対する国民からの支持を高める必要があり、AusAIDを通したGEPの推進はそのための重要な役割を果たし得る。この点が、一見相反する主張をするようにも見えるシティズンシップ教育と並行して、連邦政府がグローバル教育を進めている大きな要因であると言えよう[41]。一方、GEPを推進することは、グローバル教育の実践者にとっても有益な面を持つ。なぜなら、GEPはグローバル教育に関する取り組みを資金面で支援するものでもあるため、長期的なビジョンを持って取り組みを進めることが可能となるためである。また、GEPを通した教材開発や教師教育、授業づくりのコンサルティングも、グローバル教育の全国的な普及を促すうえで効果的である。ただし、GEPで構想されるグローバル教育と、開発教育研究の蓄積を反映させたグローバル教育との間に

は、構想される実践の強調点に違いが生まれ得る。GEPは、そうした主張の違いがせめぎ合う場として位置づけられるのである。

小括

　本章では、GEPの全体像を明らかにするとともに、GEPに対する連邦政府からの影響に注目しながら、GEPの制度上の特質を探ってきた。

　まず、国家プロジェクトであるGEPを分析する際に着目すべき視点を明らかにするために、同時期にハワード政権によって強力に進められた「デモクラシーの発見」プログラムについての検討を行った。そして、飯笹の先行研究を参照しながら、プロジェクトが連邦政府の政治的立場や主張に対してどのような立場をとる人物によって進められているのかという点と、その結果としてどのような性質を持つ教育活動を提示する制度上の枠組みが構想されているのかという点を、GEPの特質を明らかにするための分析視角として抽出した。

　続いて、GEPの全体像を整理した。そして、オーストラリア全土に渡るグローバル教育の推進をめざすGEPでは主に、各州・直轄区の担当者・担当機関を選定したり、出版される教材やウェブサイトの内容に要求を出したりすることによって、AusAIDの、ひいては連邦政府の要求を反映した実践を全国に広めることを可能にするシステムが確立されていることを明らかにした。

　そのうえで、「デモクラシーの発見」プログラムの検討を通して抽出した2つの分析視角に基づいて、GEPの制度上の特質を探った。まず、GEPで構想されているグローバル教育は、国外の問題に目を向けることを強調し、また、海外援助活動に対する支持を広げることを志向する立場に立つものとなっていることが分かった。こうしたグローバル教育の性質は、GEPが連邦政府の海外援助活動を担当するAusAIDの一事業であるという性質によって生まれるものであった。一方で、GEPの担当者であるブロウェットの教師教育プログラムの例からは、AusAIDの意向を尊重しつつも、各州・直轄

区の担当者・担当機関によってAusAIDの立場を相対化する取り組みも行われていることが分かった。

以上をふまえると、GEPの制度上の特質として次の2点を挙げることができた。1点目は、AusAIDの、ひいては連邦政府の要求を反映した実践を全国に広めることを可能にするシステムが確立されているという点である。2点目は、GEPを通して構想されたグローバル教育の性質を相対化する役割をGEPの担当者・担当機関が果たしているという点である。特に2点目の特質が生まれる要因としては、GEPで構想されるグローバル教育を相対化してとらえることの必要性を自覚している人物が担当者に選ばれていることと、開発教育に関する研究および実践の蓄積がGEPにおけるグローバル教育のあり方を相対化するための視点や具体的な教材などを提供していることが挙げられた。こうした要因を背景として、「デモクラシーの発見」においてもGEPにおいても連邦政府の立場や主張を反映させるシステムが確立されているにも関わらず、前者が連邦政府の立場を強く反映するものとなっている一方で、後者はそれを相対化し得る契機を持つものとなっていたのである。

本章での検討を通して、マクロなレベルで連邦政府がGEPに与えている影響の様相が明らかとなった。ただし、本章では、ミクロなレベル、すなわち、具体的な実践の特徴にまでふみこんだ検討を行うことはできなかった。第Ⅱ部では、GEPにおけるグローバル教育に理論的基盤を提供しているコルダーとスミスおよびフィエンの開発教育論の特質と課題を明らかにするとともに、それがGEPで作成された『シリーズ』にどのように反映されているのか、あるいは反映されていないのかを検討する。この作業を通して、連邦政府がGEPで構想されるグローバル教育に対してミクロなレベルで及ぼしている影響を明らかにしたい。

〔註〕
1　第1章で見てきたように、オーストラリアにおいてグローバル教育は一般に、1990年代以前には開発教育と呼ばれていた。まだ開発教育の名称が使われていた1987年よりGEPにつながる活動は開始されたが、現在の体制になったのは1994年頃からで

あるとされている。
2 これには「プログラム」の名称がつけられているが、国家が主導し、国家予算を使って進めたという点においてGEPと同様の性質を持つものであるため、本書においては「国家プロジェクト」ととらえる。
3 飯笹佐代子『シティズンシップと多文化国家——オーストラリアから読み解く』日本経済評論社、2007年。
4 青木麻衣子「オーストラリアの学校教育改革——1990年代以降を中心に」(『オセアニア教育研究』第12号、2006年、pp.39-50)で挙げられている「基礎学力の向上」「職業教育・訓練の推進」「国家としての統一性の追及」という3つの特徴を参考にした。
5 第1章でも述べたように、国家による教育目標がはじめて提示されたのは、1989年の「ホバート宣言」である。そこでは、教育に関する国家目標が提示されるとともに、その国家目標を全国の学校が達成することをめざして、ナショナル・カリキュラムの策定が検討された。その後、「ホバート宣言」の改訂版として示されたのが「アデレード宣言」である。
6 飯笹佐代子、前掲書、p.135およびp.156。
7 これは、ハワード政権の前に連邦政府を担当していたキーティング首相によって1994年に結成された「シティズンシップ教育専門家委員会(Civics Expert Group)」を前身として、1997年に結成された。ただし、改組に伴って議長がマッキンタイアー(Macintyre, S.)からハースト(Hirst, J.)に代わり、シティズンシップ教育に対する方針にも変更が見られたことが指摘されている(同上書、pp.137-141)。なお、飯笹はシティズンシップ教育専門家委員会の報告書(Civics Expert Group, *Whereas the People...: Civics and Citizenship Education Report of the Civic Expert Group,* Canberra: Australian Government Publishing Service, Australia, 1994, pp.6-7)において、厳密には主として学校において公式に一定のシラバスのもとに授業として行われるものがcivics education、公式・非公式を問わず学校内外において行われる様々な活動を含む幅広い教育がcitizenship educationと区別されていることを指摘したうえで、civics and citizenship educationを「シティズンシップ教育」と表記している(同上書、pp.156-157)。本書では飯笹に倣うこととする。
8 連邦教育雇用職場環境省(Department of Education, Employment and Workplace Relations)のウェブサイトにあるシティズンシップ教育のホームページ(http://www.civicsandcitizenship.edu.au/cce/background,8985.html：2014年1月24日確認)より。
9 なお、「デモクラシーの発見」プログラムは2004年以降、「シティズンシップ教育(Civics and Citizenship Education)」の名称で継続されている。その詳細については、シティズンシップ教育ウェブサイト(Civics and Citizenship Education website)を参照されたい(http://www.civicsandcitizenship.edu.au/cce/default.asp：2014年1月24日確認)。
10 飯笹は2004年8月にカリキュラム・コーポレーションにおいてインタビューを行い、この「デモクラシーの発見」プログラムを実施している学校は全国でおよそ半数であると推定されることを明らかにしている。ただし、飯笹自身が指摘しているように、各州・直轄区においても独自の教材が開発されていることや、教材の選択に対する教師

の裁量が大きいことから、同プログラムを通して作成された教材が実際にどの程度使われているのかを把握することは難しい（飯笹佐代子、前掲書、p.161）。
11　ケンプによるスピーチ "Discovering Democracy School Materials Launch"（Minister Archives, 18 November, 1998：http://www.dest.gov.au/archive/ministers/kemp/ks181198.htm：2012年1月11日確認）より。
12　飯笹佐代子、前掲書、p.130。
13　同上書、p.130。
14　同上書、p.135。
15　同上書、pp.155-156。
16　同上書、p.156。
17　同上。
18　同上書、p.141。
19　Hirst, J., *Discovering Democracy: A Guide to Government and Law in Australia*, Melbourne: Curriculum Corporation, Australia, 1998.
20　飯笹佐代子、前掲書、p.160。
21　バーチ氏へのインタビューによる（2007年12月19日にAusAIDにて実施）。
22　2014年1月24日現在、NSWの担当機関がNSW教師審議会（Professional Teachers' Council NSW）に、ACTの担当機関がACT教育連盟審議会（Council of ACT Education Associations）に変更されている。また、NTでは現在、担当者・担当機関が設置されていない状態になっている。それ以外の州・直轄区における担当者・担当機関は、表2-1に示した2007年12月当時から変更されていない。ただし、TASではタスマニア大学が継続して担当しているものの、ブロウェットの転出に伴い、主たる担当者がマイヒル（Myhill, M.）に変更されている（http://www.globaleducation.edu.au/678.html：2014年1月24日確認）
23　第1章の註30で述べたように、カリキュラム・コーポレーションは現在、エデュケーション・サービス・オーストラリアとして運営されている。本章で示す内容は基本的に現在でも変わっていない（2013年11月14日に、マクニコル氏へのメールにて確認）が、本章で扱う他の調査結果と時代背景を統一するために、調査当時の情報に基づいて記述を進める。
24　マクニコル氏は、カリキュラム・コーポレーションがエデュケーション・サービス・オーストラリアに変わった後も、GEPの担当責任者として、事業を担当している（2013年12月現在）。
25　以下、カリキュラム・コーポレーションに関する記述は、マクニコル氏へのインタビューに基づく（2007年12月17日にカリキュラム・コーポレーションにて実施）。教材作成に関しては、カリキュラム・コーポレーションも含めて広く企業を公募し、入札方式で担当企業を決める場合もあるが、大半はカリキュラム・コーポレーションに委託されている。
26　Curriculum Corporation, *Global Perspectives : A Statement on Global Education for Australian Schools,* Melbourne: Curriculum Corporation, Australia, 2002.

27　マクニコル氏へのインタビューによる（2007年12月17日にカリキュラム・コーポレーションにて実施）。
28　エデュケーション・ドット・エイユーはアデレードに本部を置く企業である。同企業の詳細については、同企業のホームページ（http://www.educationau.edu.au/jahia/Jahia/home：2008年11月27日確認）を参照した。なお、第1章および本章の註23でも述べたように、同企業は2010年3月にカリキュラム・コーポレーションと合併され、政府直轄の企業「エデュケーション・サービス・オーストラリア」として運営されるようになった。
29　http://www.globaleducation.edna.edu.au/globaled/go（2012年1月11日確認）。なお、同ウェブサイトは現在、http://www.globaleducation.edu.au/ としてリニューアルされ、エデュケーション・サービス・オーストラリアによって管理・運営されている（http://www.esa.edu.au/projects/global-education：2014年1月24日確認）。
30　もちろん、オーストラリアのグローバル教育関係諸機関や研究者の全てがGEPに関わっているわけではない（たとえばキリスト教系のNGOであるカリタス・オーストラリア（Caritas Australia）は、GEPとはほとんど関わりを持たずにグローバル教育を実践している）が、特に連邦政府や州政府との関連が強い学校教育の場では、GEPが実践に大きな影響を与えていると言える。
31　マクニコル氏へのインタビューによる（2007年12月17日にカリキュラム・コーポレーションにて実施）。
32　バーチ氏は2013年に退職した。
33　バーチ氏へのインタビューによる（2007年12月19日にAusAIDにて実施）。
34　同上。
35　本節の記述は、この講座に参加して筆者が作成したフィールドノーツと、配布された資料やCD-ROMなどに基づく。
36　これはその後、2008年に、Browett, J. & Ashman, G., *Thinking Globally: Global Perspectives in the Early Classroom,* Melbourne: Curriculum Corporation, Australia, 2008 として、カリキュラム・コーポレーションから出版された。
37　たとえば、Curriculum Corporation, *op. cit.* など。
38　Fountain, S., *Education for Development: A Teacher's Resource for Global Learning,* London: Hodder & Stoughton, U.K., 1995.
39　Wildy, M. & Smith, F., *Teaching about Other Countries: A Teaching Model for Primary and Middle School Teachers,* Adelaide: Global Education Centre (SA), Australia, 2007.
40　もちろん、オーストラリアでは実践に関する各学校や教師の裁量が大きいため、シティズンシップ教育についても、各学校での実践レベルでは多様な実践が生まれ得る。しかし、国家プロジェクトでありながら、構想される教育活動に対する立場がその内部においても複数存在しているという点は、「デモクラシーの発見」プログラムとは異なるGEPの特質であると言える。
41　ただし、予算額の大きさやナショナル・テストの実施に見られるように、連邦政府はシティズンシップ教育に対して、グローバル教育よりもはるかに大きな力を入れていることも指摘できる。

第Ⅱ部
グローバル教育プロジェクトへの開発教育研究の継承

第3章 コルダーとスミスの開発教育論の特質と課題
——イギリスにおけるグローバル教育研究の継承——

　GEPにおけるグローバル教育に理論的基盤を提供しているのが、コルダー[1]とスミス[2]、およびフィエンの開発教育論である。GEPのもとでの具体的な実践というミクロなレベルにおいて連邦政府がどのようなかたちでどのような影響を与えているのかを明らかにするためには、まず、グローバル教育に理論的基盤を提供してきた開発教育論の具体像を把握しておく必要がある。そこで本章では、コルダーとスミスが共同研究を通して構築した開発教育論に焦点をあてて、実践の構成原理およびその特質と課題を明らかにしていく。

第1節　コルダーとスミスの開発教育論の理論的背景

　コルダーとスミスは、イギリスのパイクやセルビーらのグローバル教育論に多くを学びながら自身の論を展開している。そこで本節では、コルダーとスミスの開発教育論の背景を探るために、パイクらのグローバル教育論の特徴を検討する。

(1) パイクらのグローバル教育における4つの次元

　イギリスにおいてグローバル教育に関する取り組みが本格化する契機となったのが、1973年にワン・ワールド財団(One World Trust)によってイギリスに設立された「ワールド・スタディーズ・プロジェクト(World Studies Project)」であった。ワールド・スタディーズはその後、イギリスにおけるグローバル教育として展開してきた[3]。パイクやセルビーは、このプロジェクトの

中心メンバーとして共同研究を行い、活躍した人物である[4]。

パイクらが自身のグローバル教育論において依拠するのが、ホリスティック・パラダイム (the Holistic Paradigm)[5] である。これは、1970年代半ばに機械論的パラダイム (the Mechanistic Paradigm) への批判から提唱された[6]。

機械論的パラダイムとは、全ての現象は、それを構成する部分に分けてとらえることで正確かつ確実に分析し、説明できるとするものの見方である。そこでは、精神と物質、人間と自然を完全に分離してとらえるとともに、「問題－解決」「原因－結果」という直線的な見方が主流となり、統合的視点よりも分析が好まれ、具体性と中立性が尊重される。これは、17～18世紀の科学革命を契機に生まれた近代科学の基礎を成すものであり、デカルト (Decartes, R.) やニュートン (Newton, I.) の主張に代表されるものの見方とされている。

一方、ホリスティック・パラダイムとは、人間の外部にある世界と内部の現実とをつなぐものの見方とされる[7]。そこでは、全てのものは互いに関連しており、相互依存の網の目の中に組み込まれていると理解される。このパラダイムが提唱された背景には、それまで主流であった機械論的パラダイムが世界を断片化してとらえた結果、今日見られる物質的搾取や環境の危機などの問題が生み出されたという批判がある。こうしたものの見方は、カプラ (Capra, F.) やボーム (Bohm, D.) らによる近代原子物理学の分野において1970年代半ばより提唱され始めたものであり、その後、医学や教育学の分野においても注目されることとなった。

パイクらはグローバル教育を通して、地球的諸問題[8]の解決に取り組むことのできる人間の育成をめざしている。地球的諸問題とは「人間の命や地球に対して有害な、もしくは、有害な影響を与える可能性をもつ現代的な事象」と定義されるものであり、その例として、環境汚染や人種差別、核戦争の脅威などの問題が挙げられている[9]。

地球的諸問題の解決に取り組むことのできる人間を育成するために、パイクらは、世界の相互依存関係および学習者自身についての理解を深めることの重要性を指摘する。そしてそのために、「空間の次元」「時間の次元」「問

題の次元」「可能性の次元」という4つの次元で、世界の相互依存関係および学習者自身をとらえることが必要であると主張する。「空間の次元」「時間の次元」「問題の次元」は、世界に見られる地球的諸問題の複雑さや相互依存関係を理解するために必要とされるものである[10]。そして「可能性の次元」は、学習者が自分自身に対する理解を深めるために必要とされるものである。

「空間の次元」では、われわれ全員が1つの大きなシステムの中に、すなわちグローバルな相互依存関係の中に組み込まれているという事実を理解することがめざされる。それは、人間や国の間のみならず、人間と地球の生態系、環境との間においても見られるものである。「時間の次元」では、時間とは切れ目なく相関しながら存在するものであること、すなわち、現在とは過去から影響を受けて存在しているものであるということや、未来は現在のあり方によって変化し得るということなどを理解することがめざされる。これは、世代間の相互依存関係を理解することや、未来に目を向けた学習を行うことにつながる。「問題の次元」では、全ての地球的諸問題は相互に関連しているととらえる視点を獲得することがめざされる。この視点を持たないままに様々な問題を別個にとらえて解決しようとすると、逆効果となってしまう場合が少なくないためである。このように、「問題の次元」における視点の獲得は、問題解決の戦略に深い影響を与えるものである。そして「可能性の次元」では、学習者一人ひとりが人間の能力に対する認識を深めることによって自分の持っている可能性に気づくとともに、その可能性を最大限に伸ばすことがめざされる。

パイクらは、これら4つの次元が互いに密接に結びつき補完し合っているとしたうえで、その関連を「外への旅」と「内への旅」と呼ばれる2方向の認識の深化を用いて次のように説明する[11]。まず、世界に対する新たな視点や未来に対するオルタナティブな視点に触れることを通して自分の生活が遠く離れたところに住む人々の問題や将来と密接に関わっていることを学ぶ(「外への旅」)につれて、学習者は自分のものの見方や態度、行動のパターンを批判的に検討せざるを得なくなる(「内への旅」)と言う。また、われわれが自分の内面に目を向け自身の能力への関心を高める(「内への旅」)につれて、倫理

的意識も普遍的な広がりを持ち、人や自然に内在する美しさや感性を大切にしようとする(「外への旅」)ようになると言う。このように、相互に補完し合う2方向の認識の深化を保障することによって、学習者は、自分が地球的諸問題をつくり出す一因になっているとともに地球的諸問題からも影響を受けていることに気づくようになるとされる。そしてそれと同時に、自分の内面に目を向け、自分の価値観や能力への関心を高めることによって、地球的諸問題の解決に取り組もうとするようになると考えられている。これは、自分の行動によって地球的諸問題に影響を及ぼすことができると知ることによって問題解決に関わろうとするようになるととらえられているためである[12]。

このようにパイクらは、学習者自身についての理解を深める「可能性の次元」と、学習者をとりまく世界の相互依存関係についての理解を深める「空間の次元」「時間の次元」「問題の次元」との往還による学習を提起している。こうした学習を進めることによって、学習者一人ひとりが地球的諸問題についての認識を深めること、学習を通した認識の変容によって学習者が自分の可能性に気づき、それを十分に活かせるようになること、すなわち学習者のエンパワーメントを達成すること、そしてそれを基礎として問題解決のための行動を起こすことがめざされているのである。

(2) パイクらの考えるグローバル教育の教育目的と教育目標

前項で整理した特徴をふまえてパイクらは、グローバル教育の教育目的 (aims) として次の5点を挙げる[13]。

1つ目は、「システムに対する認識を高めること (Systems consciousness)」である。これはまず、様々な現象やできごと、人間や地球は、複雑で相互に影響を与え合う関係にあるという視点に立って世界を理解できるようになることをさす。さらに、自分の能力を活用したり伸ばしたりするための場を与えられることでエンパワーされ、自立的な生き方を獲得することが求められる。

2つ目は、「視点についての認識を高めること (Perspective consciousness)」である。これは、自分たちの世界観が普遍的ではないことを知るとともに、他者の視点を受容する能力を養うことをさす。これにより、既成事実とされてい

るものの実態を批判的に検討し直し、問題状況と解決方法の双方を徹底的に問い直す態度が生まれるとされる。

　3つ目は、「地球環境についての気づきを高めること (Health of planet awareness)」である。これは、地球的諸問題の状況や、開発・発展およびその傾向について認識することと、それらを正義や人権などの視点から理解すること、地球環境を考慮しながら未来への方向性を定めることをさしている。

　4つ目は、「関わることについての認識とレディネスを養うこと (Involvement consciousness and preparedness)」である。これは、自分たちの選択や行動が地球の現在や未来に影響するということを知ることと、様々なレベルの民主主義的決定に効果的に参加するために必要な社会的・政治的行動の技能を養うことをさす。

　5つ目は、「プロセスを重視すること (Process mindedness)」である。これは、学習や人間の成長は生涯に渡って継続するということを知ることと、ホリスティック・パラダイムも万能ではなく、長所とともに短所も持っていることを認識することをさしている。

　相互に影響を与え合う関係性や地球環境についての認識を深めることは、特に、「外への旅」の実現に関わっていると言える。また、自身の能力や生き方、世界観に気づきそれを広げること、世界の変化に向けた参加のための力量を身につけること、自身の成長や依拠するパラダイムが万能ではないことを認識することは、特に「内への旅」の実現に関わっていると言える。

　これらの教育目的を達成するために、パイクらは、教育目的をより具体化したものとしての教育目標を「知識」「技能」「態度」に分けて提示している (**表3-1**)。表3-1から、パイクらのグローバル教育ではまず、「知識」について、自分自身や他人についての知識を得ることや、「開発・発展」「環境」「平和と対立」「権利と責任」「オルタナティブな視点」についての知識を得ることがめざされていることが分かる。次に、「技能」については、情報処理のほか、他者と関わったり意思決定を行うこと、問題解決を行うための能力などが求められている。そして「態度」については、自他に対する理解や権利の尊重、寛容さなどが挙げられている。これらは、「外への旅」「内への旅」という2

表3-1：パイクらのグローバル教育における教育目標

	1. 個人	2. システム	3. 開発・発展	4. 環境	5. 平和と対立
知識	・自己認識 ・自分の視点 ・他の人々の視点	・システム論 ・世界システム ・相互依存性 ・共通性	・開発・発展の形態 ・交易関係 ・援助 ・植民地主義 ・女性の役割 ・人口 ・健康と栄養 ・教育と識字	・生態系の破壊 ・天然資源 ・環境保護 ・環境汚染 ・土地利用と改革 ・環境形成	・消極的平和と積極的平和 ・個人間の平和 ・集団間の平和 ・国家間の平和 ・軍備 ・テロリズムと自由のための闘い ・非暴力による抵抗

	6. 権利と責任	7. オルタナティブな視点
知識	・人間の権利と責任 ・偏見と差別 ・道徳的・法的権利と責任 ・抑圧 ・自由志向の権利・安全志向の権利 ・自己決定 ・〜からの自由、〜への自由 ・動物の権利	・未来 ・持続可能なライフ・スタイル ・人間と地球の「健康」

	1. 情報マネジメント	2. 個人としての成長	3. 人間関係	4. 識別力	5. 想像力
技能	・情報の受信と発信 ・情報の体系化と処理 ・情報の評価 ・情報の保管と再生 ・システム分析	・集中 ・身体の健康 ・手作業 ・創造力 ・価値、信念、視点 ・衝撃の回避 ・時間の活用	・自己主張 ・エンパワーメント ・信頼関係 ・協力 ・交渉 ・対立の処理	・意思決定 ・倫理的判断 ・美的感覚	・創造的思考 ・問題解決 ・関係性の認識 ・総合的な認識 ・共感 ・視覚的な想像力 ・予測

	1. 積極的な自己イメージ	2. 他者に対する理解	3. 正義と権利の尊重	4. 不確実性に対する寛容	5. 想像力	6. 世界に対する関心
態度	・自己の可能性に対する自信 ・誠実さ ・好奇心	・多様性 ・共通性 ・新しい視点	・権利の擁護 ・正義への関心 ・平等の支持	・あいまいさ ・不安 ・対立と変化	・リスクを負うこと ・パラダイム・シフト ・想像と直感	・生命の尊重 ・利他主義

（表は、Pike, G. & Selby, D., *Global Teacher, Global Learner*, London: Hodder and Stoughton, U.K., 1988, pp.76-78（邦訳、pp.103-105）をもとに筆者が作成）

つの旅の特徴と重なるものである。また、各項目は、先述した5つの教育目

的のいずれかと特に強く対応するものとして設定されている[14]。教育目標を達成していくことによって、教育目的が達成されるようになっているのである。

　パイクらは、「知識」「技能」「態度」に分類される教育目標は相互に関連するとともに、全て「行動」および「参加」とも深く関連していることを指摘する[15]。ホリスティック・パラダイムに立てば、「問題の解決に向けた行動に参加しない」という「行動」をとることもまた、世界の諸問題に影響を与えるととらえられる。したがって、どのような知識や技能を持つ、あるいは持たないのか、どのような態度をとる、あるいはとらないのかは、学習者一人ひとりの「行動」「参加」と密接に関わっているのである。

(3) 学習方法

　先に見た教育目的を達成するための学習に必要な特徴として、パイクらは「自己と他者の肯定」「参加型」「協力的」「体験的」「創造的」の5点を挙げる[16]。

　「自己と他者の肯定」が重要とされるのは、グローバル教育の教育目的を達成するためには学習者が自己認識を高め、相互に受け入れ合えるような環境が必要だと考えられているからである。これは、自己認識が高まることによって学習者の認知的な学習能力も伸びるという研究成果[17]や、自分自身を積極的に評価できなければ他者を積極的に評価することもできないという前提に基づいている。「参加型」の学習では、単に情報を受け取るだけではなく、学習の導入や方向づけ、評価にも学習者が関わることが求められる。学習の様々な場面に参加することによって、思考プロセスに刺激を与え、新しいアイディアを生み出すことにつながると考えられているのである。「協力的」な学習が求められるのは、これによって積極的な対人関係づくりや仲間同士の学び合い、多様な思考などが促されるためである。「体験的」な学習が重視されるのは、それを通して個人の感情や態度、価値観の問い直しが促され、それによって認知の技能が高まると考えられているためである。そこでは、学習者が外からの支配や誘導によらずに自発的に関わっていることと、

学習者の自分自身に対する認識や理解に変化が起こっていることが重要な要素とされている。さらにパイクらは、グローバル教育の教育目的を達成するためには、多様で創造的な思考と、問題解決と広い視野を志向するような高度な認知技能が必要であるとする。そのため、グローバル教育においては、「創造的」な学習が求められているのである。

　パイクらは、これら5つの特色を持つプロセスそのものをグローバル教育であるとする[18]。これらの特色を持つ学習活動は、ある特定の教科においてのみ実践可能なものではなく、あらゆる教科において実践可能である。グローバル教育は、学校教育全体を通して実践されるものととらえられているのである。

(4) 学習過程

　パイクらはさらに、リチャードソン (Richardson, R.) の所論[19]を援用し、①環境づくり (climate)、②探究 (enquiry)、③一般的な原則への到達 (principle)、④行動 (action) という4段階から成る学習過程にも言及している[20]。**表3-2**は、パイクらが考える学習過程の概要を示したものである。

　「環境づくり」の段階ではまず、学習に関わる全員が互いに信頼し、尊重し合うことや、学習活動の全体像をつかませることなど、学習者が安心できる環境づくりがめざされる。そのうえで、学習者が自身の価値観や知識がいかに限定されたものであるのかを知ることや、問題をめぐる賛否を知ること、問題解決に挑戦しようとする意欲を生み出すこと、その後の授業計画の協同決定に参加することなど、学習に対する挑戦を促すことがめざされる。こうした「環境づくり」を基礎として、「探究」の段階では、教室外でのフィールドワークや特定の活動への参加、文献や講演などから、概念や一般論、他者の視点や理論について学ぶことがめざされる。さらに、様々な意見がある中で一般的にはどのような合意が形成されているのかを調べたり、自分たちはどのような合意形成を行うのかを議論したりすることなどを通して、一般的な原則に到達することがめざされる。これが「一般的な原則への到達」の段階である。続く「行動」の段階では、それまでの学習をふまえて、何をする

表3-2:パイクらのグローバル教育における学習過程とその概要

≪環境づくり≫	
A. 安心感の確立	①お互いに知り合い、信頼し合うようになる。お互いを可能性豊かな存在として尊敬し合うようになる。 ②生徒が保有している知識や意見を確認する。 ③簡単な課題の達成により、学習に先立っての自信を持つようになる。 ④学習内容の全容を把握する。
B. 動機づけ	⑤生徒が自分の無知や偏見、価値観、視野の狭さと取り組むように刺激を与える。 ⑥ワールド・スタディーズで学習しているのは、論争的な問題であることに気づく。 ⑦問題中心かつ活動志向型の展開を採用する。 ⑧探究過程で取り組む内容や疑問について、生徒にある程度の責任を持たせる。
≪探究≫ 　①直接体験(フィールド・トリップ、ロールプレイ、活動への参加など) 　②研究(文献、印刷物、AV資料、講演、講義など)	
≪一般的な原則への到達≫ 　原理を見出す(問題を解決する)	
≪行動≫ 　①クラスの中で　　　　②クラスの外で	

(表は、Pike, G. & Selby, D., *op. cit.*, pp.91-93 (邦訳、pp.117-120)をもとに筆者が作成。なお、表の作成にあたっては、木村一子『イギリスのグローバル教育』(勁草書房、2000年、p.95)も参考にした)

ことが必要か、個人や集団として何をするのかを自問することがめざされる。そして最後に、実際に行動し、その結果や学んだことにさらに熟考を加えて、それまでの学習段階にフィードバックしていくことが求められる。

　このように、パイクらの構想する学習段階には、自他の価値観の理解、地球的諸問題に関する知識の獲得、問題解決や意思決定のための合意形成に必要な技能の習得、実際の行動を行う機会などが位置づけられている。ここから、先に見た教育目的および教育目標との関連を意識した学習段階が設定されていることが分かる。

(5) パイクらのグローバル教育論の特徴

　ここまで、ホリスティック・パラダイムに基づくパイクらのグローバル教育論の具体像を見てきた。その特徴は、以下のようにまとめられる。

パイクらのグローバル教育論の特徴としてまず挙げられるのが、社会に見られる問題の解決と自己の内面の変容を関連づけている点である。パイクらは、自己の変容なしに社会問題の解決はできず、また逆に、社会問題と向き合うことなしに、自己の内面にある問題を解決することはできないととらえ、学習においてこれらを結びつけようとしている[21]。第1章において開発教育の歴史的展開を明らかにする中で見てきたように、問題と自分自身との関わりを認識することや人間のエンパワーメントの実現をめざすこと、先進国に住む人々の生き方を問い直す契機を与えることなどは、開発教育の重要な教育目的とされるようになってきた。パイクらのグローバル教育論は、こうした教育目的を持つ開発教育に、社会の問題の解決と学習者自身の自己の内面の変容を関連づけることによって具体的な学習の方法論を提供し得るものであると言える。

社会の問題の解決と学習者自身の自己の内面の変容を関連づけることはまた、問題解決のための行動に学習者をただ動員するのではなく、とるべき行動を学習者一人ひとりが主体的に選択することの保障にもつながる。社会問題の解決のための活動に児童生徒を参加させる場合、十分な説明や議論なしに、大人がすでに決定した活動に児童生徒を動員しているだけの例も少なくない[22]。一方でパイクらは、自他の価値観の理解、地球的諸問題に関する知識の獲得、問題解決や意思決定のために必要な技能の習得、行動の実行などを行う機会を位置づけることにより、学習者一人ひとりが自身の決定にしたがってとるべき行動を選択することを保障しようとしている。このように、問題解決のための行動に参加することだけを目的とするのではなく、社会認識と自己認識の深化を基盤とし、とるべき行動を学習者が自己決定する機会を保障したうえで行動への参加を求めている点も、パイクらのグローバル教育論の特徴であると言える[23]。

一方、木村一子も指摘しているように、個人のエンパワーメントの達成と問題解決に向けた行動とをつなげるための手立てに弱さが見られる点を、パイクらのグローバル教育論が抱える課題として挙げることができる[24]。パイクのグローバル教育論においては、個人やグループのエンパワーメントや自

立を重視し、それによって相互依存関係の不平等さや有害性を解消することがめざされている。しかしそこでは、自分の行動によって地球的諸問題に影響を及ぼすことができると知ることによって自然と問題解決に関わろうとするようになるととらえられていることから分かるように、社会の変革に向けた行動を起こすことは個人のエンパワーメントが達成されれば自然と達成されるものととらえられており、両者をつなぐ具体的な手立てが十分に検討されてはいない。問題解決に向けた行動を起こすことを最終的な目的としていることに鑑みれば、この課題を乗り越えることが重要であると言えよう。

　また、教育評価についての検討が十分ではない点も、その特徴として指摘できる。パイクらは教育評価について、GCSE (General Certificate of Secondary Education) に代表される筆記試験による伝統的な評価方法の限界を指摘したうえで、教育目標を評価可能なものとそうでないものに分類することや、簡単にテストすることのできる知識や情報マネジメント技能など(表3-1)以外の教育目標についても多様な方法を組み合わせることが必要であると述べている[25]。しかしながら、具体的な評価方法については言及していない。この点をいかに乗り越えるのかも課題であると言える。

第2節　コルダーとスミスの開発教育論における実践の構成原理

　本節では、序章第3節で示した教育目的、教育目標、学習方法、学習過程という教育活動の構成要素に基づき、コルダーとスミスの開発教育論における実践の構成原理を明らかにする。なお、本節で教育評価について扱わないのは、次節で示すように、コルダーらが著書の中で言及していないためである。

(1) 開発教育の教育目的と教育目標

　コルダーらは開発教育の理念として万人にとってのより良い世界の構築を掲げたうえで、開発教育を「児童生徒が、万人にとってのより良い世界の開発に効果的に参加するのを助けるプロセス」であるとともに、「全てのカリキュラム領域に取り入れられるパースペクティブ」であると定義している[26]。

そして、パースペクティブであるため、活動や授業、トピック、教科領域、カリキュラム、学校の全てに行き渡り得るものであり、関わる人々がともに活動し、変化に向けて協力するように巻き込むものであるとしている[27]。

コルダーらは開発教育をこのように定義したうえで、教育目的[28]として、「エンパワーメント」「万人にとっての社会の発展」「世界とそこに住む人々の生存」「関わり合いと行動」「世界規模での正義」の5点を挙げる[29]。すなわち、開発教育を通して学習者のエンパワーメントを達成するとともに、様々な問題の解決に向けた活動に関わり、行動を起こすことによって、万人にとっての社会の発展の達成、世界およびそこに住む人々の生存、そして世界規模での正義の実現をめざしているのである。

続いて、教育目的をより具体化したものとしての教育目標(objectives)について見ていこう。**表3-3**は、コルダーとスミスによる開発教育の教育目標の一覧である。表3-3から分かるように、その教育目標は、大きく「知識・理解」「感受性・価値観」「技能・プロセス」「関わり合い・行動」の4つの観点に分類される。具体的には、たとえば、自己や他の文化、パースペクティブ、相互依存関係などへの認識を深めること(「知識・理解」)、自他を肯定的に受け入れたり人権や公正さを尊重したりしようとすること(「感受性・価値観」)、問題解決に必要な探究のプロセスを知り、そこで求められる批判的思考力やコミュニケーション力などの技能を身につけること(「技能・プロセス」)、起こり得る結果を考慮したり適切と考えられる行動を起こしたりするとともに、その改善に向けて自らの行動の結果を評価すること(「関わり合い・行動」)などが挙げられている。

パイクらのグローバル教育の教育目標(表3-1)と比較すると、コルダーらが設定する教育目標の特徴として、特に次の3点を指摘することができる。

1点目は、「知識・理解」に挙げられている項目の変化である。コルダーらが「自己への気づき」という項目を、パイクらが「個人」という項目を挙げていることから分かるように、両論ともに自己認識の深化を教育目標として位置づけている点では共通している。また、地球的諸問題に関する認識を深めることをねらっている点も共通している。ただし、パイクらは「知識」に関

表3-3：コルダーとスミスによる開発教育の教育目標

知識・理解	感受性・価値観
*自己への気づき 　家族、地域社会、地方、国家、世界における自身の立場を理解する。 *他の文化 　世界中の社会に見られる思想と風習の多様性と類似性、および、自身の社会の思想や習慣が他者によってどのように見られているのかに気づく。 *パースペクティブの気づき 　普遍的に共有されているわけではない特定のものの見方が意思決定やふるまいに影響を与えていることを理解する。また、パースペクティブがどのように形成されるかに気づくとともに、それはしばしば無意識のうちに起こるということを認識する。 *地域内および地域間の不平等 　世界の国家間および国内にある富と権力の主要な不平等について知る。援助、貿易、科学技術、軍備縮小、開発などを通した、不平等を減らすための努力に気づく。 *相互依存 　生態学的、経済的、政治的、社会的環境において物事は関連しているということを理解する。個人や地域は、別の個人や地域と関連し、影響を与えられ、依存していることを理解する。 *変化と開発 　変化の原因に気づく。価値観や態度がどのようにして開発への代替アプローチを決定し、起こり得る未来を形成するのかを理解する。	*肯定的な自己イメージ 　個人としての自分自身の価値、および、自身の家族、社会、文化的背景の価値についての感覚を持つ。 *他者の受容と他者への尊敬 　全ての人々の価値に対する正しい認識を発達させるとともに、類似の背景や異なる背景を持つ他者を進んで探したり彼らから学ぼうとする。 *開かれた心 (open mindedness) 　相互依存の世界に住むことに関連する諸問題について一層知ろうとする願望と、諸問題に対して批判的に、反省的に、そして偏見なく取り組もうとする気持ちを持つとともに、自身の理解の進展に伴って自身の考え (ideas) を変える準備をする。 *共感 　他者、特に自分とは異なる状況にある他者の感覚やものの見方、行動を理解しようとする。 *正義に対する関心 　正義に対する愛着と、自他の社会にいる不正義の犠牲者を支援しようとする気持ちを発達させる。 *人権の尊重 　自他の権利の擁護に関わるとともに、そうした権利に伴う責任に気づく。 *民主主義への関わり合い 　個人間、集団間、社会間の関係がそのうえに構成されるべき基礎としての公正 (equity) の原理を尊重する。
技能・プロセス	関わり合い・行動
*探究 　多様な出版物、視聴覚資料、特別な経験のある人々へのインタビューから世界の諸問題に関する情報を見つけ、記録する方法を知る。 *批判的思考 　情報の質、関連性、優先事項を評価し、事実と意見を識別し、それぞれの情報源のパースペクティブやバイアス、妥当性を認識できる。 *コミュニケーション 　記述、議論、美術的な様式、メディアを用いた方法など多様な方法で、他文化の人々を含む多くの人々とともに、自身の考えを説明することができる。 *意思決定と問題解決 　別の解決策の関連性や妥当性、含意をよく考えることができるとともに、自身の決定を明確で筋の通ったものにすることができる。 *社会的技能 　他者とともに活動し、他者への思いやりを示しながら自身の見方や感じ方を表現するために必要な社会的技能を発達させる。 *政治的技能 　公式・非公式な方法の両方で、地域的、国家的、国際的なレベルでの、公式・非公式な政治的意思決定に参加する能力を発達させる。	*関わり合おうとすること 　自身の洞察に基づいて、人権、正義、民主主義に関する課題を取り除くための行動をとろうとする。 *別の行動方針を見つけること 　可能な代替案を見つけるために自身の考えに頼ることに加えて、他者が既に起こした行動を調査し、それらに耳を傾け、議論し、報告する方法を知る。 *起こり得る結果を評価すること 　行動について熟考し、結果を予想したり起こり得る成果について考えたりすることができる。 *個人的な関わり合い 　個人、あるいは集団やクラスの一員として特定の行動をとるための選択を行おうとする。 *適切な行動を起こすこと 　自分たちが明らかにしたことを広範な聴衆に向けて発表するというような情報提供的な行動から、陳情書の提出や募金活動などを行う地域の団体に参加することを含めた実力行使的な行動に至るまで、行動の起こし方を知る。 *行動のプロセスと効果を評価すること 　学校に基礎を置くプログラムから展開した行動をふり返る能力を発達させる。また、自身の成功を評価し、児童生徒や関心を持つ地域のメンバーが将来とり得る代替案を描くことができる。

（表は、Calder, M. & Smith, R., *A Better World for All: Development Education for the Classroom* (Book 1), Canberra: Australian Government Publishing Service, Australia, 1991, pp.19-20 を筆者が訳出して作成）

する教育目標として「開発・発展」「環境」「平和と対立」「権利と責任」などの地球的諸問題を項目立てて提示している一方で、コルダーらは「(富と権力の)不平等」「相互依存」「変化と開発」などの項目を提示している。ここからはまず、コルダーらが、開発教育の固有の強調点や概念(序章の図序-1を参照)を意識的に位置づけようとしていることが分かる。

特徴の2点目は、「技能・プロセス」において、「批判的思考」および「政治的技能」が挙げられている点である。第1章で見てきたように、従属理論の提唱を契機として、諸問題を生み出す原因を既存の社会構造のあり方との関連において検討することの重要性が認識されるようになってきた。こうした検討を行うためには、社会状況に関する情報を批判的に吟味し、より妥当な判断を行うことが必要となる。また、問題解決に向けた行動に参加する際に社会構造の変革を視野に入れるならば、学習者一人ひとりが自身の生活を見直すだけでなく、社会構造を形づくっている政治体制に参入することも重要となる。コルダーらが設定する教育目標には、こうした点への意識を見てとることができる。

特徴の3点目は、「関わり合い・行動」という観点が設定されている点である。パイクらのグローバル教育論においても問題解決に向けた行動への参加は重要とされていたが、教育目標として設定されてはいなかったことから、コルダーらが意識的に設定したことが分かる。この観点において示されている項目および各項目に関する説明の記述を見てみると、まず、「関わり合おうとすること」の項目において「自身の洞察に基づいて、人権、正義、民主主義に関する課題を取り除くための行動をとろうとする」とあるように、行動に参加することを明確に求めていることが分かる。ただし、「他者が既に起こした行動を調査し、それらに耳を傾け、議論し、報告する方法を知る(「別の行動方針を見つけること」)」「行動について熟考し、結果を予想したり起こり得る成果について考えたりする(「起こり得る結果を評価すること」)」「行動の起こし方を知る(「適切な行動を起こすこと」)」といった記述にあるように、コルダーらは行動を起こす前の段階で調査や他者との議論などを行うことを重視している。ここからは、行動を起こすことだけを求めるのではなく、調査を通し

て得られた事実や他者からの意見をふまえて自身のとり得る行動の可能性を探り、そのうえで自身のとるべき行動を選択することを求めていることが指摘できる。また、「行動のプロセスと効果を評価すること」の項目にあるように、行動を起こして終わりというのではなく、自らの行動の結果を評価し、改善することを重視している点も、その特徴として挙げることができる。これにより、常により良い社会づくりに向けて学び続け、より望ましい行動への参加を実現するための方途が拓かれ得ると言えよう。

(2) 学習方法

　それでは、前項で検討した目標を達成するために、どのような学習を行うことが求められるのだろうか。コルダーらは、カリキュラムに開発教育の「パースペクティブ」を持ち込むためには様々な方法 (approach) をとることができるが、それらは全て、活動的かつ創造的な学習を保障するものでなければならないとしている[30]。それは、教師の関わり方や使用する教材、学習への学習者の参加方法などもまた、学習者の価値観や態度の形成に影響を及ぼすメッセージを持っていると考えられているからである。唯一絶対の解決策が見つかっていない地球的諸問題の解決に向けた活動に関わることをめざすという開発教育の目的に鑑みて、学習者一人ひとりが活動的かつ創造的に学習に参加することが重要であると考えられているのである。

　こうした点をふまえてコルダーらは、探究アプローチ (inquiry approach) をとることの重要性を指摘している。この探究アプローチでは、児童生徒が自分なりの疑問を提起すること、その疑問に対する答えを見つけるための方法を提案し、それについて他者と協議すること、調査を行い、得られたデータを解釈すること、そしてその結果を個人やグループで発表することが必要であるとされる[31]。

　自分なりの疑問を提起し、その解決のために調査や解釈を行うことは、自身をとりまく世界を見つめ、そこに存在する問題に対する認識を深めることや、問題解決に向けた知識や技能などを身につけることにつながる。また、自身の興味や関心、問題解決のための能力などについての理解も深まってい

く。以上のことから、地球的諸問題の解決に向けた活動に関わり、行動を起こすことを可能にするために、探究アプローチをとることによって、学習への児童生徒の主体的な参加を保障することが重要であると考えられていることが分かる。

　学習への主体的な参加の保障と同時に重視されているのが、グループ学習を取り入れることである。コルダーらは、グループ学習によって児童生徒が、①自信を高めたりコミュニケーションや協力を促進するのを助けること、②他者と考えを交えることを通して自分の考えを明快なものにすること、③協議することを学ぶこと、④他者の意見に耳を傾けようとすることが可能になるとする[32]。これらは、児童生徒一人ひとりが自他の価値観やものの見方に対する認識を深めることや、他者を肯定的に受け入れることにつながる。また、互いの意見を尊重しながらも議論を行い、意見をすり合わせることは、互いの意見の批判的な吟味や複雑な問題のより深い理解を促し、問題解決に向けた行動の吟味を行うことにもつながる。こうした理由から、探究アプローチを進める中でグループ学習を行うことによって、他者との協同的な学習を保障することが重要だと考えられているのである。

　コルダーらが主張する探究アプローチを通した学習活動は、前節で見てきたパイクらがグローバル教育において必要とする学習上の特徴、すなわち、「自己と他者の肯定」「参加型」「協力的」「体験的」「創造的」という5つの特徴を反映させたものとなっている。また、社会問題に目を向けつつも、自らのあり方を意識させる学習活動を行おうとしている点は、パイクらの言う2つの「旅」の保障につながる。このように、コルダーとスミスの開発教育論においては、パイクらのグローバル教育の特徴を継承して、主体的かつ協同的な学習を保障する探究アプローチを通した学習を進めることが求められているのである。

(3) 学習過程

　続いて、コルダーらが求める学習過程について検討する。コルダーらは開発教育の単元を設計するうえで保障するべき4つの学習場面を挙げるととも

に[33]、児童生徒用の活動事例集（Book2）において、これら4場面に即した学習活動を提案している。**表3-4**は、これら4場面における主な問いや強調される学習上の要点などをまとめたものである。

　学習場面の1つ目は、「われわれが相互依存の世界に暮らしていることを認識する場面」である。ここでは、自身が学習していく地球的諸問題を把握することがめざされる。その際、地球的諸問題にただ目を向けるだけではなく、足もとの問題と世界の問題との関連を意識したり、貧困と富が生まれる原因に目を向けさせたりすることによって、世界の相互依存関係の現実を認識できるようにすることが強調されている。

　2つ目の学習場面は、「権力を持っている人や集団と権力を持っていない人や集団について認識する場面」である。世界の現状を把握し、問題解決に向けた行動のあり方を模索していく際に、どのような価値観に基づくのかは大きな影響を与える。そしてまた、われわれの持つ価値観は、権力を持つ人々や集団の言説や彼らがつくりだす社会構造によって無意識のうちに形成されている場合も少なくない。そのため、自身や他者の持つ価値観を批判的に吟味することが強調されているのである。

　3つ目は、「自他の社会や文化についての批判的な気づきを発達させる場面」である。ここでは、学習者が自他の社会や文化を批判的に吟味することを通して、自他の社会についての認識や他者理解などを深めることがめざされる。こうした学習活動を行うことにより、学習者が自己認識を深めたり、他者に共感したりすることが可能になり、公正な社会の実現に向けた行動のあり方を模索することにつながると考えられているのだと言える。

　そして4つ目は、「参加する場面」である。ここでは、平和で公正な地球社会づくりをめざして、これまでに行われてきた取り組みを知ったり、自身がどのような取り組みを行っていきたいかを明らかにしたりすることが行われる。これにより、学習者が行動を起こすために必要な技能や態度を育成し、効果的で責任ある行動に参加できるようにすることがめざされるのである。

　これら4つの学習場面は決まった順番で配置されなければならないわけではなく、児童生徒やクラスに応じて教師が自由に調整できるとされている[34]。

第3章　コルダーとスミスの開発教育論の特質と課題　95

表3-4：コルダーとスミスの開発教育論で強調される学習場面と学習活動

学習場面	主な問い	学習上の要点	主に扱うテーマ
われわれが相互依存の世界に暮らしていることを認識する場面	問題の観点：どのような問題について学習するのか	・ローカルな関心事と地球的諸関心事を関連づける ・強調すべき点を、世界を記述することから、その状況の背景にある理由の分析へと移行させる ・疑問を持ち、議論し、分析し、調査することによって、世界がどのようにして相互に関連しているのかを発見する	・相互依存 ・ローカルとグローバルの間の関連 ・異なっている認識 ・利益に関する紛争 ・人的資源と物的資源 ・貧困と富 ・生態学
権力を持っている人や集団と持っていない人や集団について認識する場面	価値観の観点：どのような価値観が、われわれの世界認識に影響を与えているのか	・価値観の中には普遍的なものがあり、それは、基本的人権の基礎となるものであるということを認識する ・他よりも権力を持った人々や文化、国があり、彼らは権力を行使して利益を得ようとしているということを認識する	・イメージ／想定／ステレオタイプ ・偏見と差別 ・権力があることと権力がないこと ・コミュニケーション ・責任と権利 ・協力
自他の社会や文化についての批判的な気づきを発達させる場面	背景の観点：これらの問題の背景には何があるのか	・自分たちの社会や文化、そして他者の社会や文化に関して批判的な気づきを行うのを促す ・他者への共感の気持ちを促進する ・国内外における公正と公平に対する関心を生み出す	・われわれ自身の社会 ・他の社会と文化 ・類似点と相違点 ・不平等 ・参加 ・共感
参加する場面	行動の観点：何ができるのか、また、どのような行動が行われているのか	・責任ある行動と肯定的な変化を起こすために必要な価値観や態度を育て、技能を育成する	・われわれ自身の価値観と信念 ・継続と変化 ・未来に影響を与えること ・平和と公正 ・1つの世界

（表は、Calder, M. & Smith, R., *op.cit.* (*Book 1 & 2*) をもとに筆者が作成）

　また、各場面に対応する学習活動が、異なる年齢の児童生徒を対象とするかたちでいくつも提案されている。そのため、どの発達段階の児童生徒にも取り組めるようになっている。このように、コルダーらの開発教育論では、4つの場面を発達段階にあわせて何度も経験させることで、各場面の学習上の要点やテーマに関する知識や技能などを身につけさせることがめざされてい

ることが分かる。

　こうした単元設計上の特徴からはまず、社会問題に学習者の目を向けさせることに加えて、学習者の自己認識の深化を促す学習活動が位置づけられていることが分かる。これは、パイクらの言う2つの「旅」の保障につながる。また、相互依存関係に対する認識の獲得や自他の文化や価値観の批判的な吟味、問題解決に向けた行動を起こすために必要な技能や態度の育成といった点にも、パイクらが掲げるグローバル教育の5つの教育目的からの影響を見てとることができる。

　一方で、パイクらの提案していた「①環境づくり、②探究、③一般的な原則への到達、④行動」という4段階から成る学習過程との違いも指摘することができる。それは、パイクらの主張する学習過程に比べて、相互依存、権力、変化といった視点が、学習場面に明確に位置づけられている点である。これらの視点は、序章の図序-1において示したように、開発教育の主要な概念であった。また、表3-4にある「主に扱うテーマ」において生態学や文化、平和などが挙げられていることからは、1980年代以降の開発論において強調されるようになったテーマも取り上げることによって、開発に関わる問題をより包括的にとらえるものとなっていることも指摘できよう。

　以上の特徴から、コルダーらの開発教育論で提起されている学習過程にもまた、パイクらのグローバル教育論の特徴を継承しつつ、開発教育の背後にある開発論の展開をふまえた変容が見られることが分かる。

第3節　グローバル教育論との比較に見るコルダーとスミスの開発教育論の特質と課題

　ここまで、コルダーとスミスの開発教育論における主張の要点を、構成要素を視点に検討してきた。本節では、パイクらのグローバル教育論をどのように継承したのか、あるいは継承しなかったのかという点をふまえながら、コルダーとスミスの開発教育論の特質と課題について考察する。

(1) コルダーとスミスの開発教育論の特質

　コルダーとスミスは自身の開発教育論において、自他への気づきや相互依存関係への認識を深めること、自他を肯定的に受け入れたり人権や公正さを尊重したりしようとすること、問題解決に必要なプロセスを知り、そこで求められる技能を身につけること、様々な可能性を考慮したうえで適切と考えられる行動を起こすとともに、その改善に向けて自らの行動の結果を評価することなどをめざした学習を想定していた。そしてこれらの目標を達成するために、探究アプローチおよび4場面から成る学習過程を提案していた。

　コルダーとスミスの開発教育論において設定されている教育目標や学習方法として提起されている探究アプローチ、単元に位置づけるべき学習場面には、2つの「旅」の保障を軸とするパイクらのグローバル教育論の特徴との間に共通点が見られた。その主な共通点とは、地球的諸問題と自分自身、地球的諸問題同士、自分と他者との間に見られるつながりなどの相互依存関係に対する認識と、問題解決に資する自身の力量についての認識を深めることを基盤として、問題解決のための行動に参加することにある。こうした社会認識および自己認識の深化をめざしている点と、それを基盤として問題解決のための行動への参加を求めている点が、コルダーとスミスの開発教育論に見られる特質の1つ目である。

　一方で、パイクらの論をそのまま継承するのではなく、開発教育の背後にある開発論の展開をふまえた変容が見られることも指摘することができた。地球的諸問題と社会構造との関連性が認識されるようになるにつれて、開発教育を通して学習者に、社会構造の批判的な吟味と必要に応じた変革を可能にするために必要な知識や技能などを獲得させるとともに、学習者一人ひとりが問題解決に向けた行動に参加することが求められるようになってきた。「知識・理解」「感受性・価値観」「技能・プロセス」「関わり合い・行動」の4つの観点から教育目標を設定するとともに、探究活動を通して社会状況に関する情報の収集と批判的な吟味、とるべき行動の選択と実施などを求めている点は、開発教育の歴史的展開をふまえたものになっていると言える。教育目標を明確にすることは、学習活動の要点を明らかにしたり、それを実現

するための適切な方策を決定したりするうえで重要な役割を果たす。開発教育に固有の強調点や概念と開発論の歴史的展開をふまえた目標設定を行っていることは、地球的諸問題の解決のために必要となる能力を学習者が獲得するのを保障するための重要な手立てとなり得る。このように、開発教育に固有の強調点や概念と開発論の展開をふまえて、地球的諸問題の解決のために必要となる能力の獲得を保障することにつながる教育目標が設定されている点が、コルダーとスミスの開発教育論に見られる特質の2つ目である。

　ただし、公教育である学校教育の場において政治的価値判断や行動に関する教育目標を設定することには慎重な議論が必要である。社会問題の解決のための活動を進めるにあたって、十分な説明や議論なしに、大人がすでに決定した活動に児童生徒を動員しているだけの例も少なくないという点が批判されてきたように、学習者である児童生徒の価値観や行動様式を一律に規定することにつながる危険性を持っているためである。

　この点に関しては、まず、コルダーとスミスが主体的かつ協同的な学習を保障する探究アプローチを通した学習を進めることを主張していた点が重要であろう。これにより、行動を起こすことだけを求めるのではなく、調査を通して得られた事実や他者からの意見をふまえて自身のとり得る行動の可能性を探り、そのうえで自身のとるべき行動を選択する機会を提供することにつながるためである。また、他者との協同的な学習を行うことは、問題解決や意思決定のための合意形成に必要な技能の習得にもつながる。コルダーとスミスの開発教育論においては、探究アプローチを通した学習を進めることによって、学習者が他者の考えに流されることなく、また、独りよがりの考えに陥ることなく、相互依存関係の把握を軸として社会認識と自己認識を深め、それを基盤としてとるべき行動を学習者が自己決定する機会を保障したうえで問題解決のための行動に参加することを実現しようとしているのである。さらに、コルダーらの開発教育論においては、自らの行動の結果を評価し、改善することの重要性を強調することによって、より望ましい行動への参加を実現するための方途が拓かれていた。こうした行動への参加についての主張が、3つ目の特質である。

(2) コルダーとスミスの開発教育論の課題

次に、コルダーとスミスの開発教育論が抱える課題として、以下の2点を指摘したい。

1つ目は、行動のあり方に関するものである。コルダーらは、様々な可能性を考慮したうえで適切と考えられる行動を起こすことや自らの行動の結果を評価することを教育目標として明示したり、問題解決に向けた行動に参加する機会を単元設計の段階で保障したりすることによって、行動を学習活動の中に位置づけようとしている。また、「技能・プロセス」の観点に「政治的技能」という教育目標を位置づけ、社会構造を形づくっている政治体制に参入することも念頭に置いた力量形成をめざしている。ただし、活動事例集（Book2）において提案されている行動を見てみると、ポスター作成や他国の学校の児童生徒との意見交換、ロールプレイを行って感じたことを議論することなどが示されている。こうした行動は、問題に対する認知度の向上、学習者間のネットワークの拡大、個人で取り組むことのできる生活改善の促進などの点で重要であるが、政治的技能の獲得とそれに基づく社会構造の変革に向けた行動への参加に必ずしもつながるとは言い切れない。

こうした課題を生み出す要因として、パイクらのグローバル教育論からの影響が挙げられよう。すなわち、自分の行動によって地球的諸問題に影響を及ぼすことができると知ることで自然と問題解決に関わろうとするようになるととらえるパイクらのグローバル教育論に依拠することによって、問題に対する認知度を高めたり学習者間のネットワークを広げたり個人レベルでの生活改善を行ったりするための行動が提起されやすくなるのである。

もちろん、こうした行動をとることにも重要な意義がある。特に、学習者が幼い場合や地球的諸問題に対する認識が浅い場合などには、積極的に位置づける必要がある。なぜなら、開発教育における行動はあくまで、学習者の社会認識および自己認識の深化を基盤とし、学習者の自己決定の機会を保障したうえで行われるべきものであり、コルダーらの提案する行動は、認識の深化を促したり、自己決定の経験を積んだりすることにつながり得るためである。

ただし、地球的諸問題の解決のためには社会構造の批判的な吟味と必要に応じた変革が必要であるという立場に立てば、コルダーらの提案する行動を繰り返すだけでは十分とは言えない。活動事例集(Book2)が主に第7学年から第12学年の生徒を対象として作成されていることもふまえれば、学習者の発達段階を考慮しつつ、政治プロセスへの参加を射程に入れて、行動のあり方を考える必要があるだろう。したがって、社会構造の変革を可能にするための政治的技能および行動への参加のあり方と、それを促すための教師の働きかけ方についての検討には課題が残っていると言えよう。

　2つ目は、教育評価の方法論に関するものである。本章では実践の構成要素に基づいてコルダーとスミスの開発教育論を分析してきたが、コルダーとスミスは教育評価の方法論には言及していなかった。いくら教育目標を明確に設定し、その達成に向けた学習方法の工夫や単元設計を行ったとしても、学習者の成長やつまずきの実態、授業の成果と課題を正確に把握しなければ、個々の学習者に必要な支援策を講じることや適切な授業改善を行うことができず、設定した教育目標の達成も保障され得ない。そのため、開発教育の教育目標、および、社会認識と自己認識の深化と、それを基盤としてとるべき行動を学習者が自己決定する機会を保障したうえで問題解決のための行動に参加することを求めるという開発教育論の要点と合致した教育評価の方法論を検討する必要があるが、コルダーとスミスはこの点を十分に明らかにしてはいない。また、コルダーとスミスは、自己認識や社会認識の深化とはどのような状態になることなのかを明示していない。教育評価の方法論を考える際には、評価課題の設定と評価基準の開発も必要であり、そのためには、認識の深化をどのようなものととらえるのかを明らかにすることも必要となるだろう。

小括

　本章では、グローバル教育に理論的基盤を提供してきた開発教育論の具体像を把握するために、コルダーとスミスが共同研究を通して構築した開発教

育論における実践の構成原理およびその特質と課題を明らかにしてきた。
　まず、コルダーとスミスの開発教育論の理論的背景を明らかにするために、パイクらのグローバル教育論の特徴を整理した。パイクらはホリスティック・パラダイムに基づき、社会に見られる問題の解決と自己の内面の変容を関連づけた学習を行うことの重要性を指摘していた。そして、自他の価値観の理解、地球的諸問題に関する知識の獲得、問題解決や意思決定のために必要な技能の習得、行動の実行などを行う機会を位置づけることにより、学習者一人ひとりが自身の決定にしたがってとるべき行動を選択することを保障する学習活動を提起していた。問題解決のための行動に参加することだけを目的とするのではなく、社会認識と自己認識の深化を基盤とし、問題解決のためにとるべき行動を学習者が自己決定する機会を保障したうえで行動に参加することを求めていたのである。
　こうしたグローバル教育論を背景として提起されたコルダーとスミスの開発教育論でも、自己認識と社会認識の深化を基盤とし、問題の解決に向けた行動への参加をめざす学習活動が提案されていた。それは、設定されている教育目標や学習方法として提起されている探究アプローチ、単元に位置づけるべき学習場面に反映されていた。ただし、パイクらの論をそのまま継承するのではなく、開発教育の主要な概念と開発論および開発概念の歴史的展開をふまえた変容が見られた。
　コルダーとスミスの開発教育論に見られる特質として、まず、相互依存関係に対する認識と、問題解決に資する自身の力量についての認識を深めることを基盤として問題解決のための行動に参加することをめざすという、パイクらのグローバル教育論との共通性が見られることが挙げられた。また、地球的諸問題の解決に向けて必要となる能力の獲得を保障することにつながる目標設定が行われているという点も、その特質として挙げることができた。ただし、政治的価値判断や行動に関する教育目標を設定することは児童生徒の価値観や行動様式を一律に規定することにつながる危険性を持っているため、慎重な議論が必要である。この点に関して、コルダーとスミスは、主体的かつ協同的な学習を保障する探究アプローチを通した学習を進めることに

より、価値観や行動様式の押しつけにならないよう配慮していた。行動を起こすことだけを求めるのではなく、調査を通して得られた事実や他者からの意見をふまえて自身のとり得る行動の可能性を探り、そのうえで自身のとるべき行動を選択する機会を提供することによって、学習者が他者の考えに流されることなく、また、独りよがりの考えに陥ることなく社会認識と自己認識を深め、それを基盤としてとるべき行動を自己決定する機会を保障したうえで問題解決のための行動に参加することをめざしているのである。さらに、自身の行動の結果を評価し、改善することの重要性を強調することによって、より望ましい行動への参加を実現するための方途を拓いていた。

　ただし、コルダーとスミスの開発教育論では、社会構造の変革を可能にするための政治的技能および行動への参加のあり方とそれを促すための教師の働きかけ方についての検討が十分ではなかった。また、開発教育の教育目標および開発教育論の要点と合致した教育評価の方法論を検討することと、評価課題の設定と評価基準の開発を行う際に必要となる認識の深化の様相を明らかにする作業も、残された課題であった。

　次章では、本章で明らかにしてきたコルダーとスミスの開発教育論の特質と課題にも留意しながら、コルダーとスミスに並び、GEPにおけるグローバル教育に理論的基盤を提供しているフィエンの開発教育論の内実を明らかにしていく。

〔註〕

1　1939年、オーストラリア生まれ。初等・中等学校で教えた後、フリンダース大学 (Flinders University) などにおいて講師を務める。1998年に退職した後、現在に至るまで、南オーストラリア州のグローバル教育センターにおいて、授業づくりのコンサルティングなどを行っている。

2　1946年、オーストラリア生まれ。南オーストラリア大学 (University of South Australia) で教鞭をとった後、退職。退職後は、地理や環境学習に関するカリキュラムコンサルタントとして活動している。

3　その詳細については、木村一子『イギリスのグローバル教育』(勁草書房、2000年) に詳しい。

4　それ以前には、リチャードソン (Richardson, R.) らが同プロジェクトにおいて中心的な役割を果たしていた。パイクらは、リチャードソンらの研究成果や、ヒックス

(Hicks, D.)およびヒックスが依拠するハンベイ（Hanvey, R.）らの研究成果をふまえながら、それらを乗り越えるかたちで論を展開している。各論者の主張の要点については、木村一子（同上書の第3章）に詳しい。
5　ホリスティック・パラダイムは、システム論的パラダイム（the Systemic Paradigm）とも呼ばれている。
6　両パラダイムについては、Pike, G. & Selby, D., *Global Teacher, Global Learner*, London: Hodder and Stoughton, U.K., 1988, pp.24-29 and 31（邦訳：グラハム・パイク他（阿久澤麻理子訳）『地球市民を育む学習——Global Teacher, Global Learner』明石書店、1997年、pp.43-49およびp.52）を参照されたい。
7　*Ibid.*, p.31（邦訳、p.52）.
8　訳書では「グローバルな問題」と訳されているが、原語がglobal issueであり、本書の序章で示した「地球的諸問題」と同義のものであると考えられるため、本書では「地球的諸問題」と訳す。
9　*Ibid.*, p.22（邦訳、p.41）.
10　*Ibid.*, pp.1-33（邦訳、pp.17-53）.
11　*Ibid.*, p.31（邦訳、p.52）.
12　イギリスでグローバル教育研究が活発になる以前から、アメリカではグローバル教育研究が進められていた。しかしながら、アメリカのグローバル教育は様々な価値観を持つ民族や国家の存在を無視し、自国中心主義に陥っているという課題を抱えていた（木村一子、前掲書、p.14）。木村一子は、外への旅と内への旅との関連性に注目し、グローバル性の理解と自己探究との密接な関わりこそが、アメリカのグローバル教育の抱える課題を乗り越える重要な特徴の1つであり、イギリスにおけるグローバル教育研究の重要な意義であると評価している（木村一子、同上書、p.79およびpp.201-204）。
13　Pike, G. & Selby, D., *op. cit.*, pp.34-35（邦訳、pp.54-57）.
14　*Ibid.*, pp.76-78（邦訳、pp.103-105）. たとえば、知識目標の「1. 個人」にある「自己認識」は「システムに対する認識を高めること」「関わることについての認識とレディネスを養うこと」「プロセスを重視すること」と、技能目標の「1. 情報マネジメント」にある「情報の受信と発信」は「地球環境についての気づきを高めること」「関わることについての認識とレディネスを養うこと」と関連するものとされている。
15　*Ibid.*, pp.69-70（邦訳、pp.94-96）.
16　*Ibid.*, pp.43-47（邦訳、pp.65-70）.
17　パイクらは、Canfield, J. & Wells, H. C., *100 Ways to Enhance Self-Concept in the Classroom,* New Jersey: Prentice-Hall, U.S.A., 1976, p.7などの研究成果を援用している。
18　Pike, G. & Selby, D., *op. cit.*, p.47（邦訳、p.70）.
19　Richardson, R., *Justice and Equality in the Classroom: the Design of Lessons and Courses*, Global Education Documentation Service, No.7, York: Centre for Global Education, University of York, U.K., p.2.
20　Pike, G. & Selby, D., *op. cit.*, pp91-93（邦訳、pp.117-120）. なお、訳書において「探究」

の段階は「問いかけ」の段階と訳されているが、原語である enquiry およびそれがさす内容を考慮して、本章では「探究」の訳語をあてた。

21　すでに述べたように、木村一子もこの点をパイクらのグローバル教育の重要な特徴であるとしたうえで、自国中心主義に陥ってしまったアメリカのグローバル教育の抱える課題を乗り越えることを可能にしている点にパイクらのグローバル教育論の意義があると指摘している（木村一子、前掲書、pp.201-203）。

22　こうした指摘は、たとえば、ロジャー・ハート（IPA日本支部訳）『子どもの参画——コミュニティづくりと身近な環境ケアへの参画のための理論と実際』（萌文社、2000年〔原著：Hart, R., *Children's Participation: The Theory and Practice of Involving Young Citizens in Community Development and Environmental Care,* London: EarthScan, U.K., 1997〕）に見られる。

23　パイクらの論に見られるこうした特徴については、吉田敦彦も、従来の社会変革運動が問題の解決に重点を置き過ぎて自己の変容を重視しない傾向があったという点を乗り越えるものとして意義深いものであると指摘している（吉田敦彦『ホリスティック教育論』日本評論社、1999年、p.96）。

24　木村一子、前掲書、p.205。

25　Pike, G. & Selby, D., *op.cit.,* pp.74-75（邦訳、pp.100-102）。

26　Calder, M. & Smith, R., *A Better World for All: Development Education for the Classroom (Book 1)*, Canberra: Australian Government Publishing Service, Australia, 1991, p.18.

27　*Ibid.,* p.17.

28　この「目的」にはgoalsの語が使用されている。しかしこれは先に挙げた aims と同じレベル、すなわち objectives の一段階上のレベルをさす概念として使われているため、本章では「目的」の訳語をあてる。ただし、第1章でふれた「ホバート宣言」「アデレード宣言」「メルボルン宣言」における "National Goals" "Educational Goals" はそれぞれ、先行研究の通例に倣い、「国家目標」「教育目標」と訳すこととする。

29　Calder, M. & Smith, R., *op.cit. (Book 1)*, p.16.

30　*Ibid.,* p.28. なお、コルダーらは具体的な方法の例として、テーマに基づく活動（theme work）やグループワーク、協働的な学習（cooperative learning）などを挙げている（*Ibid.,* pp.29-31）。

31　*Ibid.,* p.42.

32　*Idem.*

33　*Ibid.,* p.17.

34　Calder, M. & Smith, R., *A Better World for All: Development Education for the Classroom (Book 2)*, Canberra: Australian Government Publishing Service, Australia, 1991, p.4.

第4章　フィエンの開発教育論の特質と課題
―― 批判的教育学に基づく開発教育論の展開 ――

　前章で取り上げたコルダーおよびスミスの開発教育論と並んで、GEPにおけるグローバル教育に理論的基盤を提供しているのが、フィエン[1]の開発教育論である。フィエンは、批判的教育学の研究成果に示唆を得ながら、社会変革に向けた教育活動のあり方について理論的な研究を重ねてきた。本章ではフィエンの開発教育論について、特に批判的教育学との関わりに焦点をあてて、その特質と課題を明らかにしていく。

第1節　教育活動に対するフィエンの問題意識

　フィエンの主著である『環境のための教育――批判的カリキュラム理論と環境教育』[2]が環境教育の研究者たちによって翻訳されているように、日本においてフィエンはこれまで環境教育の研究者として紹介されてきた。これは、フィエンが近年、主に環境教育の分野で活動していることによる。そして、環境教育に関するフィエンの主張には、教育活動そのものに対するフィエンの問題意識が強く表れている。後述するように、フィエンは地理教育および環境教育に関する研究を基礎として、開発教育やグローバル教育に関する研究や提言を行っている。序章でも述べたように、環境教育と開発教育やグローバル教育にはその教育目的や扱う概念に関して共通する部分が大きく、それゆえ、環境教育に関するフィエンの研究成果を見ることによって、開発教育に関わる論点が明確になってくると考えられる。そこで本節では、フィエンの開発教育論の検討に先立ち、環境教育に関する主張を検討することによって、彼の研究の根底にある問題意識を探っていく。

(1) 環境教育の3類型に見られるフィエンの主張

フィエンは環境教育を「環境についての教育 (education about environment)」「環境を通しての教育 (education through environment)」「環境のための教育 (education for environment)」に分類したうえで、環境に関わる問題の解決に積極的に取り組むためには「環境のための教育」を実践することが必要であるとする (**表4-1**)。

フィエンによれば、「環境についての教育」とは環境についての事実や概念を教えることであり、そこでは自然システムとプロセスについての知識と、環境の利用方法を左右する生態学的・経済的・政治的要因についての知識の獲得が強調される[3]。「環境を通しての教育」とは自然の中での体験学習を扱うものであり、学ぶことに現実的かつ適切で実際的な体験を付与することと、環境との直接の触れ合いを通じて環境についての学習者の理解を深めることがめざされる[4]。フィエンは、これらの教育は環境についての知識の付与と深い理解をめざしている点に意義が認められる一方で、環境に関わる問題の

表4-1：フィエンによる環境教育の3類型とその特徴

	主要な目的	意義と課題
環境についての教育	＊環境についての事実や概念を教えること ＊知識を獲得させること	＊知識の付与と深い理解をめざす点に意義 ＊問題解決に必要な社会システムの変革や環境問題についての価値対立に学習者の目を向けさせることには失敗している点に課題
環境を通しての教育	＊学ぶことに現実的かつ適切で実際的な体験を付与すること ＊環境との直接の触れ合いを通じて環境についての学習者の理解を深めること	
環境のための教育	＊社会的にも生態学的にも持続可能な人間と環境との関係を築くこと ＊環境に関する意思決定と、問題解決の場面において問題を分析し、十分な情報を備え持ちつつ民主的な方法に参加するための知識・主体的関与・技能に加えて、道徳的で政治的な気づきを伸ばすこと	＊今日の諸問題を生み出している既存の社会構造のあり方そのものを批判的に問い直そうとする社会批判的志向性を持つ点に意義 ＊政治的に受容されやすい「環境についての教育」と「環境を通しての教育」の方向へと、「環境のための教育」が引きずられている状況が生まれている点に課題

(表は、Fien, J., *Education for the Environment: Critical Curriculum Theorising and Environmental Education*, Melbourne: Deakin University Press, Australia, 1993, p.9, pp.15-16 and p.43 (邦訳、p.23、pp.33-35、およびp.79) をもとに筆者が作成)

解決に必要な社会システムの変革や環境問題についての価値対立にまで学習者の目を向けさせることには失敗している傾向があると指摘する。

　それに対して「環境のための教育」は、教育を通じて、社会的にも生態学的にも持続可能な人間と環境との関係を築くことをめざすものである[5]。具体的には、環境に関する意思決定と、問題解決の場面において問題を分析し、十分な情報を備え持ちつつ民主的な方法に参加するための知識・主体的関与・技能に加えて、道徳的で政治的な気づきを伸ばすことが重要な目的となる。そしてそのために、「環境についての教育」と「環境を通しての教育」を基盤として、環境について十分に理解したうえで環境への懸念や感受性の高い環境倫理、環境の保護や改善への参加技能を伸ばすよう働きかけることがめざされる[6]。フィエンはこのような特徴を持つ「環境のための教育」の重要性を指摘する。それは、今日の諸問題を生み出しているのは既存の社会構造であり、これまでの教育がこうした社会構造を維持する役割を担ってきたのに対して、「環境のための教育」は既存の社会構造のあり方そのものを批判的に問い直そうとする社会批判的志向性を持っていると考えるからである。

　「環境のための教育」の重要性は今日、国際的に広く認められている。しかしその一方で、感受性と社会参加を目標に掲げた多くの環境教育プログラムでは、実践の際に価値の方向性が明示されないままに、環境についての知識と技能を教えることに重点が置かれてしまうという矛盾が見られるとフィエンは指摘する[7]。すなわち、今日主流となっている教育信念と実践が支配的影響力を持っているために、政治的に受容されやすい「環境についての教育」と「環境を通しての教育」の方向へと、「環境のための教育」が引きずられている状況が生まれていると指摘するのである[8]。

　フィエンはこのような問題が生じる理由として、「環境のための教育」が抱える社会批判的志向性と、経済や文化の再生産の行為主体である教育の役割との間の緊張関係を挙げる[9]。そして、こうした状況を克服するために、グローバル教育や環境教育の代表的な研究者であるイギリスのハックル (Huckle, J.) の所論を援用し、環境教育を政治教育の1つとしてとらえ、より広範なアジェンダに結びつけるようなアプローチをとる必要があると指摘

する。そしてそのために、「環境に関する意思決定プロセスに積極的に関与したり、持続可能な環境の慎重な管理を通して人間生活と環境の両方の質の改善を積極的に行えるように、知識・行動・コミュニケーション技能を広範囲にわたって理解していること」[10]とされる「政治的リテラシー（political literacy）」の獲得が重要であるとする。この政治的リテラシーを獲得することにより、学習者は、十分な知識に裏打ちされ、批判的かつ積極的な方法で民主主義と社会変革の政治プロセスに参加できるようになると考えられているのである[11]。

　政治的リテラシーには、3つの要素があるとされる[12]。1つ目は、環境をめぐるポリティクスに関する概念の理解である。これは、環境問題の本質を社会的な側面や経済的な側面からとらえたり、政治体制の中での意思決定のプロセスを知ったり、政治家や政党の主張する信念や政策を理解したりするために必要なものとされる[13]。2つ目は、民主的な手続きについての価値観である。これは、政策を批判的に検討したり、政治に関して根拠のある意見を持ったり、ある取り組みの結果が個人に利益をもたらすかどうかに関わらず公正な基準で判断したり意思決定をしたりするための批判的思考力と、他者の権利や意見などを尊重しようとする姿勢を意味する。そして3つ目は、行動の技能である。これは、代替案の検討も含めて適切な行動のあり方を決定すること、行動するための計画を立てて実行すること、そして行動の結果を評価することを意味する。

　このように、「環境のための教育」では政治的リテラシーの獲得を、社会変革の実現に寄与することのできる個人を育成するための重要な要素であるととらえる。そして、こうした個人を育成するために必要な知識や技能、態度などを身につけさせることを重視するのである。

(2) 教育活動における社会的な行動のあり方

　フィエンはワルス（Wals, A.）を援用し、環境問題を解決するためには環境についての知識と問題を解決しようとする態度が不可欠であることに加えて、行動の技能も身につけておく必要があると考えており[14]、この行動の技能の

重要性を強調する。ただしその一方で、教育活動において学校外の実社会で実際に行動を起こすことに関しては、特に以下の2つの理由から慎重に論を進める。それは、教育の場における行動は学習者からの十分な納得が得られたうえで行われる必要があるという点と、教師の適切な指導のもとに行われなければならないという点である[15]。

　1点目についてフィエンは、とるべき行動の選択に先立って児童生徒が以下のことを理解する必要があると指摘する。それは、問題やそれに付随した自然システムや社会システム、その問題解決のために提案されている代替案、テーマや問題に関わっている社会的利害、社会的利害に伴う権力の本質、実際に遂行されている社会行為に対する異なるアプローチの根拠などである。2点目に関してフィエンは、児童生徒が社会的な行動に関わる際に教師が留意すべき指針としてビクトリア州教育省 (Ministry of Education, Victoria) が提示した、「参加者は、十分知識を身につけた状態であること」「行為の選択肢が十分に考察されていること」「行為の持つ意味が熟考されていること、特に行為の結果がある人々や集団に不公正をもたらしたり、不安を生じさせる可能性について熟考されていること」「参加者は、自らの行為の根底にある価値観を明確に理解し、合理的に正当化でき、そして自分と異なる人々の価値観を寛大に考慮すること」という4原則を示している[16]。

　これら2つの理由に共通するのは、行動を起こす前提として、解決をめざして取り組もうとしている問題についての十分な知識を得たうえで、様々な選択肢およびその背後にある利害関係や引き起こし得る結果を考慮しながら、とるべき行動を選択・立案できるようになるための学習を保障しなければならないという点である。ここから、フィエンもコルダーおよびスミスと同様に、価値観や行動様式の押しつけにならないようにするために、学習者全員がある共通の行動を起こすこと自体をめざすのではなく、一人ひとりの知識の獲得と自己決定を保障することが重要であるととらえていることが分かる。

　本節で見てきたフィエンの主張からは、教育活動に対するフィエンの問題意識が見えてくる。それはまず、現存する諸問題を解決するためには既存の

社会構造のあり方そのものを批判的に問い直す社会批判的志向性を持つ教育活動を行う必要があるにも関わらず、これまでの教育活動ではこの点が十分に保障されてこなかったということに対する批判意識である。そして、こうした状況を乗り越えるためには、社会変革のための行動に参加することのできる人間の育成を目的とし、それを可能にするための知識や技能、態度を身につけることが重要であると考えている。さらに、問題解決に向けた行動を起こす際には、ただ行動すればよいのではなく、解決すべき問題に関する知識を持ち、自身の起こす行動が引き起こすであろう結果を十分に予測したうえで、学習者一人ひとりの自己決定を原則として行動することの必要性を強調しているのである。

第2節　コルダーとスミスの開発教育論との比較に見るフィエンの開発教育論の特徴

本節では、フィエンの開発教育論をコルダーとスミスの開発教育論と比較することによって、フィエンの開発教育論の特徴を明らかにする。

(1) フィエンと開発教育との関わり

ここでまず、フィエンと開発教育との関わりを概観しておこう。フィエンは、1978年に修士論文「地理教育における人文主義的パースペクティブ」[17]を、1992年に博士論文「環境のための教育——批判的エスノグラフィー」[18]を執筆している。このようにフィエンは地理教育や環境教育に関心を持って研究を行っており、特に、環境教育の分野で積極的に活動してきた。そして今日、その関心は「持続可能な開発のための教育」「持続可能性のための教育 (education for sustainability)」「グローバル教育」にも広がってきている。

こうした研究関心の広がりと研究活動の中で、フィエンは開発教育に対しても積極的な発言を行ってきた。その背景には、環境教育や開発教育で扱われる諸問題の領域が広がり、互いに重なる部分が多くなってきていることや、それぞれの教育活動が地球的諸問題の解決をめざすという志向性を共有して

いることがあると考えられる。また、GEPにおける『シリーズ』に理論的基盤を提供していることからは、開発教育研究およびグローバル教育研究に対するフィエンの影響力がうかがわれる。

　フィエンは主に環境教育の分野で活躍してきたため、開発教育を直接的に扱った研究成果は多くはなく、また、それらは主に1980年代後半から1990年代前半にかけてのものである。しかしながら、連邦政府の公的機関であるAIDABおよびその後身であるAusAIDから助成金を得たり[19]、開発教育に関する全国的な諮問委員会のメンバーに選出されたりするなど[20]、オーストラリアの開発教育の推進に関して重要な役割を果たしてきた。また、環境教育や持続可能性のための教育に関するフィエンの研究は彼の開発教育研究の基礎となっているものであり、環境教育や持続可能性のための教育と開発教育とは地球的諸問題の解決をめざすという同じ志向性を持っている。本節ではこうした点をふまえ、環境教育などに関する研究成果も参照しながら、フィエンの主張を見ていく。

(2) フィエンの開発教育論における実践の構成原理

　フィエンは開発教育を「公正(equity)と人権と社会正義の価値観をその原則と見なし、促す」ものであり、「教育と行動はその原則に則って、われわれが住むこの地球を、より平和で、公平(just)で、生物学的に持続可能な場所とするために構成され得る」[21]ものだとする。そしてその目的を、「自分たち自身のものとは異なる社会で経験されている生活様式について理解し、共感し、結束することを通して、社会正義を促し、世界を変革すること」[22]であるとする。

　こうした教育目的を持つ開発教育は本来的に、「民主主義的な価値観」を持っているとフィエンは主張する。「民主主義的な価値観」とは民主主義社会で生活するための核となる価値観であり、具体的には「肯定的な自己イメージ」「他者の受容と尊重」「開かれた心」「人権の尊重」「正義に対する関心」「民主主義への関わり合い」「関わり合おうとすること」とされる[23]。このようにフィエンは、開発教育の最終的な目的は社会変革を通してめざす社会を

実現することであり、めざす社会像の具体化やその達成に向けた方向性や方法のあり方については、民主主義的な価値観に則って考えなければならないと主張するのである。

そのうえでフィエンは、コルダーとスミスの開発教育論[24]を援用して、教育目標を**表4-2**のように設定する。表から分かるように、フィエンは教育目標を、「自分、他人、世界に関する知識」「個人および社会のエンパワーメントのための価値観」「批判的省察のための技能」「参加と行動のための価値観と方略」という4つの観点に分けて設定している。それぞれの観点に含まれる具体的な項目をコルダーらのもの(第3章の表3-3を参照)と比較すると、「自分、他人、世界に関する知識」の観点にある「地域内や国家内、あるいは地域間や国家間に見られる不平等」の項目以外はコルダーらのものと変わらない(コルダーらはこの項目を「地域内あるいは地域間に見られる不平等」としている)。

コルダーとスミスの開発教育論との共通性は、とるべき学習方法にも見られる。第3章で見たように、コルダーとスミスは、主体的かつ協同的な学習を保障する探究アプローチを通した学習を進めることを主張していた。一方、フィエンは『持続可能性のための教育』[25]において、「知識と理解を高め、倫理的かつ批判的な推論を促し、若者を地域の問題(affairs)に関与するよう動機づけ、そのための素養を与えるような教授／学習方法」[26]が必要であるとする[27]。そして、「児童生徒中心で、他者と関わり合いながら進める探究に基礎を置くアプローチ(student-centred and interactive enquiry-based approaches)」をとることを提案している[28]。ここから、学習方法についても、フィエンの主張はコルダーおよびスミスの主張と重なるものとなっていることが分かる。

前節で見た教育活動における社会的な行動のあり方についてのフィエンの主張や、フィエンがコルダーとスミスの開発教育論を基礎としながら自身の開発教育論を展開していること、そして、ここまでに見てきた両論の教育目的および教育目標と学習方法における共通性から、フィエンもコルダーらと同様に、社会認識と自己認識を深め、それを基盤として問題解決のためにとるべき行動を自己決定する機会を保障したうえで行動に参加することをめざしていることが見てとれる。また、自らの行動の結果を評価し、改善するこ

表4-2：フィエンによる開発教育の教育目標

自分、他人、世界に関する知識	個人および社会のエンパワーメントのための価値観
*自己への気づき 家族、地域社会、地方、国家、グローバルなシステムにおける自分および自身のアイデンティティと自身の立場の理解。 *他の文化 世界中の社会に見られる思想と風習の多様性と類似性、および、自身の社会の思想や習慣が他の文化からどのように見られているのかということへの気づき。 *パースペクティブへの気づき 人は特定のものの見方を持っており、それがその人の意思決定やふるまいに影響を与えていることと、しかしそうした物の見方は普遍的に共有されているわけではなく、これまでもこれから先もしばしば無意識的に影響されているということの理解。 *地域内や国家内、あるいは地域間や国家間に見られる不平等 世界の富と権力の主要な不平等と、それらを減らすために行われている、適切な開発、援助、貿易、科学技術、軍備縮小などを通した努力への気づき。 *相互依存 生態学的、経済的、政治的、社会的環境においてあらゆる物事は関連しており、個人や地域は他のあらゆる個人や地域と関連し、影響を与えられ、依存していることの理解。 *変化と開発 良い変化あるいは悪い変化をもたらす原因と過程、および、価値観や態度がどのようにして開発への代替アプローチを決定し、起こり得る未来を形成するのかの理解。	*肯定的な自己イメージ 個人としての自分自身の価値、および、自身の家族、社会、文化的背景の価値についての感覚。 *他者の受容と他者への尊敬 類似の背景や異なる背景を持つ人々の価値を正当に評価するとともに、他者の信念や行動を探したりそれらから学ぼうとすること。 *開かれた心 相互依存の世界に住むことに関連する諸問題について一層知ろうとする願望、諸問題に対して批判的に、反省的に、そして偏見なく取り組もうとする気持ち、そして、自身の理解の進展に伴って自身の考えを変える準備。 *共感 自身の経験や想像力を使い、他者、特に自分とは異なる状況や文化にある他者の感覚やものの見方、行動を理解しようとすること。 *正義に対する関心 正義および適正さ (fairness) に対する愛着と、自他の社会にいる不正義の犠牲者との結束を示そうとする気持ち。 *人権の尊重 自他の権利の擁護への関与と、そうした権利に伴う責任を果たすことへの関与。 *民主主義への関わり合い 個人間、集団間、社会間の関係がそのうえに構成されるべき基礎としての公正の原理への関与。
批判的省察のための技能	参加と行動のための価値観と方略
*探究 多様な出版物、視聴覚資料、特別な経験のある人々へのインタビューから世界の諸問題に関する情報を見つけ、記録する能力。 *批判的思考 情報の質、関連性、優先事項を評価し、事実と意見を識別し、パースペクティブとバイアスを認識する能力。 *コミュニケーション 記述、議論、美術的な様式、メディアを用いた方法など多様な方法で、他の集団や文化のメンバーを含む多様な人々とともに、自身の考えや決定を述べ、説明する能力。 *意思決定と問題解決 問題に関する別の解決策の関連性や妥当性、含意をよく考える能力、多様な解決策の背後にある価値観や利害関係を認識する能力、明確で筋の通った正当な理由によって支えられた決定を行う能力。 *社会的技能 他者や機関、自身のものとは異なる文化のメンバーに対して、明確かつ思慮深く、自身の見方や感じ方を表現するために必要な社会的技能。 *政治的技能 公式・非公式な方法の両方で、地域的、国家的、国際的なレベルでの政治的意思決定に参加する能力。	*関わり合おうとすること 自身の洞察および価値観に基づいて、人権、正義、民主主義に関する課題を取り除くための行動をとろうとすること。 *別の行動方針を見つけること 可能な行動を見つけるために自身の考えに頼ることに加えて、他者が既に起こした行動を調査し、それらに耳を傾け、議論し、報告する能力。 *起こり得る結果を評価すること 行動について熟考し、結果を予想したり想定される障害に逆らって起こり得る成果について考えたりする能力。 *個人的な関わり合い 個人として、あるいは集団やクラスの一員として特定の行動をとるための決定を行い、それに基づいて行動しようとすること。 *適切な行動を起こすこと 自分たちが明らかにしたことを広範な聴衆に向けて発表することから、目的に基づいて行動を起こすプロジェクトに至るまで、行動を起こす決定を行ったり、地域の行動に参加したりすること。 *行動のプロセスと効果を評価すること 学校に基礎を置くプログラムから展開した行動をふり返り、自身の成功を評価するとともに、児童生徒や関心を持つ地域のメンバーが将来とり得る代替案を描く能力。

(表 は、Fien, J., *Commitment to Justice: A Defence of a Rationale for Development Education*, paper presented to the ACFOA National Development Education Forum in Brisbane, 1991, p.2 を筆者が訳出して作成)

との重要性を意識していることも分かる。ただし、コルダーらが教育目標を「知識・理解」「感受性・価値観」「技能・プロセス」「関わり合い・行動」の4つの観点に分けているのに対して、フィエンは「自分、他人、世界に関する知識」「個人および社会のエンパワーメントのための価値観」「批判的省察のための技能」「参加と行動のための価値観と方略」という4つの観点に分けており、両論の観点の名称には違いが見られる。この違いから、フィエンはそれぞれの教育目標が何のための価値観や技能なのかを明確化し、構想する開発教育の志向性を明示しようとしていることが指摘できる。

(3) 開発教育の背景にあるイデオロギー

　フィエンは開発教育を、「本質的に政治的活動」であり、その根底には明確なイデオロギーが存在しているととらえる。開発教育の志向性を明示しようとするフィエンの開発教育論の特徴は、こうした立場に起因するものだと言える。

　フィエンはスウィヒン (Swee-Hin, T.) の所論を援用し[29]、開発教育の根底にあるイデオロギーの具体的な内容を「PEACEパラダイム (PEACE-ful paradigm)」として示している。PEACEとは「参加 (Participation)」「公正 (Equity)」「適切性 (Appropriateness)」「意識化 (Conscientisation)」「環境 (Environment)」をさしている。これは、「近代化パラダイム (modernisation paradigm)」と対置されるものとして位置づけられている。

　近代化パラダイムとは1960年代に開発論の主流となっていた近代化論を色濃く反映したパラダイムである。第1章で見てきたように、近代化論とは、どの社会も一定の発達要因さえ充足されれば、基本的に同じ道をたどって伝統社会から近代社会へと発展し、やがては欧米のような高度大衆消費社会に至るとする考え方である。そこでは経済成長が最重要課題とされ、積極的な工業化政策が推奨される。これは、「先進化し、工業化された高度消費社会が目標」「先進的な工業技術が成長にとって不可欠」「新興工業化諸国は模範的なモデル」「先進工業化消費者生活様式は普遍化され得る」「南の国々は追いつくことができる」といった記述に明確に表れている[30]。

一方、PEACEパラダイムの特徴は、「歴史的に固有の開発」「根本的な構造の変化が、さらなる社会的・政治経済的な平等のためには必要」「参加と大衆のローカルな知識が不可欠」「環境的なニーズは開発と調和しなければならない」「飢饉の根底には政治・経済がある」「新国際経済秩序(New International Economic Order)が不可欠」「先進消費者主義は地球の資源にとって適切ではない」などの記述に見られるように[31]、諸問題を生み出す原因は政治体制や社会構造にあるととらえる点、複眼的な開発のとらえ方を求める点、住民参加を重視する点などにある。こうした視点には、従属理論、持続可能な開発、参加型開発、人間開発、社会開発などの開発論や開発概念からの影響が見られる。

PEACEパラダイムの特徴として挙げられている開発のとらえ方は、第1章で見てきたように、特に1990年代以降の開発教育においては主流を成すものであり、コルダーらの開発教育論における開発のとらえ方とも重なる。一方で、コルダーらも地球的諸問題の背景にあるイデオロギーの対立などに目を向けさせることは重要であるとするものの、開発教育そのものの持つイデオロギーについては強調しない。ここから、フィエンの開発教育論に見られる特徴は、背景にあるイデオロギーの「内容」にではなく、実践している開発教育が持っているイデオロギーを「明示しようとする」点にあると言える。

(4) 教師の役割

前項で見たように、フィエンの開発教育論には、開発教育の持つイデオロギーや志向性を明示しようとする点に特徴が見られる。また、その教育目的に関する主張から分かるように、民主主義的な価値観に則ることの重要性が明確に示されている。

そのため、フィエンは教師に対して、教師自身が教育の目的やあるべき社会像についてのビジョンを持つことや、自らの価値観を学習者に明示することも求める。これは、学習者の意見を引き出したり議論を活発にさせたりする「ファシリテーター」としての役割を教師に求めることを強調する主張[32]とは異なるものである。フィエンが教師に対してこれらを強調するのは、教

師のあり方が、既存の社会や文化を再生産するのか、それとも変革への参加に向けた人々のエンパワーメントに貢献するのかを決定づけると考えているからである[33]。既存の社会や文化の批判的な吟味と再構築に向けた行動への参加の重要性はコルダーらの開発教育論においても提起されていたが、それを実現するために教師の果たすべき役割の内容とその重要性を強調する点は、フィエンの開発教育論の特徴であると言えよう。

ただし、「開発教育の実践者は、児童生徒が特定の価値観を持つのを促す責任を持っているが、これらの価値観から児童生徒がどのような態度を形成すべきかを決定する権限を持ってはいない」[34]という言葉に示されているように、フィエンは児童生徒のとるべき態度や行動に対する働きかけについては慎重な姿勢を見せる。すなわち、フィエンは自身の開発教育論が求める価値観やその背後にあるイデオロギー性は積極的に認めるものの、態度や行動の選択はあくまで児童生徒に任せるような学習活動を行うことが重要であり、そうした学習活動を実現することに教師は留意しなければならないとするのである。

第3章での検討を通して、学習者である児童生徒の価値観や行動様式を一律に規定することにつながる危険性を克服する方途が、コルダーとスミスの開発教育論に関しては主体的かつ協同的な学習を保障する探究アプローチを通した学習を進めることにあると指摘した。フィエンも同様に、探究アプローチを通した学習を進めることを主張している。ただしそれだけでなく、教師の果たすべき役割としてもこの課題に言及している点に、コルダーとスミスの開発教育論とは異なる強調点を見出すことができよう。

それでは、開発教育の持つイデオロギーを明示しようとすることと、教師の果たすべき役割の内容とその重要性および留意点を強調することというフィエンの主張の特徴はなぜ生まれたのであろうか。次節ではその理由を探っていく。

第4章　フィエンの開発教育論の特質と課題　117

第3節　フィエンの開発教育論に見られる批判的教育学の影響

　フィエンは開発教育や環境教育について論じる際、批判的教育学の知見を援用する。その中でも特に大きな影響を与えているのが、批判的教育学の代表的な論者であるジルーの所論である。本節では、批判的教育学とフィエンの開発教育論との関わりに注目し、フィエンの開発教育論の理論的背景を明らかにする。

(1) 開発教育の持つイデオロギーの明示

　イデオロギーを明示することに対しては、自由主義的多元論の立場から批判がなされてきた。その典型として、フィエンはスティーブンソン(Stevenson, R.)の「民主主義の原則に則って、児童生徒を多様な環境イデオロギーにさらすべきであり、また調査・批判・反省のプロセスを通して、児童生徒が環境についての自分なりの信念と価値観を伸ばし守るよう支えるべきである」[35]という主張を取り上げる[36]。そのうえでフィエンは、自由主義的多元論の立場では、学校のカリキュラムや実践には社会の支配的権力や管理の型が反映されていることと、カリキュラムのイデオロギー的機能が作用するために、学校やカリキュラムが特定の価値観の教え込みを避けられないということを十分に認識できていないと論難する[37]。

　フィエンは、開発教育のみならず、あらゆる教育活動の根底には必ずイデオロギーが存在しており、それゆえあらゆる教育活動は中立的ではありえず、政治的であるととらえる。なぜなら、カリキュラムの作成者や教師たちは教えるべき内容や方法を選択しており、そこには必ず、選択した者の意図や価値観が反映されるからである。フィエンはさらに、教育システムには政治的な権力や教育に関する権力を持つ意思決定者の価値観が反映されやすく、したがってそれらが児童生徒に伝達されやすいため、勢力の強い文化的信条が永続していることを指摘する[38]。

　このようにフィエンは教育活動が中立的ではありえないことを強調するとともに、教育があるイデオロギーをその根底に持つことは否定しない。フィ

エンが問題視するのは、保守派や自由主義者の教育に対するアプローチが彼らの主張する教育の持つイデオロギーを隠蔽してしまい、一見、中立的なものと見せかけている点にある。これにより児童生徒を、本人が気づかないままに既存のイデオロギー体制の中に組み込むことにつながるととらえるからである。

　ここで、フィエンが援用するジルーの主張に目を向けてみよう。ジルーはブルデュー（Bourdieu, P.）やバーンスタイン（Bernstein, B.）らに代表される再生産論の知見に学び、学校教育の場において、誰のどのような経験がどのように正統化されていくのかについて批判的に分析する視点を持つ必要があると主張する[39]。これをジルーは「批判の言語（language of critique）」の構築と言う。ただし、ジルーは再生産論に対して一定の評価を与えつつも、教育による再生産の過程を決定的なものと見ていたことについては批判する。すなわち、再生産の過程を決定的なものと見ることは学校教育に対する悲観論に陥ってしまうと言うのである。そして、学校は確かに再生産装置として働く一面を持つものの、その再生産の過程は決して完璧に機能しているものではなく、児童生徒や教師の抵抗によって変革することができる可能性を持っていると見ることが必要であると主張する。そのうえで、こうした見方をもとにして民主的で公正な社会の構築に取り組むことを支えるものとして、「可能性の言語（language of possibility）」の重要性を強調するのである。

　開発教育の背後にある価値観やイデオロギーを明示することは、それとの比較を通して、既存の学校教育の背後に潜む価値観やイデオロギーを批判的な検討の俎上に乗せることを可能にする。つまり、イデオロギーのせめぎ合いに目を向けるとともに、そうしたせめぎ合いが自他の価値観や社会認識、問題解決に向けた取り組みの選択などに影響を及ぼしているととらえることが可能になる。これはすなわち、学校の再生産機能を暴き出すことにつながるため、その機能が働くことへの抵抗、異なる社会像の提示、そうした社会の構築に児童生徒を向かわせる契機を提供し得る。ここからフィエンは、学校が果たしている再生産の機能とその過程を理解したうえでそれを乗り越えるような実践を可能にするための方策として、イデオロギーを明示すること

の重要性を主張しているのだと言える。

(2) 教師の果たすべき役割の強調

　次に、フィエンの開発教育論のもう1つの特徴である、教師の果たすべき役割の強調について見ていこう。本章第1節で見たように、フィエンは環境教育の現状をふまえて、多くの環境教育プログラムでは感受性と社会参加が重要な目標とされているにも関わらず、実践の際には価値の方向性が明示されないままに、環境についての知識と技能を教えることに重点が置かれてしまっていると指摘する。そしてその原因として、主流となっている教育信念と実践が支配的影響力を持つために政治的に受け入れられやすい実践へと引きずられていることを挙げ、これでは既存の社会構造に関する理解は求められるものの、その変革にまでは至らないと見る。

　こうした現状をふまえてフィエンは、環境のための批判的教育学は「可能性の言語」を基礎にすえているとしたうえで[40]、環境のための教育の目的には、環境に関する意思決定と問題解決の場面において、問題を分析し、十分な情報を備え持って民主的な方法で参加するための知識、主体的関与、技能に加えて、道徳的で政治的な気づきを伸ばすことが含まれるとする[41]。つまり、フィエンは、「批判の言語」の獲得を通して児童生徒が既存の社会や文化の批判的な吟味を行うことの重要性を指摘するとともに、「可能性の言語」の獲得を通して、既存の社会や文化の吟味をふまえたより良い社会の構築をめざすことをねらっていると言える。それと同時に、「可能性の言語」の獲得を達成し得るような実践がほとんど見られない現状をふまえて、教師の果たすべき役割の重要性を強調するのである。

　ジルーは教師の果たすべき役割を「変革的知識人 (transformative intellectuals)」としての役割であると規定する。変革的知識人とは、ジルーによれば、「抑圧された状態に対する変革的な批判を活動の出発点とするような集団に、道徳的・政治的そして教育学的リーダーシップを提供しうる」知識人を意味している[42]。これはすなわち、社会の多様な利害や権力関係を分析し、絶えざる批判的考察により個人的・社会的な解放を追求し、それを学校における教

育実践と結びつける能力を有する教師であると解される[43]。

　フィエンも同様に、「変革的知識人」としての役割を教師に求める。フィエンによれば、「変革的知識人」としての教師の中心的な役割は、「教育学的なものをより政治的なものに、政治的なものをより教育学的なものにすることの必要性を認識すること」にあるとされる[44]。「教育学的なものをより政治的なものにする」とは、教育の再生産的な役割を明らかにすることと、児童生徒が、経済的、社会的、政治的な不正義(injustice)を克服するための戦い(struggle)に対する深く永続的な信念を発達させるのを助け、その戦いの一環として自身をより一層鍛え、洗練させるための民主主義的な価値観を育成するために、意識的に他者とともに活動することとされる。一方、「政治的なものをより教育学的なものにする」とは、政治的リテラシーの原理を教室に適用することであるとされる。それはすなわち、児童生徒が批判的な探究者となるのを促すような学習経験を用いること、何をどのように探究するのかを決定する際に児童生徒に積極的な役割を与えること、知識を論争的なものとして描くこと、そしてより良い世界のための戦いを意識的な教育の目的として描くことを意味している。

　この「変革的知識人」としての教師には、自身の教育観にしたがってカリキュラム編成や教材開発、授業実践を行うという役割も求められる。たとえ、児童生徒中心で探究に基礎を置くアプローチをとったとしても、依然として授業における教師の影響は大きい。すなわち、学習方法だけを工夫したとしても、教師の考えを学習者が無批判に受け入れるということは起こり得る。したがって、「批判の言語」と「可能性の言語」を児童生徒に獲得させられるような授業を実践するために、教師の役割が重要視されるのである。そしてまた、その際には教師が自身の教育観を確立することが必要となるため、教師自身が教育の目的やあるべき社会像についてのビジョンを持つということが重要であるとされるのだと言える。

第4節　フィエンの開発教育論に見られる特質と課題

　ここまで、コルダーらの開発教育論と比較しながら、フィエンの開発教育論の特徴とその理論的背景について検討してきた。それらをふまえて本節では、フィエンの開発教育論の特質と課題について考察する。

(1) フィエンの開発教育論の特質

　フィエンはコルダーとスミスの開発教育論を基礎として自身の開発教育論を展開している。また、本章第2節で見たように、フィエンの開発教育論とコルダーおよびスミスの開発教育論には、その教育目的および教育目標と学習方法に共通性が見られた。ここから、フィエンもコルダーらと同様に、社会認識と自己認識を深め、それを基盤として問題解決のためにとるべき行動を自己決定する機会を保障したうえで行動に参加することをめざしていることや、自らの行動の結果を評価し、改善することの重要性を意識していることが指摘できた。

　一方で、フィエンは開発教育の持つイデオロギーを明示することの重要性を主張しており、この点にコルダーとスミスの開発教育論とは異なる特徴があった。先述したように、教育システムには政治的な権力や教育に関する権力を持つ意思決定者の価値観が反映されやすく、しかもそうした価値観はしばしば明示されないままに学習者に伝えられているために、学校が既存の社会の「再生産装置」として機能するという傾向があることを、フィエンは鋭く指摘していた。そして、こうした状況を打破するため、既存の学校教育の根底にある価値観やイデオロギーを批判的な検討の俎上に乗せ、それをふまえてより良い社会のあり方を議論する場として学校を位置づけることが必要であると考え、開発教育の背後にあるイデオロギーを明示することの必要性を主張している。

　ここからは、国家の求める人材の育成と既存の社会構造の維持および発展をめざす場、すなわち、社会の再生産装置としての役割が与えられてきた近代学校教育を、めざすべき社会のあり方を模索し、必要に応じた社会変革の

実現に寄与することのできる主体を育成する場,すなわち、社会の「変革装置」としての役割を持つものとして位置づけ直すことの必要性が示唆される。このように、授業づくりやカリキュラム編成の方法論だけではなく開発教育が実践される場としての学校教育の役割にまでふみこんだ主張をしている点が、フィエンの開発教育論に見られる特質の1つであると言える。

このような社会の変革装置としての役割を持つ学校教育を実現するための開発教育の実践を進める重要な方途として、フィエンは「変革的知識人」という役割を教師に求めていた。これは具体的には、教育の再生産的な役割を明らかにするとともに民主主義的な価値観に則ってより良い世界の構築に向けた取り組みを行うことを教育の目的と位置づけること、そして、そうした取り組みに参加することのできる人間を育てるために、自身の教育観にしたがってカリキュラム編成や教材開発、授業実践を行うことを意味していた。

教育目標と学習方法の一致の重要性を念頭に置くとき、学習者一人ひとりの問題解決に向けた行動への参加が重視される開発教育において、それを促す「ファシリテーター」としての役割を教師に求めることは重要である。しかしながら、児童生徒一人ひとりの尊重や、教師と児童生徒が「一緒に考え合う」ことが重視されすぎると、開発に関わる諸問題をめぐって現実社会に見られる様々な主義や主張のせめぎ合いにまで児童生徒の目を向けさせることが十分に行われなくなる危険性がある。これでは、社会や諸問題に対する現状認識やその批判的吟味をふまえた議論が行われず、また、その場の議論にとどまってしまい民主主義的な価値観の育成やめざす社会の実現に向けた行動への参加にまでは至らないことも懸念される[45]。また、第3章で取り上げたコルダーとスミスの開発教育論においては、既存の社会構造の変革を可能にするための政治的技能の獲得とそのための行動への参加の重要性が指摘されていたものの、それを促すための教師の働きかけ方についての検討は課題として残されていた。「変革的知識人」としての役割を教師が担うことの重要性を提起しているフィエンの主張は、これらの課題を克服するための方途を示していると言える。これが、フィエンの開発教育論に見られる2つ目の特質である。

フィエンはさらに、学校が社会の再生産装置として機能することを回避し、社会変革の実現に寄与することのできる個人を育成するための重要な要素として、政治的リテラシーの獲得を挙げていた。政治的リテラシーの獲得により、十分な知識に裏打ちされ、批判的かつ積極的な方法で民主主義と社会変革の政治プロセスに参加できるような学習者の育成が達成されるととらえるためであった。これは、第1章で検討した、現存する諸問題を解決するためには既存の社会構造のあり方そのものを批判的に問い直し必要に応じた変革を行うことが重要であるという開発論の提起に対する1つの方策を示していると言える。また、第3章で取り上げたコルダーとスミスの開発教育論においても既存の社会構造の変革は志向されていたものの、そこで想定されていた行動はポスター作成や他国の学校の児童生徒との意見交換などであり、社会構造の変革を可能にするための政治的技能および行動のあり方についての検討には課題が残っていた。政治的リテラシーの獲得を通した民主主義と社会変革の政治プロセスへの参加の重要性を強調しているフィエンの主張は、コルダーとスミスの開発教育論が抱える課題を克服するための具体的な手立てを提示するものになり得るものであり、これがフィエンの開発教育論の3つ目の特質であると言える。

　同じく社会構造の変革を志向しながらも両論の間にこうした違いが生まれるのは、それぞれが想定する社会認識および自己認識の深化の方向性に違いがあるためだと考えられる。コルダーとスミスは、パイクらのグローバル教育論に依拠することによって、地球的諸問題と自分自身、地球的諸問題同士、自分と他者との間に見られるつながりなどの相互依存関係に対する認識を深めることを重視していた。一方、ジルーに依拠するフィエンは、複数のイデオロギーや権力、利害がせめぎ合う場として社会をとらえ、そうしたせめぎ合いが、問題を生み出す社会構造の形成や自他の価値観、社会認識、問題解決に向けた取り組みの選択などに影響を及ぼしているととらえることの重要性を強調していた。こうした社会認識および自己認識の深化の方向性の違いが、両論の違いを生んでいるのだと言えよう。

(2) フィエンの開発教育論の課題

一方、フィエンの開発教育論が抱える課題として、以下の3点を指摘することができる。

1つ目は、政治的リテラシーを育成することの重要性を強調する一方で、そのための具体的方策を十分に提示し得ていない点である。めざす社会のあり方を吟味するための意思決定プロセスに関与したり、そのために必要な知識や技能、価値観などを獲得したりすることは、児童生徒中心で探究に基礎を置くアプローチをとれば必ず身につくというわけではない。また、フィエンの主張を支える重要な概念である政治的リテラシーの具体的な内容については、環境教育の文脈で語られているため、開発教育の内容に即した具体化の作業は残されている。政治的リテラシーの内容を開発教育の文脈に即して具体化するとともに、それをどのようなかたちで獲得させていくのかを明確にする作業が必要となる。

2つ目は、教育評価の方法論に関するものである。フィエンもコルダーらと同様に、教育評価の方法論について言及していない。また、前章で指摘したように、教育評価の方法論を考える際には、評価課題の設定や評価基準の開発が必要となる。そしてその際には、自己認識や社会認識の深化とはどのような状態になることなのかを明示することが必要となるが、フィエンもコルダーらと同様に、この点についても明らかにしていない。これらの点を明確にする作業を進めることによって、フィエンの主張する開発教育の教育目標および開発教育論の要点と合致した教育評価の方法論を検討することが求められる。

3つ目は、行動に対する教師の働きかけ方に関するものである。先述のように、政治的リテラシーの獲得を通して社会変革の政治プロセスへの参加をめざすフィエンの主張は、コルダーとスミスの開発教育論の抱える課題を克服する手立てを提示し得るものである。ただし、特にイデオロギーの明示を求めるフィエンの主張にあっては、学習を進めていく中で触れるであろう開発教育の持つ価値観やイデオロギーに対する児童生徒からの抵抗の可能性についても考慮する必要がある。PEACEパラダイムに示されたイデオロギー

は経済開発一辺倒の近代化パラダイムに対する批判から生まれたものであり、開発論の歴史的展開と照らし合わせてみても、その重要性は認められる。しかしながら、そこで示されている内容を突き詰めていくと、児童生徒が日々送っている自らの生活を否定することが求められかねない。なぜなら、先進国に住む人々の「豊かな」生活は、経済成長を強力に推進してきた結果として成り立っている場合が少なくないからである。したがって、開発教育を通して教師などから示されるイデオロギーに対する児童生徒の抵抗は十分に予想される。価値観やイデオロギーを明示しつつもその押しつけにはならないようにするために、行動への参加をどのように位置づけ、教師がどのように働きかける必要があるのかは、今後さらなる検討が必要であると言えよう。

小括

　本章では、GEPにおけるグローバル教育に理論的基盤を提供してきたフィエンの開発教育論について、特に批判的教育学との関わりに焦点をあてて、その特質を明らかにしてきた。
　フィエンは、社会変革に向けた教育活動のあり方について理論的な研究を重ねてきた。その背景には、現存する諸問題を解決するためには既存の社会構造のあり方そのものを批判的に問い直す社会批判的志向性を持つ教育活動を行う必要があるにも関わらず、これまでの教育活動ではこの点が十分に保障されてこなかったということに対する批判意識があった。そして、こうした状況を乗り越えるためにフィエンは、社会変革の実現に寄与することのできる個人を育成するために必要な知識や技能、態度などを身につけさせるための教育活動を行うことの重要性を主張していた。
　フィエンは、コルダーとスミスの開発教育論を基礎としながら自身の開発教育論を展開している。そのため、フィエンの開発教育論における教育目的および教育目標と学習方法にはコルダーとスミスの開発教育論のそれとの共通性があり、フィエンもコルダーらと同様に、社会認識と自己認識を深め、それを基盤として問題解決のためにとるべき行動を自己決定する機会を保障

したうえで行動に参加することをめざしていることが見てとれた。また、自らの行動の結果を評価し、改善することの重要性を意識していることも指摘できた。

　一方、ジルーの行ってきた批判的教育学研究の成果にも依拠することによって、フィエンの開発教育論にはコルダーらのものとは異なる強調点が見られた。その違いは特に、開発教育の持つイデオロギーを明示しようとする点、教師の果たすべき役割を強調する点、そして、政治的リテラシーの獲得を通した民主主義と社会変革の政治プロセスへの参加の重要性を主張する点にある。

　フィエンが開発教育の持つイデオロギーを明示しようとすることのねらいは、学校が果たしている再生産の機能とその過程を理解したうえでそれを乗り越えるような実践を可能にすることにあった。そのため、フィエンの主張からは、社会の再生産装置としての役割が与えられてきた近代学校教育を社会の変革装置としての役割を持つものとして位置づけ直すことの必要性が示唆された。このように、授業づくりやカリキュラム編成の方法論だけではなく開発教育が実践される場としての学校教育の役割にまでふみこんだ主張をしている点が、フィエンの開発教育論に見られる特質の1つであった。

　こうした社会の変革装置としての役割を持つ学校教育を実現するための開発教育の実践を進める重要な方途として、フィエンは、「変革的知識人」という役割を教師に求めていた。これは具体的には、教育の再生産的な役割を明らかにするとともに民主主義的な価値観に則ってより良い世界の構築に向けた取り組みを行うことを教育の目的と位置づけること、そして、そうした取り組みに参加することのできる人間を育てるために、自身の教育観にしたがってカリキュラム編成や教材開発、授業実践を行うことを意味していた。さらに、こうした主張はまた、コルダーとスミスの開発教育論に見られた、既存の社会構造の変革を可能にするための政治的技能の獲得とそのための行動への参加を促す教師の働きかけ方についての検討が不十分であるという課題を克服する方途を示すものでもあった。このように、「変革的知識人」としての役割を教師が担うことの重要性を提起している点が、フィエンの開

第4章　フィエンの開発教育論の特質と課題　127

発教育論に見られる2つ目の特質であると言えた。

　さらに、フィエンの開発教育論とコルダーおよびスミスの開発教育論とを比較すると、社会認識および自己認識の深化の方向性に違いが見られた。すなわち、コルダーとスミスはパイクらのグローバル教育論に依拠することによって、地球的諸問題と自分自身、地球的諸問題同士、自分と他者との間に見られるつながりなどの相互依存関係に対する認識を深めることを重視していた。一方、ジルーに依拠するフィエンは、複数のイデオロギーや権力、利害がせめぎ合う場として社会をとらえ、そうしたせめぎ合いが、問題を生み出す社会構造の形成や自他の価値観の形成、問題解決に向けた取り組みの選択に影響を及ぼしているととらえることの重要性を強調していた。こうした社会認識および自己認識の深化の方向性の違いを背景として、フィエンは政治的リテラシーの獲得を通した民主主義と社会変革の政治プロセスへの参加の重要性を主張していた。これが、フィエンの開発教育論の3つ目の特質であった。この特質はまた、社会構造の変革を可能にするための政治的技能および行動のあり方の検討が不十分であるというコルダーとスミスの開発教育論の課題を乗り越えるための手立てを提示し得るものであるとも言えた。

　こうした特質を持つ一方で、フィエンの開発教育論には、政治的リテラシーを育成するための具体的方策を十分に提示し得ていないという課題が見られた。また、コルダーとスミスの開発教育論と同様に、社会認識および自己認識の深化の様相の明確化、教育評価の方法論についての検討、行動への参加の位置づけおよび教師からの働きかけ方についての検討も不十分なまま残されていた。

　次章では両論の共通点および相違点に留意しながら、GEPの重要な成果の1つである『シリーズ』に焦点をあてて、両論の特徴がどのように反映されているのか、あるいは反映されていないのかを検討していく。この作業を通して、単元例というマクロなレベルにおいて、連邦政府がGEPに与える影響の一端を明らかにしたい。

〔註〕

1 1951年、オーストラリア生まれ。中等学校の教師を務めた後、地理および社会科学に関するカリキュラム・コンサルタントを経て、ロンドン大学 (University of London Institute of Education)、ブリスベン大学 (Brisbane College of Advanced Education)、グリフィス大学 (Griffith University) において、地理教育、環境教育、社会科学教育などの教員を歴任した。現在はメルボルンにある RMIT 大学 (RMIT University) で教鞭をとっている。

2 Fien, J., *Education for the Environment: Critical Curriculum Theorising and Environmental Education,* Melbourne: Deakin University Press, Australia, 1993 (邦訳：ジョン・フィエン (石川聡子他訳)『環境のための教育——批判的カリキュラム理論と環境教育』東信堂、2001年)。以下、本章でこの文献を参照する場合の訳語については、基本的には訳書の訳を参考にするが、筆者独自の訳語を用いる場合もある。なお、原著が著されたのが1993年であることから、フィエンは本書での主張を念頭に置きつつ、GEPの『シリーズ』作成に関わったと考えられる。

3 Fien, J., *op. cit.,* 1993, p.15 (邦訳、p.33)。
4 *Ibid.,* pp.15-16 (邦訳、p.34)。
5 *Ibid.,* p.15 (邦訳、p.33)。
6 *Ibid.,* p.16 (邦訳、p.34)。
7 *Ibid.,* pp.7-8 (邦訳、p.21)。
8 *Ibid.,* p.9 (邦訳、p.23)。
9 *Ibid.,* p.7 (邦訳、p.21)。
10 *Ibid.,* p.69 (邦訳、pp.121-122)。
11 *Ibid.,* p.68 (邦訳、p.121)。
12 *Ibid.,* p.59 and pp.69-73 (邦訳、p.107およびpp.121-128)。
13 理解する必要のある概念として、「資源と生産」「分配と再分配」「権力と意思決定」「社会組織」「文化とイデオロギー」が挙げられている。
14 Fien, J., *op. cit.,* 1993, p.71 (邦訳、p.125)。なお、フィエンが援用しているのは、Wals, A., 'Caretakers of the Environment: A Global Network of Teachers and Students to Save the Earth', in *Journal of Environmental Education,* vol.21, no.3, 1990, pp.3-7 である。
15 Fien, J., *op. cit.,* 1993, pp.72-73 (邦訳、pp.127-128)。
16 *Ibid.,* p.73 (邦訳、p.128)。
17 Fien, J., *A Humanistic Perspective in Geographical Education,* Master's thesis for University of London, U.K., 1978.
18 Fien, J., *Education for the Environment: A Critical Ethnography,* Ph.D. thesis for University of Queensland, Australia, 1992.
19 たとえば AIDAB から、1987-88 年に The development of a rationale, curriculum framework and recommendations for further research for development education ($5000) を、1992-94 年に Development and dissemination of pre-service teacher education workshop materials on "Teaching for a Sustainable World" (with Australian Association

for Environmental Education – 2 grants）（$41000）を得ている。
20　1987-89 年に Australian International Development Assistance Bureau Advisory Committee on Development Education のメンバーとなっている。
21　Fien, J. (ed.), *Living in a Global Environment: Classroom Activities in Development Education,* Brisbane: Watson and Ferguson, Australia, 1989, Introduction.
22　Fien, J., *Commitment to Justice: A Defence of a Rationale for Development Education,* paper presented to the ACFOA National Development Education Forum in Brisbane, Australia, 1991, p.1.
23　*Ibid.,* p.5.
24　Calder, M. & Smith, R., *A Better World for All: Development Education for the Classroom (Book 1 & 2),* Canberra: Australian Government Publishing Service, Australia, 1991.
25　Fien, J., *Education for Sustainability: Reorientating Australian Schools for a Sustainable Future,* Melbourne: Australian Conservation Foundation Inc., Australia, 2001.
26　*Ibid.,* p.23.
27　開発教育で求められる「学習方法」についてフィエンが直接述べた資料は、管見のかぎり見られない。そのためここでは、「持続可能性のための教育」に関する記述を参考に論を進める。また、開発教育で求められる「学習過程」および「教育評価」に関する資料も管見のかぎり見られないため、本項では言及しない。
28　*Ibid.,* p.24. フィエンはこのアプローチを通した学習活動を行うことで、「疑問、社会問題 (issues)、問題 (problems) を、自分自身の学習の出発点と見なすこと」「意味ある学習 (meaningful learning) への積極的な参加者となること」「知的、社会的、実践的、そしてコミュニケーションに関する広範な技能と能力を利用すること」「考え (ideas) や主張 (opinions) の開かれたやりとりを通して、態度と価値観を明らかにし、分析し、挑戦すること」「社会的な世界 (social world) と、そこへの参加方法に関する理解を通して、政治的リテラシーを使うこと」という5つの能力を発達させることができると考えている。
29　Toh, Swee-Hin, 'Justice and Development', in Hicks, D. (ed.), *Education for Peace: Issues, Principles and Practices in the Classroom,* London & New York: Routledge, 1988, pp.111-142.
30　Fien, J., *op. cit.,* 1991, p.3.
31　*Idem.*
32　たとえば、池住義憲「『ファシリテーター』ってどんな人？」開発教育協議会編『「開発教育」ってなあに？――開発教育Q&A集』開発教育協議会、1998年、pp.18-19。
33　Fien, J., *op. cit.,* 2001, p.23.
34　Fien, J., *op. cit.,* 1991, p.8.
35　Stevenson, R., 'Schooling and Environmental Education: Contradictions in Purpose and Practice', in Robottom, I. (ed.), *Environmental Education: Practice and Possibility,* Melbourne: Deakin University Press, Australia, 1987.
36　Fien, J., *op. cit.,* 1993, p.65 (邦訳、p.114)。

37　*Idem.*
38　Fien, J., *op. cit.,* 1991, p.5.
39　こうした点に関する先行研究としては、たとえば、谷川とみ子「H. A. ジルーの批判的教育学におけるカルチュラル・スタディーズの位置——教育学の独自性の再審」(『関西教育学会研究紀要』第5号、2005年、pp.16-30) や、上地完治「学校教育とポストモダニズム——ジルーの批判的教育学を手がかりとして」(『カリキュラム研究』第8号、1999年、pp.33-44) などが挙げられる。
40　Fien, J., *op. cit.,* 1993, p.84 (邦訳、p.147).
41　*Ibid.,* p.43 (邦訳、p.79).
42　Giroux, H. A., *Teachers as Intellectuals: Toward a Critical Pedagogy of Learning,* Massachusetts: Bergin & Garvey, 1988, U.S.A., pp.151-152. なお、訳出にあたっては、上地完治「アメリカにおける批判的教育学の研究——ジルー (Henry A. Giroux) の学校論を中心に」(『教育学研究紀要』第40巻第1部、1994年、pp.1-6) に倣った。
43　上地、同上論文。
44　Fien, J., *op. cit.,* 1991, p.9. なお、この記述に関してフィエンは、Giroux, H. A. (*op. cit,* pp.127-128) を参考にしていると考えられる。
45　これまで開発教育において重視されてきたワークショップによる参加型学習においては、こうした例がしばしば見られた。

第5章 『グローバル・パースペクティブ・シリーズ』に対する連邦政府からの影響
―― 開発教育研究の継承と変容 ――

　第1章で述べたように、GEPにおいて作成されたグローバル教育の主要な単元事例集として『シリーズ』がある。これは、主に学校教育の場で使用されることを念頭に、オーストラリアにおける開発教育研究の蓄積をふまえて作成されたものである。本章では、『シリーズ』に収められている単元例の特徴を、コルダーとスミスおよびフィエンの開発教育論の特徴がどのように反映されているのか、あるいは反映されていないのかという視点から分析する。この作業を通して、ミクロなレベルでの連邦政府からの影響の様相を明らかにする。

第1節　実践の分析視角の設定

　ここでは、本書の第3章および第4章の内容をふまえて、『シリーズ』の理論的基盤となっているコルダーとスミス、およびフィエンの開発教育論の特徴を再確認し、単元分析の際の分析視角を抽出する[1]。

(1)「政府型」開発教育と『シリーズ』

　第1章で見てきたように、オーストラリアにおける開発教育は1960年代後半に実践され始めた。当初は主に募金を促すための広報活動としての役割を担うものとして実践されていたが、その後、開発論および開発概念の変化を受けて、先進国に住む人々に自身の生き方を問い直す契機を与え、解決に向けた取り組みを促す教育活動としての役割を担うようになってきた。また、学校外の教育の場から学校教育の場へと、その実践の場も広がってきた。

その展開過程において、連邦政府は常に、開発教育およびグローバル教育と関わってきた。ただし、その関わり方には変化が見られた。1960年代から1980年代にかけては主にNGOなどの活動を資金提供によって支援するという間接的な関わりであったのに対して、1990年代以降には、GEPに代表されるように教育活動の内容にも直接的に関与するようになってきたのである。

ところで、序章で述べたようにライアンは、オーストラリアでは歴史的に開発教育が連邦政府と深い関わりを持って展開されてきたために、政府が望む開発教育、すなわち、既存の社会構造の批判的な吟味と変革を行うことを避けるような開発教育を進めるという性質を持ってきたことを指摘していた[2]。本章では、ライアンの指摘する立場に立つ開発教育、すなわち、既存の社会構造の批判的な吟味と変革を行うことを避けるという性質を持つ開発教育を「政府型」開発教育と名づける。

この「政府型」開発教育では、近代化論に基づく開発教育と同様に、開発途上国に対する政府の支援活動を支持する人間を増やすことがめざされる。そのため、開発途上国の貧しい現実を知らせるための情報提示がその主な内容になるとともに、利害関係が複雑で批判の出やすい国内の活動よりも国外の援助活動に焦点があてられる傾向が強まる。また、資金や物資の援助を行うことを重視したり、政府の行う援助活動を支持する行動を好んだりする傾向が見られる[3]。

一方で、従属理論が提唱された1970年代以降、社会構造が開発に関わる諸問題を生み出す要因の1つであるとの見方が強まった。そのため、既存の社会構造の批判的な吟味と必要に応じた変革を視野に入れることの重要性が提起されてきた。こうした見方に基づけば、社会構造の批判的な吟味を避ける「政府型」開発教育では、地球的諸問題をとらえる視点やとるべき行動の選択肢が不十分となる危険性がある。コルダーとスミス、およびフィエンの開発教育論では、こうした危険性が認識され、社会構造の批判的な吟味と必要に応じた変革を視野に入れることを求めている。

以上をふまえると、『シリーズ』は、歴史的に「政府型」開発教育を生み出

してきた連邦政府との関わりのもとで、「政府型」開発教育とは一線を画する開発教育論を基盤に作成されたものであるという特徴を持つと言える。ライアンの指摘に基づけば、連邦政府の主導によって進められているGEPで構想されているグローバル教育は、連邦政府からの影響を受けて「政府型」開発教育の有する性質を持つものへと変容する可能性を持つ。GEPのもとでの具体的な実践というミクロなレベルにおいて連邦政府がどのようなかたちでどのような影響を与えているのかを明らかにするという本研究の研究課題の1つに迫るために、次項では、その変容の様相をとらえるための分析視角を設定する。

(2) 実践の分析視角

　『シリーズ』に収められている単元の性質を分析するためには、そこで構想されるグローバル教育の性質を把握するための視点を明確にする必要がある。そこでまず、「政府型」開発教育、コルダーとスミスの提唱する開発教育、フィエンの提唱する開発教育それぞれの主張の要点と、そこに見られる類似点および相違点を再確認する。

　まず、コルダーとスミスおよびフィエンの開発教育論に共通する特徴として、地球的諸問題を解決するためには既存の社会構造の変革を視野に入れる必要があるという認識に立っていることが挙げられる。この点が、両論と「政府型」開発教育との大きな違いとなる。次に、両論ともに、問題解決に向けた行動に参加することのできる人間の育成を目的としている。ただし、ただ行動を起こすのではなく、資料やデータの吟味、他者との議論などに基づく社会認識と自己認識の深化を基盤として、問題解決のために自らがとるべき行動を自己決定したうえでその行動に参加すること、そして、自らの行動の結果を評価し、改善することの重要性を強調している。このように「社会認識の深化」「自己認識の深化」とそれを基盤とした「問題解決に向けた行動への参加」を保障する学習活動の実現をめざしている点が両論の共通点であり、「政府型」開発教育とは異なる重要な特徴である。さらに、こうした力量形成を実現するために必要な学習方法として、両論とも、学習への児童生徒の

主体的な参加および他者との協同的な学習を保障する探究アプローチを取り入れることの重要性を主張している。ただし、教育評価については、「政府型」開発教育においても、コルダーとスミス、およびフィエンの開発教育論においても、意識的な言及は見られなかった。

このように、「政府型」開発教育との対比で見ると、コルダーとスミスの開発教育論およびフィエンの開発教育論には共通項が多い。これは、フィエンが、コルダーとスミスの開発教育論を基盤として自身の開発教育論を展開してきたためであろう。しかしその一方で、第3章および第4章を通して見たように、教育目標として挙げる「社会認識の深化」「自己認識の深化」「問題解決に向けた行動への参加」の内容に関しては、両論の主張の強調点に違いがある。

「社会認識の深化」については、両論ともに、既存の社会構造が諸問題を生み出す主要な要因の1つとなっていることを前提とする。ただし、コルダーとスミスが地球的諸問題を時間的、空間的、そして問題同士の相互依存関係という視点でとらえることを強調するのに対し、フィエンは複数のイデオロギーや権力、利害がせめぎ合う場として社会を認識し、そうしたせめぎ合いが諸問題を生み出す社会構造の形成にどのように影響しているのか、すなわち、どのような権力関係や利害関係を背景として社会構造がつくられており、その社会構造がどのように問題を生み出しているのかという視点でとらえることを強調する。

「自己認識の深化」については、「政府型」開発教育においては言及されない傾向がある。これは、開発途上国についての情報を得るとともに、資金や物資の援助を行ったり政府の行う援助活動を支持したりすることに主眼が置かれるため、学習者自身が生き方の問い直しを迫られることは少ないためである。一方、コルダーとスミスは、地球的諸問題と学習者自身とのつながりや、自身の生活と他者の生活との相互依存関係を認識することと、自他のものの見方や文化、価値観、行動様式、問題解決に向けて自身が持っている力を認識することを重視する。他方、フィエンは、複数のイデオロギーや権力、利害のせめぎ合う場として社会をとらえる立場から、そうしたせめぎ合いが

第5章 『グローバル・パースペクティブ・シリーズ』に対する連邦政府からの影響　135

どのようなかたちで、自他の価値観や社会認識の形成、および自他の問題解決に向けた取り組みの選択に影響を与えているのかを認識することの重要性を強調している。

「問題解決に向けた行動への参加」については、両論とも、社会認識の深化と自己認識の深化を基盤として、とるべき行動を学習者自身が自己決定することの重要性を強調している点と、自らの行動の結果を評価し、改善することの重要性を強調している点では一致している。ただし、コルダーとスミスが、ポスター作成などを通した地球的諸問題に対する認識向上のための情報提供や情報共有、個人で取り組むことのできる生活改善などの行動を主に想定しているのに対して、フィエンは、政治的リテラシーの獲得を通して、十分な知識に裏打ちされ、批判的かつ積極的な方法で民主主義と社会変革の政治プロセスに参加することの重要性を強調する。

コルダーとスミスの開発教育論とフィエンの開発教育論との間には共通点が多く、両論の間で論争が行われてきたわけではない。しかし両論には、依拠する教育論の違いを背景として、主張の強調点に違いがある。実践を分析する際には、社会認識、自己認識、行動をそれぞれ一枚岩のものと見るのではなく、いずれの類型に属する特徴が反映されているのかを問う必要があると言えよう。

以上をふまえると、開発教育の3類型およびそれぞれの主張の要点は、**表5-1**のようにまとめられる。ここからはまず、実践の分析に際して、「政府型」開発教育に見られる性質を持つのか持たないのかを検討することが1つの軸となることが分かる。さらに、「社会認識の深化」「自己認識の深化」「問題解決に向けた行動への参加」という3つの視点に注目して、コルダーとスミス、およびフィエンの開発教育論の特徴がどのように反映されているのか、あるいは反映されていないのかを明らかにする必要がある。両論には類似点が多い一方で、これら3つの視点に関して、主張の強調点に違いが見られるためである。以下では、『シリーズ』の概要を確認したうえで、この分析視角に基づいて『シリーズ』に収められている単元例を分析し、その特徴を明らかにしていく[4]。

表5-1：開発教育の3類型とそれぞれの主張の要点の比較

		「政府型」開発教育	コルダーとスミスの提唱する開発教育	フィエンの提唱する開発教育
社会構造への志向性		*既存の社会構造の批判的な吟味と変革を、ほとんど、あるいはまったく志向しない	*既存の社会構造の必要に応じた変革を志向する	
教育目的		*政府が開発途上国に対して行う支援活動を支持する人間の育成	*既存の社会構造の批判的な検討と必要に応じた社会変革を視野に入れて、問題解決に向けた行動に参加することのできる人間の育成	
教育目標	社会認識	*開発途上国の貧しい現実に関する情報の把握	*既存の社会構造が諸問題を生み出す主要な要因の1つになっているということの理解	
			*地球的諸問題の、時間的、空間的な相互依存関係 *地球的諸問題同士の相互依存関係（密接な関係）	*複数のイデオロギーや権力、利害がせめぎ合う場としての社会 *そのせめぎ合いが諸問題を生み出す社会構造の形成に及ぼす影響
	自己認識	*ほとんど、あるいはまったく言及しない傾向	*地球的諸問題と自分自身、自分と他者との間に見られる相互依存関係 *問題解決に資する自身の力量 *自他のものの見方や文化、価値観、行動様式	*イデオロギーや権力、利害のせめぎ合いが、自他の価値観や社会認識の形成と、問題解決に向けた取り組みの選択に及ぼす影響
	行動への参加	*資金や物資の援助を行うことを重視 *政府の行う援助活動を支持する行動が好まれる	*社会認識の深化と自己認識の深化を基盤として、とるべき行動を学習者自身が自己決定することの重要性を強調 *自らの行動の結果を評価し、改善することの重要性を強調	
			*地球的諸問題への認識を高めるための情報提供や情報共有 *個人で取り組むことのできる生活改善	*政治的リテラシーの獲得を通した、民主主義と社会変革の政治プロセスへの参加
学習方法		*実践者によって多様なものとなる	*学習への児童生徒の主体的な参加および他者との協同的な学習を保障する探究アプローチ	
教育評価		*意識的な言及は見られない		
その他		*主に、国外の援助活動に焦点があてられる（国内の活動はそれほど取り上げない）	*学習活動全般を通して取り組むことを強調 *開発教育固有の強調点や概念と開発論の展開をふまえた教育目標を設定	*イデオロギーを明示することの必要性を強調 *カリキュラム編成や授業づくりに加え、学校教育のあり方にも言及 *教師に「変革的知識人」としての役割を要求
開発のとらえ方（表1-2との関係）		*主に、近代化論の主張に基づく	*従属理論以降の主張に基づく社会構造への注目 *人間の幸福を重視した開発の主張を重視	

(表は、筆者が作成)

第2節 『シリーズ』に収められている単元例の具体像

　本節ではまず、『シリーズ』の概要を概観する。その後、中等学校用の『グローバルにふるまう』に収められている「良いビジネス (It's good business)」という単元例を取り上げ、そこで構想されている実践の内容をまとめる。本単元例を取り上げるのは、開発教育が実践され始めた当初から取り組んできた貿易、経済開発、援助というテーマを扱っているため、『シリーズ』におけるグローバル教育が依拠する開発論や開発に関わる問題への取り組み方に対する立場がよく表れると考えられるためである。

(1) 『シリーズ』の概要

　『シリーズ』は、南オーストラリア州にあるグローバル教育センターが中心となり、研究者、NGOのスタッフ、教師、連邦政府の関係者など、多様な立場で開発教育およびグローバル教育に関わってきた人々や団体の協力のもとに作成されたものである。そこではグローバル教育が「将来、物事をよく知り、エンパワーされた地球市民となって、万人にとって平和で、公正で、持続可能な世界に向けて活動できるようになるための価値観や技能、態度、知識を学習者に教える」[5]教育活動であるとされ、この地球市民の育成をめざして構成された単元例が紹介されている。これは1999年および2000年に出版されて以来、連邦政府によってその使用が奨励され、グローバル教育を実践する人々によって使用されてきた。

　第1章で述べたように、『シリーズ』は、初等学校低学年用の『グローバルに考える』[6]、初等学校高学年用の『グローバルに見る』[7]、中等学校用の『グローバルにふるまう』[8]の3冊から成る。各冊子に収められた単元例では単元の目標が設定されたうえで、具体的な流れに沿って、児童生徒に議論させたいポイントや質問項目、読み物教材、写真やグラフなどがセットで提示されている。各単元はクラスや児童生徒の状況に応じて順不同に学習するものとされているほか、必要に応じて、必要な単元だけを実践することもできる。

　表5-2は、各冊子に収められている単元例のタイトルと主に扱われている

表5-2：各冊子に収められている単元例と扱われているテーマの一覧

	単元例のタイトル	扱われている主なテーマ
『グローバルに考える』	相互依存 (Interdependence)	生き物や自然、諸問題の関連、相互依存
	イメージと認識 (Images and perceptions)	偏見、バイアス、価値観
	自尊心 (Self-esteem)	自尊心、多様性の尊重
	コミュニケーションと紛争の処理 (Communication and conflict management)	コミュニケーション、紛争、紛争の解決
	平和 (Peace)	平和
	人権 (Human rights)	人権
	私たちの世界 (Our world)	つながり、環境
	変化と未来 (Change and the future)	過去・現在・未来
『グローバルに見る』	ねらいは何？ (What's it all about?)	つながり、相互依存、イメージ
	金箔とガムラン、飢餓と旱魃 (Gold leaf and gamelan, famine and drought)	開発途上国に関する諸問題
	協力なしにはやっていけない私たち (United we stand, divided we fall)	国際協力
	世界の家族 (Families around the world)	家族
	みんなのための食料？ (Food for all?)	食料、飢餓
	権利か現実か (Rights versus reality)	権利と責任
	すばらしき生活 (Celebrating life)	文化
	金よりも尊いもの (More precious than gold)	水
	子どもと戦争 (Children and war)	戦争、平和、難民
	違いをもたらすこと (Making a difference)	偏見・差別、援助
『グローバルにふるまう』	万人にとってのより良い世界 (A better world for all)	貧困
	みんなのための食料 (Food for all)	食料、飢餓
	権利を持ち始める (The right start)	子どもと権利
	故国から遠く離れて (Away from home)	難民
	良いビジネス (It's good business)	貿易、経済開発、援助
	現在と未来のニーズを満たすこと (Meeting present and future needs)	生態学的に持続可能な開発

(表は、『シリーズ』をもとに筆者が作成)

テーマの一覧である。『シリーズ』で扱われている主なテーマとしては、「相互依存」「イメージ」「偏見」「権利と責任」「貧困」「食料」「飢餓」「援助」「偏見」などが挙げられる。そのうち、「相互依存」「イメージ」「偏見」「権利と責任」などは、ユニセフがその作成に深く関わった『開発のための教育』において提案されているものと重なる[9]。さらに、「貧困」「食料」「飢餓」「援助」「偏見」などのテーマは、開発教育が当初から重点的に取り上げてきたものである。ここから、『シリーズ』では学習すべきテーマを設定するにあたって、ユニセフの提案や、開発教育がこれまでに重点的に取り上げてきた課題が参考にされていることがうかがわれる。また、「援助」「食料」「相互依存」「偏見」などのテーマは複数の冊子で取り上げられていることから、同じテーマを異なる発達段階において繰り返し扱うことも想定されていると言える。

ただし、『シリーズ』では、開発教育でしばしば取り上げられてきたアボリジニの人々については取り上げられていない。たとえばコルダーとスミスの『万人にとってより良い世界を』では、独自の文化や伝統を持ちながらも偏見や差別の対象とされてきたアボリジニの人々に関わる問題をオーストラリアに特有のものとして取り上げ、存在する問題の解決をめざした学習活動が位置づけられていた。しかし、『シリーズ』にはこうした学習活動が見られないのであり、この点に、テーマ設定に関する『シリーズ』の制約があると言える[10]。

(2) 単元例「良いビジネス」の具体像

表5-3は、単元例「良いビジネス」の概要である[11]。本単元では主に、経済開発、貿易の原理や構造、実態について理解することや、生態学的にも社会的にも持続可能な経済開発に必要な条件を検討することなどがめざされている。

パート1「ニーズとウォンツ」では、その後の学習を進めるうえで欠かせない知識の獲得を保障するために、基本的な経済用語や経済的決定に影響を与えている諸要因などについて、話し合いを交えながら理解することがめざされている。

表5-3：単元例「良いビジネス」の概要

単元全体の目的	・経済資源の性質、限界、不平等な分配について調べる。 ・貿易の基本的な原理と相互依存性、社会開発、貿易における政府の直接的な介入の形態について検証する。 ・経済開発および、オーストラリアとアジア・太平洋地域の国々を含む貿易関係について分析する。 ・有益かつ、生態学的にも社会的にも持続可能な経済開発に必要な条件と、その条件が生活条件の改善に果たす役割を確認する。 ・様々な状況において様々な経済的決定を行っている人々に共感する。
望まれる結果（教育目標）	**学習活動**
1. ニーズとウォンツ	
・本単元の後のパートを理解するために必要となる基本的な経済用語を定義できる。 ・経済資源の性質と限界を確認できる。 ・人々の経済的決定に影響を与えている様々な要因を確認できる。 ・商品やサービスの供給とそれらへのアクセスはたいてい、当然のことと見なされているということを認識できる。	(1) ニーズとウォンツ、機会費用について理解すること ・「ニーズ (needs)」「ウォンツ (wants)」「商品 (goods)」「サービス (services)」という用語について話し合い、定義づける。 ・機会費用という用語を教師が紹介する。
	(2) 4種類の経済資源を定義すること ・「土地 (land)」「労働力 (labour)」「資本 (capital)」「事業 (enterprise)」という4つの経済資源を定義づけるとともに、その具体的な内容について話し合う。 ・国の資源の性質と範囲を決定している様々な要素を出し合い、クラスで共有する。
	(3) 供給、需要、価格機構、市場について理解すること ・商品やサービスの値段の決定に影響を与えやすい出来事や要因について話し合う。 ・「供給」「需要」「価格機構 (price mechanism)」「市場」という概念を教師が紹介し、生徒に説明させる。 ・市場に影響する出来事（冊子に収められている資料に示されている）を取り上げ、その出来事から導かれることが予想される結果を書き出す。
2. 公正な貿易	
・政府の直接的な介入の形態を含む貿易の基本的な原理について検討できる。 ・異なる種類と量の資源を持っている国同士の貿易における相互依存について説明できる。 ・不平等な資源分配と貿易協定を体験する。 ・資源と貿易の選択肢が少なく、世界市場における取引の力が弱い国にもたらされる結果について説明できる。 ・経済資源に乏しく、他よりも貿易が困難な国の人々に共感できる。 ・パプアニューギニアの貿易、特にオーストラリアとの貿易や援助の関係について調べる。	(1) グローバルな貿易の紹介 ・身の回りにある物やその原材料の生産国を調べ、地図に示すとともに、輸出入に見られる傾向について話し合う。
	(2)「チェーンゲーム」を通して不平等な資源分配と貿易協定を経験すること ・チェーンゲーム（貿易ゲームの一種）と呼ばれるシミュレーション・ゲームを用いて不平等な資源分配と貿易装置を経験し、その中で気づいたことなどを話し合う。
	(3) 自由貿易と保護貿易について理解すること ・（冊子に収められている）資料を読むことや話し合いを通じて「自由貿易」「保護貿易」「助成金」という用語を定義づけるとともに、貿易による利益について話し合う。 ・（冊子に収められている）資料を用いてパプアニューギニアとオーストラリアの貿易と援助について調べ、その内容について話し合う。

3. 太平洋地域における経済開発	
・太平洋諸島地域における経済開発とそこにある国の開発プロジェクトについて調べ、将来の開発の可能性を確認できる。 ・具体的な貿易相手、輸出入、そしてグループ間に見られる相互依存について確認できる。 ・開発プロセスに従事する人々に求められる知識や技能、価値観や態度を含め、生態学的かつ社会的に持続可能な経済開発を行うために必要な条件を確認できる。 ・持続可能な開発と生活条件の改善とを関連づけられる。 ・太平洋諸島地域での開発プロセスに従事する人々に共感できる。	・太平洋地域の国々に対する開発方略に関する記述(地理、天然資源、社会指標、経済成長、グローバルな経済の変化からの影響、太平洋地域の国々やオーストラリアによる取り組みなど)を読み、貿易に関する事実(相手国や輸出入品目、問題点など)や経済成長の程度、生態学的かつ社会的に持続可能な開発を行うための要因などについて調べる。 ・経済開発に対する各国の取り組み、オーストラリア人のビジネスマンや若者が関わるプロジェクト、経済開発における女性の役割などについて、1つ以上のトピックを選んで調べる。 ※調査においては、個人やペア、小グループでの調査活動を行ったり、学校外の人の話を聞いたりする機会が設けられている。
4. 成功している適切な経済	
・何がビジネスを成功させるのかを定義できる。 ・先進国に基盤を置きつつ開発途上国で行われているビジネスの適切な提携についての基準を定義できる。 ・様々なビジネスについて、それぞれが経済面ではどの程度成功し、また、その実施にあたっては生態学的かつ社会的に持続可能な経済開発の原則をどの程度含んでいるのかを審査できる。 ・ビジネスが経済的にも社会的にも生態学的にも成功するのを支援するための方略を薦めることができる。	1) 何がビジネスを「成功」させるのかを確認すること ・何をもって「成功」と見なすのかも含め、ビジネスを「成功」させるための原則や活動について話し合う。 ・ブレーン・ストーミングを行い、クラスで共有する。 (2) ビジネスを審査すること ・あるビジネス(オーストラリア人が行う海外と関係のあるビジネスでも、開発途上国と関係のある多国籍企業のビジネスでもよい)が、一般的なビジネスの原則および生態学的・社会的な持続可能性の原則(原則の例が書かれたプリントを配布)をどの程度含んでいるのかを調べ、審査する。 ・そのビジネスの概要も含めて、調べた内容を文書や口頭のレポートによってプレゼンする。 ・資料を批判的に評価するのを教師が促すとともに、欠けている、あるいは組織の全体像を描き出すのに必要な情報がないかを教師が生徒に尋ねる。 ・調べたビジネスについて、改善すべき点と改善のための方略を薦める。

単元の終了後に期待すること
・地方(local)、国内、地域(regional)、およびグローバルなレベルで経済に関する適切な意思決定を確実に行うために何ができるのかを生徒が考える。そのために、たとえば以下のことを行う。
　»商品とサービスの生産者および消費者としての自身の権利と責任について話し合う。
　»ロビーグループへの加入やその活動、様々な流行や好み、生活様式に関する活動について話し合うとともに、それらを受け入れるか拒否するかについて話し合う。
　»商品やサービスの「賢い」購入のための基準を考えるとともに、いかにすれば経済資源を乱用・浪費しないかを考える。
　»商品やサービスが適切に生産・売買されてこなかったとすれば、どのような行動を起こすことができるかについて話し合う。
・自分が学んできたことを他者と共有し、他者が変革のために努力するのを促す。

(表は、Triolo, R. (ed.), *Go Global: Global Perspectives in the Secondary Classroom*, Melbourne: Curriculum Corporation, Australia, 2000, pp.130-167をもとに筆者が作成)

パート2「公正な貿易」では主に、貿易の仕組みや形態、各国の間に存在する相互依存関係、不平等な資源分配などについて理解することと、不利益を受けている人々に対する共感の気持ちを育むことがめざされている。その際、開発教育で古くから行われてきた「貿易ゲーム」[12]と同様の内容を持つシミュレーション・ゲームである「チェーンゲーム」を用いることで、資源や貿易をめぐる社会構造の体験的な理解や不利な立場に立たされた人々の気持ちに対する共感的理解を促したり、資料を用いた調査や話し合いを通した認識の深化を促そうとしている。

パート3「太平洋地域における経済開発」では、太平洋地域において実際に行われている開発プロジェクトを取り上げ、その具体像や持続可能な経済開発を行うための諸条件などについて調べることがめざされる。また、プロジェクトに関わる人々についての調査を行うことにより、彼らに対する共感的理解を促すこともめざされている。さらに、こうした調査を個人やペア、小グループで行ったり、学校外の人の話を聞いたりする機会を設けることによって、生徒一人ひとりが自らの考えを持つとともに、それを深化させることがめざされている。ただしこのパートでは、経済開発の追求自体の是非について問う活動は想定されていない。

パート4「成功している適切な経済」では、ビジネスが「成功」するための原則について考えさせるとともに、パート3で明らかにした持続可能な経済開発の諸条件をどの程度含んでいるかという視点から実際に行われているビジネスを審査し、その改善策を提案することがめざされる。また、調べた結果を他者に伝えることもめざされている。ここでも、個人やペア、小グループでの調査活動が位置づけられている。また、職場訪問やインタビューなどを行ったり、NGOや国連などの発行している資料にも目を向けたりすることによって、資料の適切性を確保することが強調されている。ただし、このパートにおいても、経済開発の追求という前提そのものが問われることは想定されていない。

さらに、「単元の終了後に期待すること」として、身近なレベルからグローバルなレベルに至るまで、様々なレベルで自分たちにできることを考えるこ

とと、自分の学んできたことを他者と共有することによって、他者が変革のために努力するのを促すことが挙げられている。

第3節　単元分析を通して見る開発教育研究の継承と変容

本節では、本章第1節で示した分析視角に基づいて単元例「良いビジネス」を分析し、コルダーとスミスおよびフィエンの開発教育論の主張がどのように反映されているのか、あるいは反映されていないのかを明らかにする。そのうえで、単元例として構想されている具体的な実践というミクロなレベルで連邦政府がGEPに与えている影響について考察する。

(1) 単元例「良いビジネス」における実践の特徴

まず、単元全体の流れを見てみよう。前節で述べたように、この単元ではまず、「ニーズ」「機会費用」「需要」「供給」などの経済活動に関する基本的な用語の意味、貿易の基本的な原理、貿易の現状や起こっている問題などの実態を、具体的なデータやエピソードなどの資料を用いながら把握し、分析することがめざされている。そしてそのうえで、生態学的かつ社会的に持続可能な経済開発を進めるという原則に立って現状を改善するためにどのような取り組みができるのかを考え、明らかにした改善点と改善のための方略を他者に発信する場面が設定されている。さらに、「単元の終了後に期待すること」として、単元の学習を終えた後で、経済に関する適切な意思決定を行えるようになるために考えるべき具体的なテーマが示され、それについて他者と議論することが勧められている。また、学習を通して得た情報や自身の考えを他者と共有し、他者が問題解決に向けた行動を起こすのを促すことが期待されている。

こうした学習の過程では、ただ教師の説明を聞くのではなく、パプアニューギニアとオーストラリアとの貿易および援助の実態や経済開発に対する各国の取り組みなどを学習者が調査し、その結果を持ち寄って他者と議論をしながら学習を進めていくことが想定されている。ここから、本単元では、コル

ダーとスミス、およびフィエンがその重要性を主張していた、学習への児童生徒の主体的な参加および他者との協同的な学習を保障する探究アプローチに基づく学習方法がとられていることが分かる。また、単元全体の流れからは、社会に実在する問題を題材として、「問題解決に向けた行動への参加」を最終目的とし、その目的を達成するために必要な知識や技能、態度などを、問題解決過程を通して獲得させるかたちで単元が構成されていることが分かる。

次に、単元における学習活動で想定されている認識の深化と行動のあり方を見ると、その主な特徴として次の3つを指摘することができる。

1つ目は、経済活動に関わる基本的な用語の意味や事実についての知識の定着と認識の深化を図ることが重視されていることである。これはまず、各パートにおいて、用語や概念の定義や意味、経済開発やビジネスなどのテーマに関する現状を把握する学習活動が位置づけられていることから分かる。また、パート2「公正な貿易」において他国との貿易について取り上げる際に、シミュレーション・ゲームを用いて擬似的に体験させることは、一見自分とは関係がないように見える貿易の構造や貿易に伴う問題に関わる人々の利害関係、貿易に関わる問題を生み出している社会構造などを、実感を伴って理解させることをねらってのことである。これもまた、貿易に関する知識の定着と認識の深化につながる取り組みであると言えよう。ここから、問題に関わる利害関係や権力関係、問題を生み出す社会構造などに目を向けさせるかたちで、「社会認識の深化」がねらわれていることが分かる。

2つ目は、取り上げる問題を学習者にとって身近なもの、あるいは自身と関連するものととらえさせるための工夫がなされていることである。たとえば、パート2「公正な貿易」において身の回りにある物やその原材料の生産国を調べることは、自分たちの生活と他国とのつながりを認識させる手立てとなる。また、パート4「成功している適切な経済」においてビジネスを「成功」と見なす原則について議論したり、組織の全体像を描き出すために必要な情報の有無という視点から資料を批判的に評価することは、自他の価値観や社会認識がどのようなものであるのかを認識したり、何に影響を受けて形成さ

れ得るのかを検討することにつながる。さらに、「単元の終了後に期待すること」において商品とサービスの生産者および消費者としての自身の権利と責任について話し合うことや経済資源の乱用・浪費を防ぐための「賢い」購入の基準を考えることなどは、学習を通して扱ってきた問題を自身の生活と結びつけて理解し、学習の成果を自身の生活に生かすことを促すことや、自他の価値観を理解することにつながる。ここから、学習者自身と問題との相互依存関係や問題解決に資する自身の力量、また、自他の価値観や社会認識の形成に影響を及ぼす要因などについての認識の深化を促すかたちで、「自己認識の深化」がねらわれていることが分かる。

　3つ目は、学習を通して得られた情報や自身の考えを他者に発信するというかたちでの行動を起こすことに重点が置かれていることである。これはたとえば、パート4「成功している適切な経済」において現行のビジネスの改善点や改善策を他者に提案することが位置づけられたり、「単元の終了後に期待すること」において自分が学んできたことを他者と共有することが求められたりしている点に表れている。また、同じく「単元の終了後に期待すること」において、「経済に関する適切な意思決定を確実に行うために何ができるのか」を考えるために話し合うべき内容が提案されている。ここから、とるべき行動を学習者自身が自己決定することを前提とし、自己決定の際の判断材料を増やすための話し合いを重視していることが分かる。他者への情報提供や情報共有を行うことは、事実に基づく議論を行うことで社会認識を深めるとともに、他者との議論を通して自他の価値観や行動様式に対する認識、すなわち自己認識を深めるための方策としても機能するのである。そしてまた、自己決定の際の判断材料を増やすということは、問題解決に向けた行動に参加するための力量形成をねらいつつも、実際に行動することへの直接的な働きかけに関しては慎重な姿勢をとっていることの表れでもあると言える。

　ところで、コルダーとスミスおよびフィエンはともに、学習において学習者が自らの行動の結果を評価し、改善することの重要性を強調していた。本単元例に位置づけられている調査結果の発表とそれに基づく話し合いは、情報提供や情報共有という行動についての評価につながるものであると言える。

ただし、これらの行動は学校内でのものに限られており、また、話し合いが必ずしも行動の改善につながるとは言えない。したがって、行動の結果の評価と改善については、その機会が必ずしも十分に保障されているとは言い切れないことが指摘できよう。

さらに、既存の社会構造の変革を志向するかどうかという点については、それを保障するための学習活動が十分に位置づけられているとは言い切れない点も指摘することができる。たとえば、本単元においては現行の経済開発を持続可能性という視点からとらえ直すことが試みられているが、経済開発の追求自体の是非を問う活動は位置づけられていない。第1章で見てきたように、「経済成長」を重視する開発論とともに「人間の幸福」を重視する開発論が望ましい開発のあり方を考えるうえで重要な位置を占めている現状に鑑みれば、既存の社会構造(本単元の場合、経済開発の追求をめざす国家や企業のあり方そのもの)の批判的な吟味を行う機会が保障される必要がある。しかしながら本単元において、こうした学習の機会が十分に保障されているとは言えないのである。

(2) 単元例「良いビジネス」に見られる開発教育研究の継承と変容

以上の検討をふまえて、最後に、『シリーズ』にコルダーとスミスおよびフィエンの開発教育論の特徴がどのように反映されているのか、あるいは反映されていないのかを検討し、ミクロなレベルでの政府からの影響の様相を明らかにしていく。

本章第1節で述べたように、『シリーズ』は、歴史的に「政府型」開発教育を生み出してきた連邦政府との関わりのもとで、「政府型」開発教育とは一線を画する開発教育論を基盤に作成されたものであるという特徴を持つものであった。そして、連邦政府の主導によって進められているGEPにおいて作成された『シリーズ』で構想されているグローバル教育は、連邦政府からの影響を受けて「政府型」開発教育の有する性質を持つものへと変容する可能性を持っていた。

単元例「良いビジネス」を検討した結果、まず、コルダーとスミス、およ

第5章 『グローバル・パースペクティブ・シリーズ』に対する連邦政府からの影響　147

びフィエンがその重要性を主張していた探究アプローチに基づく学習方法がとられていることが分かった。また、両論に共通する特徴である、社会認識の深化と自己認識の深化を基盤としてとるべき行動を学習者自身が自己決定することを意識した単元設計がなされていた。

　次に、「社会認識の深化」「自己認識の深化」「問題解決に向けた行動への参加」という3つの視点に注目して検討した結果、以下のことが分かった。まず、社会認識については、フィエンが強調する方向性、すなわち、問題に関わる利害関係や権力関係、問題を生み出す社会構造などに目を向けさせるかたちでの深化のための取り組みを見てとることができた。次に、自己認識については、学習者自身と問題との相互依存関係や問題解決に資する自身の力量、自他の価値観や社会認識の形成に影響を及ぼす要因などに関する認識を深めるという、コルダーとスミスおよびフィエンが強調する方向性が見られた。そして、行動のあり方については主に、情報提供や情報共有を強調するコルダーとスミスの開発教育論の特徴が見られた。また、コルダーとスミスおよびフィエンが強調していた行動の結果の評価と改善については、評価につながる活動は見られるものの、評価と改善を行う機会が必ずしも十分に保障されているとは言い切れなかった。

　単元例「良いビジネス」の検討結果からは、以上のようなかたちで、コルダーとスミスの開発教育論およびフィエンの開発教育論の双方に見られる特徴が反映されていることが明らかとなった。ただし、経済開発の追求をめざす国家や企業のあり方そのものに関する批判的な検討を行う機会は位置づけられておらず、この点において、「政府型」開発教育に特徴的な性質を内包していることが指摘できた。すなわち、社会構造のあり方に目を向けたり問題解決に向けた行動に参加したりするための機会が位置づけられているものの、既存の社会構造のあり方を根本から批判的に問い直す機会を必ずしも保障しているとは言い切れないものとなっている。本単元例に見られるこうした開発教育論の継承と変容に、連邦政府がGEPにおけるグローバル教育に与えているミクロなレベルでの影響が示されていると言えよう。

小括

　本章では、『シリーズ』に収められている単元例の特徴を、コルダーとスミスおよびフィエンの開発教育論の特徴がどのように反映されているのか、あるいは反映されていないのかという視点から分析することによって、ミクロなレベルでの連邦政府からの影響の様相を明らかにすることを目的としていた。

　まず、オーストラリアでは歴史的に開発教育が連邦政府と深い関わりを持って展開されてきたために、政府が望む開発教育、すなわち、既存の社会構造の批判的な吟味と変革を行うことを避けるような開発教育を進めるという性質を持ってきたというライアンの指摘をふまえ、こうした性質を持つ開発教育を「政府型」開発教育と名づけた。次に、コルダーとスミスおよびフィエンの開発教育論は、「政府型」開発教育とは一線を画するものであることを確認した。そのため、『シリーズ』は、歴史的に「政府型」開発教育を生み出してきた連邦政府との関わりのもとで、「政府型」開発教育とは一線を画する開発教育論を基盤に作成されたものであるという特徴を持つものであると言えた。

　続いて、「政府型」開発教育、コルダーとスミスの開発教育、フィエンの開発教育の主張を比較し、実践の分析視角を抽出した。実践の分析に際しては、「政府型」開発教育に見られる性質を持つのか持たないのかを検討することと、3つの開発教育の主張の違いが表れやすい「社会認識の深化」「自己認識の深化」「問題解決に向けた行動への参加」という3つの視点に注目して、コルダーとスミス、およびフィエンの開発教育論の特徴がどのように反映されているのか、あるいは反映されていないのかを明らかにする必要があった。

　分析視角を念頭に置いて単元例「良いビジネス」を検討した結果、まず、コルダーとスミス、およびフィエンがその重要性を主張していた探究アプローチに基づく学習方法がとられていることが分かった。また、両論に共通する特徴である、社会認識と自己認識の深化を基盤としてとるべき行動を学習者自身が自己決定することを意識した単元設計がなされていた。

次に、3つの開発教育の主張の違いが表れやすい「社会認識の深化」「自己認識の深化」「問題解決に向けた行動への参加」という3つの視点に注目し、単元例で構想されている実践の特徴を検討した。社会認識についてはフィエンが強調する方向性、すなわち、問題に関わる利害関係や権力関係、問題を生み出す社会構造などに目を向けさせるかたちでの深化をめざす取り組みが見られた。自己認識については、学習者自身と問題との相互依存関係や問題解決に資する自身の力量、自他の価値観や社会認識の形成に影響を及ぼす要因などに関する認識を深めるという、コルダーとスミスおよびフィエンが強調する方向性が見られた。行動のあり方については主に、情報提供や情報共有を強調するコルダーとスミスの開発教育論の特徴が見られた。また、コルダーとスミスおよびフィエンが強調していた行動の結果の評価と改善については、評価につながる活動は見られるものの、評価と改善を行う機会が必ずしも十分に保障されているとは言い切れなかった。

　単元例「良いビジネス」の検討を通して、以上のようなかたちでコルダーとスミスおよびフィエンの開発教育論に見られる特徴が反映されていることが明らかとなった。その一方で、「政府型」開発教育に特徴的な性質を内包していることも指摘できた。すなわち、社会構造のあり方に目を向けたり問題解決に向けた行動に参加したりするための機会が位置づけられているものの、既存の社会構造のあり方を根本から批判的に問い直す機会を必ずしも保障しているとは言い切れないものとなっていたのである。そこで、本単元例に見られるこうした開発教育論の継承と変容に、連邦政府がGEPにおけるグローバル教育に与えているミクロなレベルでの影響が示されていると結論づけた。

　本章で明らかにしてきたミクロなレベルで連邦政府がGEPに与えている影響の様相は、これまで特に連続的にとらえられてきたコルダーとスミスの提唱する開発教育とGEPで構想されているグローバル教育との関係についても再考を迫るものとなる。すなわち、両者が構想する学習活動には類似点が多く見られる一方で、社会構造のあり方に対する志向性は必ずしも一致しておらず、それゆえ両者を安易に同義のものと位置づけることはできないの

である。

　ところで、本章で見てきた『シリーズ』の単元例においても教育評価の方法論については十分に示されていなかった。また、アボリジニの人々については取り上げられていないことや、自らの行動の結果を評価、改善する機会が十分に保障されているとは言い切れないことなど、コルダーとスミスおよびフィエンの開発教育論の主張が反映されていない点も見られた。これらは、『シリーズ』の抱える制約であると言えよう。ただし、学校教育の場において、『シリーズ』の単元例がそのまま実践されているとはかぎらない。すなわち、第2章で示したように、学校教育の場において教師が行うグローバル教育の実践は、個々の教師の信念やグローバル教育に対する考え方、教育政策や教育制度などによって多様なものとなり得る。そしてまた、そうした実践を検討することによって、『シリーズ』の抱える制約や、『シリーズ』の基盤にあるコルダーとスミスおよびフィエンの開発教育論が抱える課題を乗り越えるための方途が見出されると考えられる。そこで第Ⅲ部では、南オーストラリア州で行われた実践を分析する。この作業を通して、グローバル教育論の再構築に向けた展望を得るとともに、今後取り組むべき研究の方向性を明らかにすることをめざす。

〔註〕

1　『シリーズ』において特に参考にされているのが、コルダーとスミスの『万人にとってより良い世界を』(Calder, M. & Smith, R., *A Better World for All: Development Education for the Classroom* (*Book 1 & 2*), Canberra: Australian Government Publishing Service, Australia, 1991)、および、フィエンの『持続可能な世界のための教授』(Fien, J. (ed.), *Teaching for a Sustainable World: Environmental and Development Education Project for Teacher Education*, Canberra: AIDAB, Australia, 1993)である。なお、フィエンの『持続可能な世界のための教授』は単元事例集であり、これを理解するにあたっては、本書の第4章でも取り上げた『環境のための教育——批判的カリキュラム理論と環境教育』(Fien, J., *Education for the Environment: Critical Curriculum Theorising and Environmental Education*, Melbourne: Deakin University Press, Australia, 1993（邦訳：ジョン・フィエン（石川聡子他訳）『環境のための教育——批判的カリキュラム理論と環境教育』東信堂、2001年))が参考になる。

2　Ryan, A., *Is Giving Enough?: The Role of Development Education in Australian NGOs*, Ph.D. thesis for Flinders University, Australia, 1991.

3　ただし、本章でも後述するように、政府が関与した全ての開発教育がこうした傾向

第5章 『グローバル・パースペクティブ・シリーズ』に対する連邦政府からの影響　151

を必ず持つというものではない。「政府型」開発教育はあくまでも、ライアンの指摘に基づいて設定した、歴史的に見られた1つの型を示すものであるという点には留意されたい。
4　表5-1にも示したように、探究アプローチおよび他者との協同的な学習の重要性を指摘することも両論の学習方法に見られる特徴である。ただし、どのような学習方法をとるのか、また、その学習方法が適切なものであるかどうかは、どのような認識を育てたり技能を習得させたりしたいのかという教育目標との関わりにおいて検討すべきものであるため、採用されている学習方法をそれ独自で検討することは適切であるとは言えないと考えられる。そのため、ここでは分析視角としては挙げず、分析の際に適宜参照することとする。
5　Reid-Nguyen, R. (ed.), *Think Global: Global Perspectives in the Lower Primary Classroom*, Melbourne: Curriculum Corporation, Australia, 1999, p.3.
6　*Ibid.* なお、第2章で述べたように、『シリーズ』の3冊の中でこの『グローバルに考える』のみ、2008年に改訂版 (Browett, J. & Ashman, G., *Thinking Globally: Global Perspectives in the Early Classroom*, Melbourne: Curriculum Corporation, Australia, 2008) が出版された。改訂版では、クロスカリキュラム的な実践例の紹介や、ICT機器で利用するための資料を収めたCD-ROMが添付された点に違いが見られる。ただし、初版と改訂版の間に根本的な違いがないことや、本書の第6章で取り上げる『シリーズ』に基づいた実践が行われたのが2007年であることをふまえ、改訂版の詳細には立ちいらないこととする。
7　Guy, R. (ed.), *Look Global: Global Perspectives in the Upper Primary Classroom*, Melbourne: Curriculum Corporation, Australia, 1999.
8　Triolo, R. (ed.), *Go Global: Global Perspectives in the Secondary Classroom*, Melbourne: Curriculum Corporation, Australia, 2000.
9　Fountain, S., *Education for Development: A Teacher's Resource for Global Learning*, London: Hodder & Stoughton, U.K., 1995. そこでは基本となる概念およびその概念の具体的な内容として、「相互依存（システム、対称的・非対称的な相互依存）」「イメージと認識（偏見、人種差別主義など）」「社会正義（権利、責任など）」「争いとその解決策（平和、暴力など）」「変化と未来（未来、行動など）」が挙げられている。なお、この著書は『シリーズ』の参考文献として挙げられており、その影響がうかがえる。
10　こうした指摘は、筆者がコルダー氏に対して行ったインタビュー（2007年12月11日にコルダー氏宅にて実施）においても見られた。
11　Triolo, R. (ed.), *op.cit.*, pp.130-167.
12　1982年に、イギリスの代表的なNGOの1つであるクリスチャン・エイド (Christian Aid) によって出版されたシミュレーション・ゲーム。開発教育の代表的なシミュレーション・ゲームとして、イギリスをはじめ欧米各国で知られるようになった。日本では1985年に神奈川県国際交流協会によってその翻訳版が出版され、全国の学校やNGO関係者の学習会などで活用されてきた。日本ではその後、2001年に新版（開発教育協会、神奈川県国際交流協会制作・発行『新・貿易ゲーム――経済のグローバル

化を考える』2001年)が出版され、2009年にはその改訂版(開発教育協会、かながわ国際交流財団『新・貿易ゲーム──経済のグローバル化を考える』〔改訂第2刷版〕開発教育協会、2009年)が出版されている。

第Ⅲ部
グローバル教育の新たな展開と可能性

第6章 『グローバル・パースペクティブ・シリーズ』に基づく実践の具体像とその可能性
──開発教育論の抱える課題の克服に向けた展望──

　前章では、『シリーズ』に収められている単元例を分析し、その特徴を明らかにした。しかしながら『シリーズ』が学校教育で使用される際には、教師によって単元例に変更が加えられることも少なくない。本章では、『シリーズ』に基づいて行われた小学校での実践事例を分析する。この作業を通して、『シリーズ』の抱える制約と『シリーズ』の基盤にあるコルダーとスミスおよびフィエンの開発教育論が抱える課題を乗り越えるための方途を検討するとともに、実践における『シリーズ』の使われ方と、学校での実践に関してGEPが果たしている役割について考察する。

第1節　実践分析を通して取り組むべき検討課題

　第3章と第4章での検討を通して、コルダーとスミスの開発教育論にもフィエンの開発教育論にも、十分に検討されていない課題があることを指摘した。また、第5章での検討を通して、『シリーズ』に収められている単元例にはコルダーとスミスおよびフィエンの開発教育論からの影響が見られる一方で、制約もあることが分かった。以上をふまえて本章では、以下の3つの検討課題を設定し、実践分析を進める。

　コルダーとスミスおよびフィエンの開発教育論では、社会認識や自己認識の深化とはどのような状態になることなのかが示されていなかった。また、どのような手立てで認識の深化を促すことができるのかも明示されてはいなかった。そこで、実践においてどのような社会認識と自己認識の深化が促されているのか、また、どのような取り組みによってその深化が促されている

第6章 『グローバル・パースペクティブ・シリーズ』に基づく実践の具体像とその可能性　155

のかを明らかにすることを、本章での実践分析を通して取り組むべき1つ目の課題とする。その際、『シリーズ』の抱える制約の1つであるアボリジニの人々についての学習がどのように位置づけられ、児童の学習にとってどのような役割を果たしているのかについても見ていきたい。

　本章で取り組むべき課題の2つ目は、「問題解決に向けた行動への参加」をどのように位置づけ、それを促すためにどのような働きかけを教師が行っているのかを明らかにすることである。コルダーとスミスおよびフィエンの開発教育論では、問題解決に向けた行動に参加するための力量形成がねらわれる一方で、実際に行動することへの直接的な働きかけに関しては慎重な姿勢がとられていた。『シリーズ』にもこうした特徴が反映されているとともに、自らの行動の結果を評価、改善する機会が十分に保障されているとは言えなかった。これらの点をどのように実践し得るのか、実践事例を通して見ていきたい。

　さらに、コルダーとスミスおよびフィエンの開発教育論では、認識の深化や行動への参加に関して、学習者の成長やつまずきの実態、授業の成果と課題を把握し、学習者への支援や授業改善を行うための教育評価の方法論についても検討されていなかった。そこで本章では、教育評価がどのように行われているのかを探っていくことを3つ目の課題とする。

第2節　調査および単元「水は金よりも大切？」の概要

　本節では、ウォーカー（Walker, S.）教諭とゴールディン（Goulding, B.）教諭[1]が実践した単元「水は金よりも大切？（Is Water More Precious than Gold？）」に検討を加える。彼女らの実践を取り上げるのは、コルダーによって両教諭が優れた取り組みを行う実践者であると評価されているためである。

(1) 調査の概要

　調査対象としたのは、南オーストラリア州の州都アデレードにあるグッドウッド小学校の第4・5学年のクラスで実践された単元である[2]。グッドウッ

ド小学校は、市の中心部から電車で10分程度のところに位置する、全校児童数約200名、教師数約20名の学校である[3]。就学前教育段階から第7学年までの児童が在籍している。オーストラリアで生まれ育った児童のほか、アジア・太平洋地域や欧米諸国からオーストラリアに来た児童など、多様な人種的、文化的背景を持つ児童が通っており、学校の教育活動への保護者や地域住民の参加は盛んである。

本単元が実践された第4・5学年のクラスは、第4学年の児童25名（男子16名、女子9名）と第5学年の児童4名（男子4名、女子0名）の計29名の児童で構成されていた。このクラスにもまた、多様な人種的、文化的背景を持つ児童が在籍していた。本単元は、同クラスの担任であるウォーカー教諭と司書教諭のゴールディン教諭が協力して計画し、実践したものである。

調査期間は、2007年度第4学期（2007年10月15日～12月14日）であった[4]。調査ではまず、筆者が、ビデオおよび写真の撮影と授業観察メモの作成を行いながら授業を観察した。また、授業中に児童が作成したワークシートなどを可能な範囲で収集した。続いて、授業観察で得たデータをもとに、筆者が授業記録を作成した。その授業記録には、授業の流れ、授業中の教師と児童のやりとり、使用した教材と、授業に関する筆者から授業者への質問を記した。そして、この授業記録を授業者とともに検討し、質問への回答を得たり、記録の間違いを訂正したりした。これにより、記録の精緻化と、授業者の意図や意見の詳細な理解をめざした。以上を単元の全ての授業について行った。

さらに単元終了後、授業者と児童に対して質問紙調査を行った。授業者への質問紙では、「グローバル教育の目的をどのようなものと考えるのか」「『シリーズ』の長所と短所をどう考えるのか」などを尋ねた。また、児童への質問紙では、「単元を通して自身の行動が変わったかどうか、変わったとしたらどのような取り組みを行うようになったのか」などを尋ねた。こうして、教師の意図や実践を支える要因、児童の学習の実態を詳細につかむことをめざした。

本単元は、『シリーズ』のうち、初等学校高学年用の『グローバルに見る』に収められている単元例「金よりも尊いもの（More precious than gold）」[5]をもと

に計画された。この単元例は、天然資源を守ることの必要性に対する気づきを高めることと、自分たちが環境に配慮するための役割を担っているのだと認識できるようになることをめざしたものであり、探究活動や他者との議論を重視した学習活動例が示されている。

ただし、両教諭は『シリーズ』の単元例をそのまま実践に移したのではない。グローバル教育センターのスタッフと相談しながら、『シリーズ』の単元例の内容を変更するかたちで単元「水は金よりも大切？」を構想、実践した。また、必要に応じてグローバル教育センターから教材を借りた。それでは次に、本単元の概要を見ていこう。

表6-1：グッドウッド小学校の第4・5学年のクラスの時間割（2007年度第4学期）

時限		月	火	水	木	金
1	8:45	図書室での活動	ドラマ	書き方	書き方	音楽（太鼓／リコーダー）
2	9:30	運動	RBL	イタリア語／ESL	運動	
3	10:15	フルーツタイム＆書き方	フルーツタイム＆RBL	フルーツタイム＆体育or運動	フルーツタイム＆総合読解	フルーツタイム＆体育or運動
	11:00	中間休み				
4	11:20	料理／英語	英語／ESL	算数（第4～6学年混合）	算数	算数（第4～6学年混合）
5	12:05		体育	英語	美術	一般学習
	12:50	昼食休み				
6	13:40	体育	英語	読書	読書	読書
7	14:25	一般学習	一般学習	一般学習or全校集会	科学	美術／園芸
	15:10	終わりの会				

（表は、筆者が作成）

＊「／」は、クラスを分割して同一時間内に異なる科目の学習を行うことを示す。
＊「or」は、週によってどちらかの科目の学習を行うことを示す。
＊「○＆△」は、○の活動が終わってから△の活動を行うことを示す。
＊ ESL（English as Second Language）：第二言語としての英語
＊ RBL（Resource-Based-Learning）：図書室やコンピュータ室などを利用して、様々な情報源を用いながら探究学習を行うことをめざして設置された時間
＊ 一般学習（General Studies）：社会や理科などの学習を行う時間（SOSE（Studies of Society and Environment）の一環として設置されている）

(2) 単元の概要

表6-1は、同クラスの第4学期の時間割である。オーストラリアでは科目設定や各科目で取り上げるテーマおよびその配列、時間割の編成や時数配当などが各学校に任されている[6]。

この単元は、人間の生活と水との関わりおよび水の重要性を知るとともに、水を賢く利用するために自分にできることを考え、実践することをめざして行われた。これはリソース・ベースド・ラーニング (Resource-Based-Learning：RBL)[7]と呼ばれる学習の時間を中心に実践されたものであり、全7時間[8]で構成されていた[9]。ウォーカー教諭らが「水」に関する単元を実践することを決めたのは、「特に南オーストラリア州において2005年頃から水不足が深刻な問題となっており、児童一人ひとりにとって切実なテーマであると考えられたから」[10]であったと言う。**表6-2**は、本単元に含まれる全7時間の授業について、各時間の教育目標と学習活動の流れを示したものである。

同単元の第1時 (2007年10月16日) ではまず、絵本[11]を読み、水が世界中の様々な場面で様々な方法で利用されていることを確認した。次に、ビデオ[12]を視聴し、オーストラリア国内外での水の利用方法、オーストラリア人が行っている援助活動の実態、節水のための取り組みについて議論を行った。これらの絵本とビデオは、『シリーズ』の単元例で紹介されていたものである。続いて、オーストラリア全土と自分たちの住む南オーストラリア州にある川の位置や水の入手先を確認した。そして最後に、水に関するマインドマップを作成し、水がどれほど多様な場面で使われているのか、自分たちの生活とどの程度密接に関わっているのかを考えた。

第2時 (2007年10月23日) と第3時 (2007年10月30日) では、ビデオやインターネットを用いて先住民族アボリジニの人々の神話 (ドリームタイム・ストーリーと呼ばれる) について調べ、彼らの自然との関わり方や、どのような価値観やものの見方に基づいて生活してきたのかを学習した。

第4時 (2007年11月6日) と第5時 (2007年11月13日) では、アフリカ北西部のニジュール共和国を取り上げたDVDを用いて、村に住む子どもの生活とそこでの水の利用方法、NGOが行っている援助活動、安全な水の重要性など

について学習が行われた[13]。このDVDもまた、『シリーズ』で紹介されていたものである。また、ウェブサイトやポスターを用いて、他国の人々が水をどのように利用しているのかについての理解を深めることもめざされた。

　第5時の後半から第6時（2007年11月20日）にかけて、個人プロジェクトに向けた探究活動が行われた。個人プロジェクトは本単元のまとめの活動と位置づけられており、児童は2つのプロジェクトから1つを選択して取り組んだ。ただし、ウォーカー教諭は両方のプロジェクトで求められる学習活動が全ての児童にとって重要であると考えたため、児童は単元の中で両方の学習活動を少しずつ行い、そのうえで、より深く取り組みたい活動を選ぶという方法がとられた。

　選択すべきプロジェクトの1つ目は、「模型やポスター、グラフ、コンピュータによるプレゼンテーションなどを作成し、自身が行った『水の利用調査』の詳細な結果と、水の賢い利用に向けた家族への提案を示しなさい」[14]というものであった。「水の利用調査」は、各自が家庭で、歯磨きやシャワー、調理などに使った水の量を調べるというかたちで行った。

　個人プロジェクトの2つ目は「ウェブサイトや本、写真などを利用して、自分の水の利用方法と、他国の人々による水の利用方法を比較したベン図を作成しなさい。その際には、『黄色の帽子』『黒色の帽子』『緑色の帽子』を用いなさい」[15]というものであった。ここで示された「〇色の帽子」とは、ボノ（Bono, E. D.）が考案した「6つの思考の帽子（Six Thinking Hats）」のうちの3つである。「黄色の帽子」は物事の肯定的な面を、「黒色の帽子」は否定的な面を、「緑色の帽子」は物事に関する新しい意見を検討することを促すための視点を示している。「6つの思考の帽子」にはこれら3つのほかに、物事の客観的・中立的な面を検討する「白色の帽子」、感情的な面を検討する「赤色の帽子」、そしてどのような順で他の5つの帽子を使うのかを検討する「青色の帽子」がある。この「6つの思考の帽子」はこのクラスにおいて、物事について検討する際に使うべき視点として、児童たちの間で共有されていた[16]。

　第7時（2007年11月27日）では、児童が各自で個人プロジェクトの成果をまとめ、一人ずつ、クラスの他の児童に向けて発表した。個人プロジェクトの

表6-2：単元「水は金よりも大切？」の概要

	本時の教育目標（上段）／学習活動の流れ（下段）
第1時	●トピックに関して、興奮したり興味を持ったりする。 ●教師が提起したトピックに関する質問について考えるとともに、自分なりの質問を提起する。 ●「われわれはどこで水を見つけることができるのか」「水はわれわれの生活の多くの面で使われていること」「オーストラリア内外で、水がわれわれの生活にとってどれほど大切なのか」「水の利用可能性と衛生に関するオーストラリアと他国の状況の違い」に焦点をあてる。
	①教師が絵本を読み、児童はそれを聞きながら、水が世界中で、様々な場面で、様々な方法で利用されていることを確認するとともに、基本的な事実について知る。 ②ビデオを視聴し、「オーストラリアおよび外国で水がどのように利用されているのか」「オーストラリア人が外国で行っている水に関わる援助活動の実態」「節水するためにできること」について議論する。 ③オーストラリアの地図を見ながら、主要な川の名前と位置、自分たちの住む地域（南オーストラリア州）の位置や近くにあるマレー川（River Murry）の位置、水の入手先などを確認する。 ④ペアで水に関するマインドマップを作成することによって、水がどれほど多様な場面で使われているのか、自分たちの生活とどのくらい密接に関わっているのかを知る。【資料6-3】【資料6-4】【資料6-5】
第2時	●アボリジニの人々と土地（水との関わりにつながるかたちで）との関係について知る。 ●アボリジニの部族、信仰、ドリームタイム・ストーリー（アボリジニの人々が口伝してきた神話）について探究する。 ●ドリームタイム・ストーリーの3つの要素（生活上のルール、環境、精神世界）について理解する。 ●アボリジニの人々とドリームタイム・ストーリーに関する情報を、インターネットを使って調査する。
	①アボリジニの人々と水との関わりについて議論する。【資料6-6】 ②ドリームタイム・ストーリーに関するビデオを視聴し、アボリジニの人々が自然とどのように関わりながら生活をしてきたのかを知る。 ③インターネットを用いて、アボリジニの人々の神話に関する情報を集める。
第3時	●マレー川の生き物に関するドリームタイム・ストーリーについて学習する。 ●ドリームタイム・ストーリーの3つの要素に焦点をあてる。 ●自分自身の言葉でドリームタイム・ストーリーを語り直す。 ●アボリジニの人々と土地との関係の深さを理解する。 ●学習を助ける新たなウェブサイトを見つける。 ●互いの意見を聞き合ったり、学び合ったり、協力したりすることで、他者とともにうまく活動する。
	①アボリジニの人々の神話に関するビデオを視聴し、気づいたことや疑問に思ったことをワークシートに記入する。 ②インターネットを用いて、アボリジニの人々の神話に関する情報を集める。 ③集めた情報を発表し、クラスで共有する。

第6章 『グローバル・パースペクティブ・シリーズ』に基づく実践の具体像とその可能性　161

第4時	●他の子どもの生活、および、彼らと自分自身との類似点や相違点について知る。 ●DVDを通してどれほどのことを視覚的に学習できるのかを理解する。 ●www.katw.orgというウェブサイトから得られる資料を調査する。 ●インターネットで探したり、そこで得られる情報を示したりするスキルを練習する。 ●コンピュータを共有したり、ともに活動したりするためのスキルを練習する。 ①単元の最後に行う個人プロジェクトについて、その内容を確認する。 ②ニジュール共和国（アフリカ北西部の国）の小さな村に住む10才の女の子の生活とそこでの水の利用に関するDVDを視聴し、気づいたことについて議論する。 ③アフリカ、アジア、南北アメリカ、ヨーロッパにある様々な国の生活について紹介している子ども向けのウェブサイトを教師が紹介し、児童はそのウェブサイトを使って自分の興味ある国に住む人々の生活と水の利用について調べる。 ④アジアやアフリカにある10カ国で人々が水を使っている生活場面の写真が載ったポスターを教師が提示し、児童はそこから読み取ることができる事柄について議論する。
第5時	第4時と同じ ①ニジュール共和国に見られる水に関する諸事実（病気、ワールド・ビジョン・オーストラリアが行っている援助活動、持続可能性の重要性、安全な水の重要性）に関するDVDを視聴し、気づいたことについて議論する。さらに、毎日水を運ばなくても生活できるような設備をつくったことによって人々の生活がどのように変わったと考えられるかについて議論する。【資料6-1】 ②教師の説明を聞き、自分の生活と他国の人々の生活における水の利用を比較するためのベン図の作成方法を理解する。 ③教師が紹介した雑誌やウェブサイト、本、ポスターを参考に、他国の人々の生活について調べる。 ④多くのオーストラリア人が他国で援助活動を行っていることを知る。
第6時	第4時および第5時と同じ ①5～7名のグループで、他国の人々が水を使っている生活場面の写真（水を運んでいる場面、井戸から水を汲んでいる場面、川で洗濯をしている場面などが載っている）の載ったポスターを観察し、気づいたことを紙にまとめるというグループワーク（11月7日の「一般学習」の時間に実施）の成果を交流する。 ②個人プロジェクトに向けて、ベン図の作成やインターネットを使った探究活動を行う。
第7時	●公正な評価者となるためにはどうすればよいのかを学習する。 ●他者の発表から学習する。 ①一人ひとりが順番に、個人プロジェクトの成果をクラスに向けて発表する。 　　　　　　　　　　　　　　　　　　　　　　　　　　　　　　【資料6-2】 　⇒　この時間だけでは足りなかったため、別の時間も利用して全員が発表した。

(表は、授業記録およびウォーカー教諭との事後検討会をもとに、筆者が作成)

＊表中の【資料6-○】は、後に出てくる【資料6-1】～【資料6-6】と対応している。また、表中で【資料6-○】を示した場所は、【資料6-1】～【資料6-6】を得た時間を表す。

発表に際しては、発表内容と発表態度を自己評価するとともに、児童同士での相互評価も行われた。

以上の単元の概要からはまず、本やビデオ、インターネットなどを利用した情報収集や自身の生活の実態調査などを位置づけることによって、探究アプローチに基づく学習方法が取り入れられていることが分かる。また、ウォーカー教諭は単元を設計するにあたり、「事象を多面的にとらえたり、複数の情報を用いることで新たな事実を見出したりすることを求める学習活動を繰り返すことが、事象を批判的に分析、検討する力の育成につながっていく」[17]ととらえていた。こうした力量の育成を通して、「社会認識の深化」と「自己認識の深化」を図っていたのである。さらに本単元では、探究活動を通して得られた情報をもとにして水を賢く利用するためにできることを考え、他者に提案するという活動が、まとめの課題として位置づけられている。ここから、「問題解決に向けた行動への参加」を位置づけていることと、認識の深化を基盤としてとるべき行動を学習者一人ひとりが自己決定することを意識した単元設計がなされていることも指摘できる。

第3節　実践に見る認識の深化とそれを促すための方策

本節ではまず、単元を通してどのような認識の深化が見られたのか、また、どのような取り組みによって認識の深化が促されていたのかを検討する。

(1)「社会認識の深化」を促すための取り組み①

社会認識の深化を促すための取り組みとしては、特に2つの特徴的な場面が見られた。1つ目は、**資料6-1**に示した、DVDを視聴した後に行われた話し合い(第5時)の場面である。

2人の教諭は、一連の発問を行うことによって、水に関わる問題(発問〈1〉)、NGOによる援助の実態(発問〈4〉)、援助を受けた人々の生活の変化(発問〈8〉)という、水に関わる複数の側面に児童の意識を向けさせた。こうした発問を受けて児童は、DVDから分かる事実に関する意見を出した(発言〈2〉〈3〉〈5〉〈6〉

第6章 『グローバル・パースペクティブ・シリーズ』に基づく実践の具体像とその可能性　163

資料6-1：DVD視聴後の話し合い場面のやりとり

ゴールディン教諭：人々がかかってしまう病気について分かりましたか？水と関わって、どんな問題がありましたか？〈1〉 児童A：トラコーマ[筆者注：結膜炎の一種]〈2〉 児童B：下痢〈3〉。　　[中略] ゴールディン教諭：水が汚いと、身体の中に長い虫が住みついてしまうことがあります。水はとても重要です。ワールド・ビジョンはどんな方法で人々を助けてきたのでしょうか？どんなことを伝えてきましたか？現地へ行って…〈4〉 児童C：安全な水をあげます〈5〉。　　[中略] 児童D：清潔な水をあげることで、人々が病気になるのを防いでいます〈6〉。 ゴールディン教諭：そうですね。他には？ 児童E：植物や木を育てて、土が流れていくのを防いでいます〈7〉。　　[中略] ウォーカー教諭：新しい井戸をつくることで、人は水を集めるのにそれほど長い時間を使わなくても良くなりました。これによって、学校へ行ったり…？〈8〉 児童（口々に）：石鹸をつくる。一緒に働く。粘土からレンガをつくる。家畜が生きる。干ばつの時のために小麦を貯めておくバッグをつくりなおす〈9〉。 　　　　[ここで、児童からの発言がしばらく途切れた。] ウォーカー教諭：「6つの帽子」を思い出して、それと関連させながら、DVDから分かったことをもっと考えて発表しましょう〈10〉。 児童D：緑色の帽子。育てた木で倉庫をつくれる〈11〉。 児童F：赤色の帽子。人が嬉しそうだった〈12〉。 児童G：青色の帽子。きれいな水を使える新しい井戸の知識を使って、別の井戸もつくれる〈13〉。 　　　　[その後も児童は、「6つの帽子」と関連づけながら意見を発表していった。]

（資料は、第5時の授業記録に基づいて筆者が作成）

＊資料中の[　]は筆者による省略や補足説明を示す(以下、同じ)。
＊児童には通し記号(A〜H)を割りあて、授業記録では記号で示している(以下、同じ)。

〈7〉〈9〉）。こうして児童は、水に関する問題の現状や取り組みの実態についての事実を共有していったのである。ここからはまず、学習を通して、起こっている問題およびそれが人々の生活に及ぼしている影響と、問題解決に向けて行われている取り組みとその成果についての認識を獲得させようとしていることが見てとれる。

　発言〈9〉の後、教師と児童のやりとりは一度途切れた。そこでウォーカー教諭は、「6つの思考の帽子」を使って考えるよう指示を出した（指示〈10〉）。この指示を受けて児童は、DVDの内容を思い出しながら、新たな意見を出していった（発言〈11〉〈12〉〈13〉）。発言が途切れた後にウォーカー教諭の指示を受け、またすぐに新たな発言がなされたことから、「6つの思考の帽子」を使うことによって、資料からの情報の読み取りが促されていることが分かる。

また、新たになされた「育てた木で倉庫をつくれる」「きれいな水を使える新しい井戸の知恵を使って、別の井戸もつくれる」という発言は、DVDに出てきた事実そのものではなく、DVDに出てきた事実をもとにして児童が考案した、実践可能と考えられる取り組みに関する独自のアイディアであった。この場面において「6つの思考の帽子」は、事実をもとに新たなアイディアを生み出すというかたちで認識の幅を広げるという役割を果たしていたのである。

(2) 「社会認識の深化」を促すための取り組み②

　社会認識の深化を促すための特徴的な取り組みの2つ目は、調査活動をふまえてベン図を作成する場面に見られた。ベン図の作成に際しては、ベン図の一方の円にオーストラリアに住む自身の生活に特有の事実を、他方の円に他国の人々の生活に特有の事実を、両方の円が重なる部分には両者に共通する事実を書き入れることとされた。さらに、ベン図の外側には、両国それぞれの事実に関して「黄色の帽子」「緑色の帽子」「黒色の帽子」を用いた思考の結果が記された。これにより、自分と他国の人々の水の利用について集めた情報を関連づけたり比較したりすること、肯定的な意見と否定的な意見を調査しまとめること、そして、調べた事実をもとにして自身の新たなアイディアを提案することがねらわれた。児童は第5時の後半と第6時にこの課題に取り組むとともに、個人プロジェクトにおいて、より詳細なものを作成した。

　資料6-2は、児童Fが個人プロジェクトで作成したベン図である。児童Fは、オーストラリアと、自身が関心を持っていた中国における水の利用状況を比較した。

　ベン図を見ると、まず、円の重なる部分に「料理に使う」「泳ぐ」「歯を磨く」「飲む」などが挙げられていることから、食事や衛生など人間が生きていくために必要な基本的な事柄に関して共通する項目が多くあることを理解している様子がうかがえる。また、オーストラリアに特有の事実として左側の円に挙げられている「雨水を溜めて庭の水遣りをする」「水の大半は緑地のために使われる」と、中国に特有の事実として右側の円に挙げられている

資料6-2：児童Fが個人プロジェクトで作成したベン図

（資料は、筆者が撮影）

「庭の水遣りに使う水のいくらかは地下水である」「水の大半は食料と工場のために使われる」をそれぞれ対応させることによって、両国の状況を比較し、相違点を見つけ出している。さらに、オーストラリアの事実に関して「黒色の帽子」を用いて「汚染され得る」を、「黄色の帽子」を用いて「水を得やすくなる」「オーストラリアが美しくなる」を挙げている。ここから、水の利用に関する肯定的な面と否定的な面の両方に目を向けられていることが分かる。これは、中国の状況についても行われている。以上のことから、児童Fは個人プロジェクトを通して、自分と他国に住む人々の生活を比較してその共通点や相違点をまとめたり、両国における水の使用法の実態とその独自性について考察したりすることによって、水が人間の生活において共通に果たしている役割と、国の状況に応じて変化する役割についての認識を深めていったことが分かる。

この場面では、「6つの思考の帽子」を使うことによって集めるべき情報の選択やアイディアの提案が促されている。また、ベン図を用いることによって、両国の状況が持つ共通点と相違点を明らかにするための情報の比較や関連づけが促されている。このように、「6つの思考の帽子」とベン図を用いて探究の成果をまとめるという課題自体が児童の情報の収集と解釈を促すもの

としても機能していたことを指摘することができる。

(3)「自己認識の深化」を促すための取り組み①

続いて、自己認識の深化を促すための取り組みについて見ていこう。自己認識の深化についても、2つの特徴的な場面が見られた。1つ目は、単元の第1時に行われた、生活の中で水が使われる場面についてのマインドマップづくりである。授業では、「魚の骨型図(fish-bone diagram)」と呼ばれるマインドマップが作成された。これは、包括的な概念を「太い骨」に、その下位概念を「細い骨」に見立て、複数の概念を整理していくために使われるものである。

資料6-3は、「魚の骨型図」を作成する活動を始めるにあたって教諭と児童の間で行われたやりとりである。授業ではまず、ウォーカー教諭が、児童の意見をふまえて「太い骨」と「細い骨」の例を示した図をホワイトボードに描いた(**資料6-4**)。資料6-3の発言〈14〉から分かるように、児童は「太い骨」に相当するのは包括的な概念であり、「細い骨」に相当するのはその具体例であるということは理解していた。しかしながらこの時点で出てきた「細い骨」の具体例は「お皿」「身体」「服」であることに見られるように、直接目に見えるかたちで水が使われているものにかぎられていた。そこでウォーカー教諭は、直接目には見えないが水が使われている例もあるということを児童に伝えた(説明〈15〉)。こうしてウォーカー教諭は、生活の中で水が使われる場

資料6-3：「魚の骨型図」作成場面でのやりとり

ウォーカー教諭：とても重要なものを太い骨として書きます。 [ウォーカー教諭は例として、「楽しみ」「建物」「料理」「飲む」をホワイトボードに書いて示した。] ウォーカー教諭：他にどんなものがありますか？ 児童H：掃除・洗濯です。たとえば、お皿、身体、服など〈14〉。 児童D：工業。 　　　　　[ウォーカー教諭はホワイトボードに書き加えた。]【資料6－4】 ウォーカー教諭：「牛乳」や「サンドウィッチ」などは、「料理」という太い骨の中に含まれる細い骨の例です。つくるために水が使われています〈15〉。 [中略] [ウォーカー教諭は児童に、ペアになって、魚の骨型図を作成するよう指示した。]

(資料は、第1時の授業記録に基づいて筆者が作成)

第6章 『グローバル・パースペクティブ・シリーズ』に基づく実践の具体像とその可能性　167

面をより深く意識させることをねらったのである。

ウォーカー教諭とのやりとりの後、児童はペアで話し合いを行い、図を作成した。そしてその成果をクラスに向けて発表し、クラス全体で共有した。そうしてできあがったのが、**資料6-5**の図である。

資料6-5からはまず、複数の「太い骨」について、多くの具体例（「細い骨」

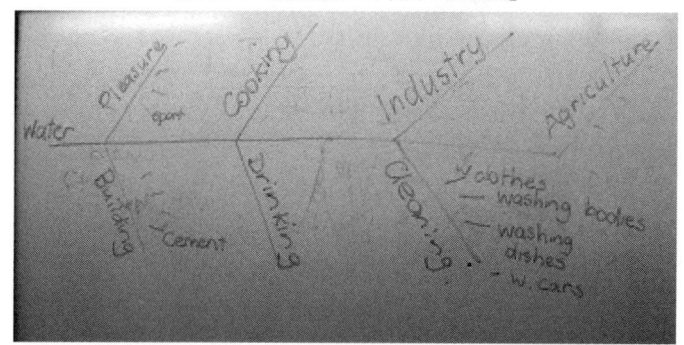

資料6-4：授業前半の「魚の骨型図」

（資料は、筆者が撮影）

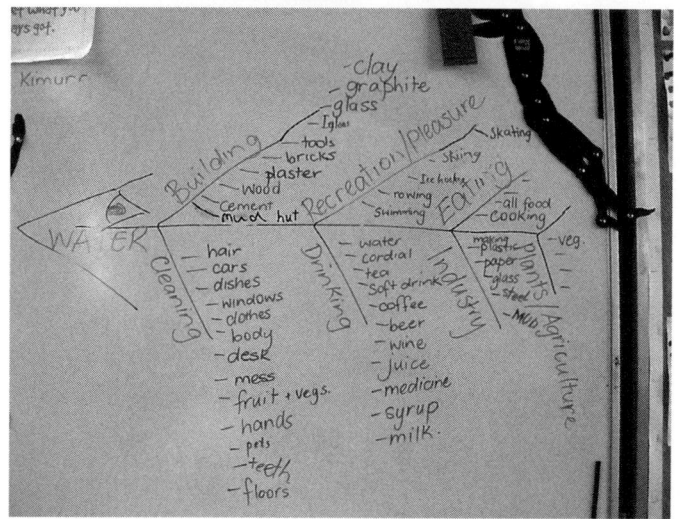

資料6-5：授業終盤の「魚の骨型図」

（資料は、筆者が撮影）

が出されていることが分かる。また、具体例を見てみると、飲料用や調理用のように直接見えるかたちで水が使われているものもあれば、ガラスや紙、食べ物のように、完成品からは直接見えないかたちで水が使われているものも挙げられている。ここから、児童はウォーカー教諭の説明を理解して、水が自分たちの生活と様々なかたちで密接に関わっていることを学習したことが分かる。

この場面では、水と自分の生活との関わりに関して、普段の生活の中で直接目に見えるかたちでの使われ方にかぎられていた状態から、直接的には目に見えないかたちでの使われ方へという認識の深化があったことを見てとることができる。これにより児童は、水と自分の生活とのつながりの密接さをより強く認識することができるようになっていた。こうした認識の深化は、水質汚濁や衛生状態の悪化などの水に関わる諸問題と自分との関わりについての認識を深めることにつながるものであると言える。

この場面ではまた、「魚の骨型図」を用いることによって、水と自分の生活との関わり方の具体例を「建築」「清掃」「飲用」などのいくつかの包括的な概念に分類することが促されていた。この作業は、複数の具体例の関連づけを促すとともに、それとは逆に、包括的な概念をもとにしてより多くの具体例に目を向けることにも役立つ。具体例を増やすこともまた、水と自分の生活とのつながり、すなわち水と自分自身との間に見られる相互依存関係の密接さをより深く認識することにつながるものである。このように、教師の発問に加えてこの「魚の骨型図」も、児童の認識を深めるための重要なツールとして機能していたことが指摘できる。

(4)「自己認識の深化」を促すための取り組み②

自己認識を深めるための特徴的な取り組みの2つ目は、第2時に行われたアボリジニの人々についての学習場面に見られた。**資料6-6**に示すのは、第2時に行われた教諭と児童との間のやりとりである。

先述のように、オーストラリアでは水不足が深刻な問題となっており、水の重要性は児童にも強く意識されていた。また、水の賢い利用法の模索は切

資料6-6：アボリジニの人々に関する話し合い場面のやりとり

> ウォーカー教諭：私たちがなぜ、水の学習をする時に、アボリジニの人々のことについて話をするのだと思いますか？
> 児童D：オーストラリアはとても乾燥していて、水はとても大切です。水はアボリジニの人々にとって、昔も今も大切です。
> ウォーカー教諭：私たちが生きるために、水は必要ですか？
> 児童（口々に）：はい。
> ウォーカー教諭：水を手に入れる必要があるので、以前から、たくさんの人々が海岸沿いに住んでいました。アボリジニの人々も同じです〈16〉。アボリジニの人々は水をとても上手に管理し、賢く生活をしてきました。私たちはアボリジニの人々の知恵から多くのことを学ばなければなりません〈17〉。
> [その後、児童はアボリジニの人々の神話（ドリームタイム・ストーリー）についてのビデオを視聴し、そこに込められた彼らの知恵を共有した。]

（資料は、第2時の授業記録に基づいて筆者が作成）

実な課題であった。この場面ではまず、アボリジニの人々にとっても生活するうえで水が重要であったということや、水を入手しやすい海岸沿いに住んでいたことを挙げ、自分たちの生活との共通性に目を向けさせている（説明〈16〉）。そのうえで、アボリジニの人々の水管理に関する生活の知恵から多くを学ぶべきであることを伝えている（説明〈17〉）。

アボリジニの人々に関する学習を加えた理由をウォーカー教諭に尋ねたところ、「オーストラリアに暮らす者として、アボリジニの人々の伝統や文化に触れ、彼らが持つ独特の世界観や自然との付き合い方に学ばなければならない」[18]との回答があった。アボリジニの人々が自然と共存するための知恵を受け継ぎ、独特の文化をつくりあげてきたことは、オーストラリアでは広く知られている。しかしその一方で、アボリジニの人々に対する偏見や差別が残っている現状もある。ウォーカー教諭は、アボリジニの人々の知恵や伝統に関する知識を児童に与えることによって、アボリジニの人々の文化や価値観に対する正しい認識や尊敬の気持ちを深めるとともに、アボリジニの人々が受け継いできた水の利用方法を知ることによって児童が自身の水の利用方法を見直す機会を与えるために、こうした学習活動を取り入れたのである。

このように、本場面では、アボリジニの人々の文化や価値観、生活様式の豊さや独自性に目を向ける学習活動を位置づけることによって、アボリジニ

の人々の文化や価値観などを尊重するとともに、それと比較しながら自身の価値観や生活様式を問い直すというかたちで自己認識を深化させることがめざされていた。第5章において、アボリジニの人々についての学習活動が『シリーズ』では位置づけられていないことを指摘した。しかしながら本実践例からは、『シリーズ』の抱える制約を乗り越えるように教師が単元例に変更を加えて使用している例が存在していることが分かる。

第4節　行動への参加の位置づけとそれを促す教師の働きかけ

　次に、「問題解決に向けた行動への参加」がどのように位置づけられ、それを促すために教師がどのような働きかけを行っていたのかを検討する。これは特に、自身の「水の利用調査」を求める個人プロジェクトに見られた。

　個人プロジェクトの「水の利用調査」では、自分の家庭における水利用の実態（どのような場面で、どのくらいの量の水を使っているのか）を調査し、実行可能な節水方法を考案することが求められた。その際、ウォーカー教諭は児童に、ただ節水方法を考案するのではなく、実際にそれを行い、その結果どの程度の効果があったのかもあわせて示すことを求めた。

　認識の変化がすぐに行動の変化につながるとはかぎらない。すなわち、節水の重要性や取り組み可能な節水方法を理解したとしても、それによって自ずと行動が変わるとはかぎらない。そこでウォーカー教諭は、実際に節水に取り組み、その結果を示すよう求めることによって、水不足や水の無駄遣いという問題についての認識を深めるだけではなく、そうした問題の解決に向けた行動を実際に起こすことを促したのである。本単元ではさらに、第7時に行われた個人プロジェクトの発表会において具体的な節水方法を各児童が発表し、互いの知恵を共有した。これは、行動への参加のあり方に関する選択肢やアイディアを増やし、自身がとるべき行動の選択の可能性を広げることにつながる取り組みでもあったと言える。

　こうした取り組みは、コルダーらが行動への参加に関して想定していた「諸問題への認識を高めるための情報提供や情報共有」ならびに「個人で取り組

むことのできる生活改善」の実行を求めるものである。単元終了後もほぼ全ての児童が、「歯磨きの際にはコップを使う」「シャワーの時間を短縮する」「節水のための器具を使うよう、家族に提案する」などを行うようになったことから[19]、本単元での取り組みが単元終了後の児童の具体的な行動への参加につながっていたことも分かる。これらの取り組みはまた、第5章において『シリーズ』の単元例に見られる制約として指摘した、「自らの行動の結果を評価し、改善する機会」の保障が十分とは言い切れないという点を乗り越えるための役割を果たすものでもあると言えよう。

ところで、本単元に取り組むにあたり、ウォーカー教諭は、「児童が将来、問題解決のための活動に参加できるようになるための第一歩として、自身の能力に対する自信を持たせることが第4・5学年の児童にとって必要」[20]であると考えていた。自身の考案した節水方法を実践してその効果を他者に発表することは、身の回りの問題の解決に必要な力を自分が持っているのだという自信を児童に持たせるための取り組みでもあったのである。したがってこれは、問題解決に向けた行動を促すための取り組みであると同時に、問題解決に貢献するための力を自分が持っているという児童の自己認識の深化を促すための取り組みでもあったと言える。

第5節　実践から示唆される教育評価のあり方

最後に、本単元を通してどのように教育評価が行われていたのかを検討する。まず、個人プロジェクトについて見ていく。本単元のまとめの活動と位置づけられていた個人プロジェクトは、児童の学習の成果を確認する評価活動としての役割を持っていた。すなわち、個人プロジェクトの成果をもとにして、児童一人ひとりがどのような学習活動を行ったのか、そこでどのような認識を深めたのかを把握することがめざされていた。

個人プロジェクトでは、示された2つの課題から1つを選んで取り組むこととされていた。水の利用調査の結果と水の利用方法を提案するプロジェクトでは、節水方法の提案に加えて、自身で実際に節水に取り組み、その結果

もあわせて示すことが求められた。そのため、このプロジェクトの課題は、「諸問題への認識を高めるための情報提供や情報共有」ならびに「個人で取り組むことのできる生活改善」の実行を求めるものとして機能していた。また、自身の水の利用と他国の人々による水の利用を比較してベン図を作成するプロジェクトでは、ベン図の作成と「6つの思考の帽子」の利用を児童に求めることによって、課題自体が情報の収集と解釈を促すものとして機能していた。そしてこれにより、児童の社会認識の深化が促されていた。

さらに、第7時に実施された個人プロジェクトの成果発表では、発表内容および発表態度に関する自己評価と児童同士での相互評価も行われた。自己評価および相互評価における評価項目は、内容の「詳しさ」と「努力」、そして発表の際の「ボディ・ランゲージ」「アイコンタクト」「声の適切さ」の5つであり、それぞれについて「A」「B」「C」の3段階で評価が行われた。

以上をふまえると、この個人プロジェクトが、児童の学習の成果を確認するという役割に加えて、主に2つの役割を担っていたことが分かる。1つ目は、グローバル教育の学習上の要点である「社会認識の深化」「自己認識の深化」「問題解決に向けた行動への参加」と関わる活動を必要とする評価課題を設定することによって、児童の学習を方向づけ、促進するという役割である。そして2つ目は、自己評価および相互評価の機会を位置づけることによって、自他の学習のふり返りと改善を促すとともに、評価の場面においても他者との協同的な学習を実現させるという役割である。

また、個人プロジェクト以外にも、単元の学習を進める中で教師が児童の学習の進捗状況を把握し、必要に応じた助言を行うというかたちでの評価活動が見られた。その例としては、たとえば、児童の認識を深めるための重要なツールとして機能していると指摘した「魚の骨型図」を作成する過程で、「太い骨」「細い骨」のそれぞれにどのような意見が出ているのかの把握と、児童の認識が不十分な点への働きかけがなされていたことが挙げられる。このように、教師によって評価活動であると意識されていたわけではないものの、学習者の実態把握や学習者への支援などにつながる評価の取り組みが行われていたことも指摘することができるのである。

加えて、本実践からは、評価活動をより効果的に行うための検討課題も示唆される。たとえば、個人プロジェクトで行われた水の利用調査を実施したり評価したりする場面では、調査手法の妥当性や結果の信頼性、提案された節水方法の効果などについては問われなかった。成果発表時の自己評価と相互評価においても、各評価項目の「A」「B」「C」を区別する基準が明確に共有されたわけではなく、各児童が印象に基づいて挙手をするというかたちで評価が行われた。実践を行う際には学習者の発達段階などを考慮する必要があるため一概には言えないものの、認識の深化やとるべき行動の選択の妥当性の向上をより効果的に行うためには、そこで扱われる情報自体や解釈の信頼性や妥当性、調査手法などの質を高める必要がある。そのためには、こうした学習の質を保証したり児童一人ひとりの学力の実態を把握したりするための評価課題や評価基準を設定し、その後の学習活動や教師の指導に生かすことが有効であろう。また、自己評価や相互評価を効果的に進めるためには、学習者の発達段階を考慮しつつ、教師と児童が評価基準を共有することも重要となるだろう。

第6節　実践における『シリーズ』の使われ方とグローバル教育プロジェクトの役割

　ウォーカー教諭とゴールディン教諭による本単元は、GEPの重要な成果物である『シリーズ』に収められている単元例を参考に計画、実践された。ウォーカー教諭は、『シリーズ』に収められている単元例には単元の目標や具体的な流れ、資料や発問例などが示されているため、実践者にとって参考にしやすいと述べていた[21]。『シリーズ』で紹介されている絵本やDVDがウォーカー教諭らの授業の中で使用されていたことからも、両教諭が、実践に生かしやすいものとして『シリーズ』をとらえ、使用していたことが分かる。
　一方で、両教諭は、自己認識の深化を促すための取り組みの一環としてアボリジニの人々に関わる学習活動を位置づけていた。これは、第5章で『シリーズ』の抱える制約として指摘した、『シリーズ』ではアボリジニの人々に

関わる問題が取り上げられていないという点を乗り越える取り組みでもあったと言える。本単元ではまた、児童の生活に大きな影響を及ぼしている水の問題を取り上げることによって、児童に問題と自分とのつながりを認識しやすくするとともに、問題解決の必要性を感じさせやすくしていたことも指摘できる。問題解決をめざす学習では問題解決の切実さを学習者にどれほど感じさせることができるのかが重要な要点の1つとなるが、本単元では的確なテーマ設定を行うことによって、この点を達成し得ていたのである。これにはまた、問題解決に向けた行動を起こしやすくするとともに、自らの行動の結果を評価し、改善する機会を保障しやすくするという利点もあった。さらに、社会認識や自己認識を促すための取り組みとして分析したベン図やマインドマップの作成も、ウォーカー教諭とゴールディン教諭によって取り入れられた活動である。

　このように本単元は、実践者である教師によって、『シリーズ』の抱える制約を乗り越えるように単元例に変更が加えられながら『シリーズ』が使用されている例として評価することができる。こうした実践は、教師がグローバル教育の学習上の要点を認識するとともに、それを実践に位置づける力量があってこそ実現可能なものである。このように、テーマ設定や具体的な学習活動の選択などに関して教師が専門性を発揮することで、本実践が実現されていたことが指摘できよう。

　さらに、南オーストラリア州でGEPの実行を担っているグローバル教育センターの役割も重要である。先述のように、本単元を構想し、実践するにあたって、ウォーカー教諭らはグローバル教育センターのスタッフとの相談を行っていた。その中でスタッフは、実践に関するアイディアを提示したり実践に適した教材を提供したりした。また、本事例では見られなかったものの、グローバル教育センターの行っている教員研修のためのワークショップも教師の授業づくりや力量形成に役立つものである。開発教育の理論と実践の蓄積をふまえたグローバル教育を構想することのできる人物がGEPの担当者・担当機関として選ばれ、教師教育プログラムの実施や授業づくりのコンサルティングなどを通して実践者と直接関わることによって、開発教育に

第6章 『グローバル・パースペクティブ・シリーズ』に基づく実践の具体像とその可能性　175

ついての研究蓄積をふまえたグローバル教育の普及を促すことが可能になっているのである。このように、教師の専門性に加えて、豊富な知識や経験を持つセンターのスタッフや資料の存在もまた、充実した実践を支える重要な要因となっていることが指摘できよう。

　グローバル教育を実践する全ての教師が、グローバル教育に関する知識や経験を持っているわけではない。そのため、『シリーズ』をはじめ、GEPを通して作成された単元事例集や教材は、学校での実践を普及させるうえで重要な役割を果たす。また、GEPの実質的な推進を担う各州・直轄区の担当者・担当機関が教師教育プログラムやコンサルティングを通して直接実践者と関わることによって、GEPで構想されるグローバル教育の制約を乗り越える契機を、GEPの内部で提供し得ている。GEPはこのように、学校教育の場においてグローバル教育を実践するための人的サポートと物的サポートを提供する役割を担うと同時に、そこで構想されている実践自体を問い直し、新たな可能性を拓くための機会を提供するという役割も果たしているのである。GEPはミクロなレベルにおいて、学校教育の場におけるグローバル教育の実践に、こうした役割を果たすかたちでも影響を与えているのである。

小括

　本章では、小学校において『シリーズ』に基づいて行われた実践事例を分析し、『シリーズ』の抱える制約と、『シリーズ』の基盤にあるコルダーとスミスおよびフィエンの開発教育論が抱える課題を乗り越えるための方途を検討するとともに、実践における『シリーズ』の使われ方と、学校での実践に関してGEPが果たしている役割について考察することを目的としていた。そのためにまず、3つの課題を設定し、ウォーカー教諭とゴールディン教諭による実践を検討した。

　1つ目の課題は、実践においてどのような社会認識と自己認識の深化が促されているのか、また、それはどのような取り組みによって促されているのかを明らかにすることであった。社会認識については、起こっている問題お

よびそれが人々の生活に及ぼしている影響、問題解決に向けて行われている取り組みとその成果、水が人間の生活において共通に果たしている役割と状況に応じて変化する役割についての認識を深めていたことが分かった。そしてこれらの社会認識の深化は、「6つの思考の帽子」を利用した情報収集や情報の解釈、ベン図の作成などの学習活動によって促されていた。

　自己認識については、普段の生活の中で直接目に見えるかたちでの使われ方にかぎられていた状態から、直接的には目に見えないかたちでの使われ方へという認識の深化をもとにして、水と自分の生活とのつながりの密接さをより強く認識するようになっていた。こうした認識の深化を促していたのが、マインドマップづくりであった。また、アボリジニの人々の文化や価値観、生活様式の豊かさや独自性に目を向ける学習活動を位置づけることによって、アボリジニの人々の文化や価値観などを尊重するとともに、それと比較しながら自身の価値観や生活様式を問い直すというかたちでの自己認識の深化もめざされていた。これはまた、第5章で指摘した、アボリジニの人々についての学習活動が位置づけられていないという『シリーズ』の制約を乗り越えるための取り組みでもあった。

　課題の2つ目は、「問題解決に向けた行動への参加」の位置づけ方と、それを促すための教師の働きかけ方を明らかにすることであった。これは特に、自身の「水の利用調査」を求める個人プロジェクトに見られた。ウォーカー教諭は、実際に節水に取り組み、その結果を示すよう児童に求めることによって、水不足や水の無駄遣いという問題についての認識を深めるだけではなく、そうした問題の解決に向けた行動を実際に起こすことを促していた。また、個人プロジェクトの発表会において具体的な節水方法を各児童が発表し、互いの知恵を共有することで、自身がとるべき行動の選択の可能性を広げることにつなげていた。こうした取り組みは、コルダーらが行動への参加に関して想定していた「諸問題への認識を高めるための情報提供や情報共有」ならびに「個人で取り組むことのできる生活改善」の実行を求めるものであると言えた。これらの取り組みはまた、第5章において『シリーズ』の単元例に見られる制約として指摘した「自らの行動の結果を評価し、改善する機会」

第6章　『グローバル・パースペクティブ・シリーズ』に基づく実践の具体像とその可能性　177

の保障が十分とは言い切れないという点を乗り越えるための役割を果たすものでもあると言えた。さらに、これらは、問題解決に向けた行動を促すための取り組みであると同時に、問題解決に貢献するための力を自分が持っているという児童の自己認識の深化を促す取り組みでもあると言えた。

　3つ目の課題は、教育評価がどのように行われているのかを探ることであった。本実践では、主に個人プロジェクトを通して、意識的な評価活動が行われていた。この個人プロジェクトが、児童の学習の成果を確認するという役割に加えて、児童の学習を方向づけ、促進するという役割、自他の学習のふり返りと改善を促すという役割、そして評価の場面においても他者との協同的な学習を実現させるという役割を担っていた。加えて、本実践からは、学習の質を保証したり児童の学力の実態を把握したりするための評価課題や評価基準の設定や、教師と児童による評価基準の共有を行うことによって、より効果的な評価活動を行うことにつながるということが示唆された。

　そして最後に、実践における『シリーズ』の使われ方と、学校での実践に関してGEPが果たしている役割について考察した。まず、『シリーズ』が両教諭によって実践に生かしやすいものととらえられ、使用されていたことを指摘した。さらに、GEPは学校教育の場においてグローバル教育を実践するための人的サポートと物的サポートを提供する役割を担うと同時に、そこで構想されている実践自体を問い直し、新たな可能性を拓くための機会を提供するという役割も果たしていることを指摘した。

　ただし、本実践は小学校でのものであったため、実践に対する各学校や各教師の裁量の幅が大きく、それゆえ、教育政策や教育制度に関する連邦政府や州・直轄区政府からの影響は見られなかった。一方、後期中等教育段階になると、大学進学要件との関わりから、実践を教育制度の枠組み、特に、後期中等教育修了資格取得のための試験に関わる教育内容および教育評価の枠組みの中に位置づけることが強く要請される。そのため、学校をとりまく教育制度の枠組みの中にグローバル教育の教育目標および教育評価をどのように位置づけるのか、また逆に、教育制度が実践にどのような影響を及ぼし得るのかも実践を規定する重要な要因となる。そこで次章では、こうした教育

制度の枠組みの中に位置づけるかたちでの取り組みを行っているアデレード高等学校での実践を検討し、教育制度が学校教育の場におけるグローバル教育の実践にどのような影響を及ぼし得るのかを明らかにするとともに、それを通して見えてくる教育評価のあり方について検討していく。

〔註〕
1 ウォーカー教諭は教師歴24年の女性教諭、ゴールディン教諭は教師歴34年の女性司書教諭である（調査当時）。
2 同校では、第1・2学年、第2・3学年のように、隣り合う2学年をあわせてクラスを編成していた。
3 調査当時（2007年度）。
4 南オーストラリア州では一般に4学期制がとられている。
5 Guy, R. (ed.), *Look Global: Global Perspectives in the Upper Primary Classroom*, Melbourne: Curriculum Corporation, Australia, 1999, pp.119-130.
6 ただし、第1章第3節で述べたように、1989年のホバート宣言を契機として8つの学習領域が設定されたほか、南オーストラリア州の学校は州が設定している枠組みである「南オーストラリア州のカリキュラム、スタンダード、アカウンタビリティ（South Australian Curriculum, Standards and Accountability：SACSA）」をカリキュラム編成の際の目安としているため、学校間で極端に大きな違いは生まれない。また、序章で述べたように2013年より各州で段階的にナショナル・カリキュラムである「オーストラリアン・カリキュラム」が導入され、全国的に、カリキュラムの統一性が高まってきている。
7 RBLとは、図書室やコンピュータ室などを利用して、様々な情報源を用いながら探究学習を行うことをめざして設置されたものである。
8 ただし、本単元の1時間は90分（各授業ともに、9:30〜11:00）で構成されていたため、日本の小学校の授業時数に換算すると14時間相当となる。
9 ただし、RBLで扱うテーマである「水」についての関心を高めるために、本単元に取り組む間、たとえば「科学」の時間に水についての学習を行ったり、「美術」の時間に水に関する作品づくりを行ったりするといった取り組みが行われた。こうした学習活動の調整は、カリキュラム編成に関する各学校あるいは各教師の自由裁量の幅が広いという、オーストラリアの教育制度上の柔軟性の高さにより実現されているものであると言える。
10 第1時（2007年10月16日）の授業について筆者とウォーカー教諭が行った事後検討会（2007年10月18日にグッドウッド小学校にて実施）でのやりとりによる。
11 Hathorn, L. & Gouldthorpe, P., *The Wonder Thing*, Camberwell: Puffin Books, Australia, 1995. この本では、様々な場所で様々な人々によって水が利用されていることと、水は人々の生活にとって不可欠であるということが、イラストと短い文章を使って描かれている。

第6章 『グローバル・パースペクティブ・シリーズ』に基づく実践の具体像とその可能性　179

12　これは、オーストラリアン・カソリック・リリーフ (Australian Catholic Relief) とカリタス・オーストラリア (Caritas Australia：NGOの1つ) によって1995年に作成された、子ども向けの18分間のビデオ「水のはたらき (Water Works!)」である。そこでは、オーストラリアおよびバングラディシュやジンバブエにおいて、清潔で安全な水が生活にとってどれほど重要であるかが描かれている。

13　ここで使われたDVDは、オーストラリアにおいて積極的にグローバル教育に関する取り組みを行っているNGO「ワールド・ビジョン・オーストラリア」が作成した「つながり合おう (Get Connected)」と呼ばれる教材に含まれているものである。

14　2007年11月2日の授業中に児童に配布された、個人プロジェクトの内容を記したプリントによる。

15　同上。

16　そのため、「6つの思考の帽子」は、この単元のみならず様々な学習場面で繰り返し使われていた。また、筆者が見学に訪れたグッドウッド小学校以外の複数の小学校においても、児童の批判的思考力を育成するための方略として「6つの思考の帽子」がしばしば利用されている様子が見られた。「6つの思考の帽子」の詳細については、Bono, E. D., *Six Thinking Hats,* New York: Back Bay Books, U.S.A., 1999を参照されたい。

17　第5時 (2007年11月13日) の授業について筆者とウォーカー教諭が行った事後検討会 (2007年11月16日にグッドウッド小学校にて実施) でのやりとりによる。

18　第2時 (2007年10月23日) の授業について筆者とウォーカー教諭が行った事後検討会 (2007年10月26日にグッドウッド小学校にて実施) でのやりとりによる。

19　筆者が行った児童への質問紙調査 (2007年12月11日にグッドウッド小学校にて実施) の結果による。

20　第6時 (2007年11月20日) の授業について筆者とウォーカー教諭が行った事後検討会 (2007年11月23日にグッドウッド小学校にて実施) でのやりとりによる。

21　筆者が行ったウォーカー教諭への質問紙調査 (2007年12月11日にグッドウッド小学校にて実施) の結果による。

第7章　後期中等教育修了試験が実践に及ぼす影響
——教育評価のあり方に関する問題提起——

　後期中等教育段階にあたる第11学年および第12学年の生徒を対象としてグローバル教育を実践する際には、大学進学要件との関わりから、実践を後期中等教育修了資格取得のための試験の教育内容および教育評価の枠組みの中に位置づけることが必要となる[1]。一方で、それらの枠組みに合致させたとしても、グローバル教育の学習上の要点が十分に位置づけられていなければ、その実践はグローバル教育として不十分なものとなってしまう。本章では、南オーストラリア州のアデレード高等学校での実践を取り上げ、前章では検討することができなかった、教育制度が学校教育の場におけるグローバル教育の実践に及ぼし得る影響を明らかにする[2]。さらにそれをふまえて、先行研究において十分に扱われてこなかった教育評価のあり方について検討したい。

第1節　SACEの枠組みにおけるグローバル教育の実践の可能性

　南オーストラリア州における後期中等教育修了資格は「南オーストラリア州教育修了資格(South Australian Certificate of Education：以下、SACE)」と呼ばれている[3]。本節では、SACEの枠組み、すなわちSACEの求める教育内容および教育評価に関する規定は、グローバル教育がその教育目標および学習上の要点を保ったまま実践され得るものとなっているのかを明らかにする。その際、グローバル教育との関連が深く、また、次節で取り上げる実践が行われた、第12学年向けの「社会と文化」に焦点をあてて検討を進める[4]。

(1) SACEの科目概要における教育内容に関する規定

　SACEの対象科目は「英語」「数学」「人文・社会科学」などの学習領域[5]をさらに細分化するかたちで設定されており、第11学年の生徒を対象とする「ステージ1」と第12学年の生徒を対象とする「ステージ2」で構成される[6]。たとえば、「人文・社会科学」については、「アボリジナル・スタディーズ(Aboriginal Studies)」「オーストラリアの歴史」「経済」「地理」「社会と文化」などの科目が設定されている。そして、各科目に関して、教育内容と教育評価に関する規定を示す「科目概要(Subject Outline)」が作成されている。

　「社会と文化」の教育内容に関して、SACEでは3つのグループに分けられる11のトピックが示されている(**表7-1**)。第12学年の生徒を対象とする「ステージ2」の「社会と文化」は、10単位相当の科目として実践される場合と、20単位相当の科目として実践される場合に分けられる。10単位相当の科目として実践される場合にはグループの異なるトピックを合計1つあるいは2つ、20単位相当の科目として実践される場合にはそれぞれ異なるグループから1つずつ、合計3つのトピックを学習することが求められる。

　いずれのステージにおいても、生徒たちには、「学習の必要条件(Learning Requirements)」を満たす学習を行うことが期待されている。「学習の必要条件」として挙げられているのは、「ローカルな文脈およびグローバルな文脈における、現代の社会と文化の様々な側面およびそれと関係した社会問題について調査し、批判的に分析すること」「社会変化の性質および原因に関する知識と理解を示すこと」「様々な社会の中で権力構造がどのように作用してい

表7-1：SACEで例示されている「社会と文化」の教育内容に関するトピック

グループ1： 文化	グループ2： 現代的な諸課題	グループ3： 地球的諸問題
・文化的多様性 ・若者文化 ・仕事と休暇 ・物質世界	・社会的倫理 ・アボリジニおよびトレス海峡島嶼民の人々の現代的文脈 ・科学技術革命 ・人間と環境	・グローバリゼーション ・権利についての疑問 ・人間と権力

(表は、SACE Board of SA, *Society and Culture Stage 1 and 2: Board-accredited subject outline Draft version*, Australia, 2009, p.18 を訳出して筆者が作成)

るのかを調査し、批判的に分析すること」「様々な社会、社会的な問題および文化的な問題に関する情報に基づいたアイディアを伝達するための広範な資料 (sources) やパースペクティブを評価し、使用すること」「探究の結果として情報に基づく社会的行動を他者と協働して実践し、評価すること」「社会と文化がどのように関連し、相互依存しているのかに関する知識と理解を示すこと」の6つである[7]。学習を通してこれら6つの「学習の必要条件」を満たすことにより、現代の社会問題について調査し分析するための様々なアプローチや方法に関する技能を発達させることが求められているのである。

科目概要には、各トピックで扱うべき教育内容が、より詳しく示されている。**資料7-1**は、次節で取り上げる実践例で扱われたトピックの1つである「権利についての疑問 (グループ3)」で扱うべき教育内容の説明である。

資料7-1からはまず、学習過程において探究活動を行うことが求められて

資料7-1：トピック「権利についての疑問」の教育内容に関する説明

　このトピックにおいて生徒は、選択、権利、責任の相互関係について探究する機会を得る。グローバル化している世界の中で全ての人々が持っている基本的な人権についての考えを評価、探究する。人権がどのように発展し、変化してきたのか、また、ある人の権利がどのようにして他者の権利に反するかたちで作用し得るのかを考える。異なる文脈での人権に関する共通理解 (shared understanding) についての考えを探究する。

　生徒は、ある特徴 (たとえば、身体的な容貌、病気、年齢、ジェンダー、服装、障害、認識される民族性、宗教、性別、政治的見解、科学技術へのアクセスの欠如、雇用不足) のために周辺に追いやられ続けている人々の感情について考えるとともに、差別、社会的疎外、家父長的態度、支配的なステレオタイプ、社会政策が不利益を被っている人々に与える影響を検証する。

　世界中の国々は、選挙や武力衝突、テロ行為についてメディアがつくるイメージを共有し、また、それによって結びつけられている。この文脈の中で生徒は、社会正義、市民の (civil) 責任、市民の自由、そして州の役割の相互関係について検証するかもしれない。また、ローカルなレベルにおける権利をめぐる対立や緊張 (たとえば、検閲制度、警察による勾留、不適正な (unfair) 広告、ハラスメント、いじめ、テロ行為) についても探究するかもしれない。

　このトピックはまた、生徒に、人権の保護を道徳上の目的としている集団 (たとえば、オーストラリア人権委員会 (Australian Human Rights Commission)、リンクアップ (Link-Up)、難民協会 (refugee associations)) の役割について検証する機会を与えるかもしれない。生徒は、人権を促進するためにどのような行動を起こし得るのかを考える。

(資料は、SACE Board of SA, *op. cit,*, 2009, p.23 を筆者が訳出して作成)

いることが分かる。次に、「人権」というトピックに関して、それをめぐる議論や生じている問題、問題解決のために行われている取り組みなどに関する情報を集め、分析し、実践可能な行動について考えさせることがねらわれていることが指摘できる。これは、「学習の必要条件」に示されていた、現代の社会と文化に関連した社会問題についての調査と分析、広範な資料やパースペクティブの評価と使用、他者との協働による情報に基づいた社会的行動の実践に関わる特徴と言える。また、探究活動における社会政策との関わりやメディアによる影響の分析は、権力構造の作用の調査および分析と関わる。このように、各トピックに関して示された教育内容を意識することで、「学習の必要条件」を満たす学習活動が実践しやすくなっている。

以上のように、各トピックにおける教育内容に関する説明では、探究のための技能の獲得を基礎としつつ、各トピックに固有の内容を示すことによって、現存している社会問題をどのような視点で探究していくと良いのかについての提案を行っていることが分かる。ただし、SACEでは、表7-1に挙げたトピックを選んでも、変更を加えても構わないとされている[8]。ここからは、同じトピックを全ての生徒に学習させることよりも、探究の技能を身につけさせることが重視されていることが見てとれる。

(2) SACEの科目概要における教育評価に関する規定

続いて、教育評価に関する規定について検討する。ステージ2の科目の評価は、「学校に基礎を置く評価(School-based Assessment)」と「外部評価(External Assessment)」の2種類で構成されている。「学校に基礎を置く評価」とは、各学校の中で担当教員が自身の責任において評価および採点を行うものであり、「外部評価」とは、各学校での学習活動を通して生徒が作成した作品を担当教員と学校外の専門家の双方が採点し、その結果に基づいて評価するものである。SACEではこれら2種類の評価の内容がさらに細分化され、どのような種類の評価をどのような割合で行わなければならないのかについてのガイドラインが示されている。

表7-2に示すのは、SACEの科目概要に示されているステージ2の20単位

**表7-2：「社会と文化」についてSACEで規定されている教育評価の種類と
割合およびガイドラインの概要**

評価の種類		割合	ガイドラインの概要
学校に基礎を置く評価	フォリオ	50%	以下の要素のうち、2つ以上を含む必要がある。 ・一次資料を含む様々な情報源の確定、選択、評価 ・社会変化の性質と原因を説明している証拠の例の評価 ・社会における権力構造の作用の仕方の調査と批判的な分析 ・社会と文化の相互依存についての理解と／あるいは、ある社会・文化がどのようにして他の社会・文化に影響を与えたりそれを形づくったりするのかについての理解
	交流	20%	**グループ活動**：以下の3つの部分から構成されている。 ・グループでの調査、分析、計画、評価 ・協働的な社会行動 ・一人ひとりの貢献
			口述活動：決められた目的を持つものであり、明確な聴衆に向けて、5分以内で行われる必要がある。たとえばロールプレイ、ディベート、議論、講演、フォーラム、視覚的なプレゼンテーションやマルチメディアを用いたプレゼンテーションにおける口頭の要素をさす。
外部評価	調査	30%	＊現代の社会的問題あるいは文化的問題に関する調査を独自で行い、自身の研究結果を報告書の形式で示す。 ＊報告書は、10単位相当の科目の場合には1000語以内、20単位相当の科目の場合には2000語以内とする。 ＊扱う問題は、SACEの科目概要に示されているトピックの中から選んでも、生徒の個人的興味と結びつけて選んでも構わないが、その問題もしくはトピックは明確な焦点を持っていることが不可欠である。 ＊生徒は、SACEの科目概要に示された「序論」「本論」「結論」から成るレポートのフォーマットの例（その詳細は、表7-6を参照）を使って学習を方向づけても良い。

（表は、SACE Board of SA, *op. cit.*, 2009, pp.27-30をもとに筆者が作成）

相当科目の教育評価の種類とコース全体の点数に占める割合、およびガイドラインの概要の一覧である。表に示したように、「学校に基礎を置く評価」は、「フォリオ」と「交流」の2種類に分けられる。「フォリオ」とは、メモやインタビューの記録、調査結果などを含むレポートのことであり、コース全体の点数のうちの50％を占める。これは「コースワーク」において作成され、主に、トピックに関する資料の収集や批判的な分析を通して、トピックについての認識や理解を深めるために行われる。「交流」は全体の20％を占めるものであり、グループの協働による研究の遂行および社会活動の実施を求め

る「グループ活動」と、口頭でのプレゼンテーションを求める「口述活動」に分けられる。そして、全体の30％を占める「外部評価」は、生徒が各自でテーマを設定して探究活動を行い、その結果をレポートにまとめる「調査」によって行われる。これは学習のまとめの活動と位置づけられている[9]。

10単位相当の科目の場合、2つの「フォリオ」、1つの「グループ活動」、1つの「調査」を含む、計4～5つの評価を行うことが必要とされる。20単位相当の科目の場合、3つの「フォリオ」（各グループから1トピックずつ）、「グループ活動」と「口述活動」をそれぞれ1つ、そして1つの「調査」を含む、計8～10の評価を行うことが必要とされる[10]。各学校ではこのガイドラインをもとに、必要に応じて変更を加えながら自校の指導計画および評価計画を立てることが許されている[11]。SACEではこのように評価の種類を大きく3種類に分け、3種類とも必ず採用することを求めている。これにより、トピックに関する現状や社会的背景、その背後にある権力構造などについての認識の深化とともに、個人だけではなくグループで探究活動を行う力や、調べた内容を適切な方法で他者に伝える力の育成と把握もめざされているのである。

SACEでは、評価計画を立てる際、「知識と理解」「調査と批判的分析」「協働」「評価とコミュニケーション」の4つの評価の観点に基づくことを求めている。表7-3は、各観点とそれに含まれるクライテリアの内容である。これ

表7-3：SACEで規定されている評価の観点とクライテリアの内容

知識と理解	調査と批判的分析	協働	評価とコミュニケーション
・現代の社会と文化における様々な問題 ・社会変化の性質と原因 ・社会と文化の関連と相互依存のあり方	・現代のローカルな社会と文化、そして、グローバルな社会と文化における問題に関する資料およびパースペクティブについての調査と批判的分析 ・現代のローカルな社会と文化、そして、グローバルな社会と文化の諸側面に関する調査と批判的分析 ・社会における権力構造の作用の仕方についての批判的分析	・選択したトピックに関する探究と関連した社会的行動の協働的な分析、計画、評価 ・協働的な社会的行動 ・グループ活動に対する個々人の貢献	・関連する一連の資料およびパースペクティブから得られた証拠の評価と利用 ・社会および社会的問題と文化的問題に関する情報に基づくアイディアを伝達すること

（表は、SACE Board of SA, *op. cit.,* 2009, pp.26-27をもとに筆者が作成）

らのクライテリアは、「学習の必要条件」に基づいて設定されたものである。教師には、生徒がその科目の学習を進める中で一連の評価課題に取り組むことによって、表7-3に示されたクライテリアの内容を満たす機会を与えられるように、評価活動を計画することが求められている[12]。

表7-3の内容からはまず、社会や文化に関わる諸問題の実態や原因などについての学習者の認識の深さを把握しようとしていることが指摘できる。また、問題に関する資料の収集と批判的分析、他者との協働による探究活動の実施や社会的行動の計画・実行・評価、資料などから得られた証拠の評価と利用、自身の考えの伝達など、扱う諸問題の内容に関わらず、探究活動を行うために必要となる力量の把握もめざされていることが分かる。

さらに、これらのクライテリアは、生徒が学ぶべきことを教師が確認するために使われるとともに、可能なかぎり高いレベルでの学習の到達度を示す証拠を生徒が提出できるような機会を教師と外部評価者が計画するために使われることとされている[13]。このようにSACEでは、クライテリアによって示された力を形成するための学習の機会と、それを評価する機会を設定することが求められているのである。

(3) SACEの規定とグローバル教育の実践の可能性

SACEの科目概要における教育内容および教育評価に関する規定からは、グローバル教育の実践の可能性に関して、以下の4つの特徴が見えてくる。

1つ目は、教育目的に関するものである。グローバル教育では、既存の社会構造の批判的な検討と必要に応じた社会変革を視野に入れて、問題解決に向けた行動に参加することのできる人間の育成がめざされていた。一方、SACEでは、「学習の必要条件」として「社会問題について調査し、批判的に分析すること」や「様々な社会の中で権力構造がどのように作用しているのかを調査し、批判的に分析すること」「社会的行動を他者と協働して実践し、評価すること」などが挙げられていたり、評価計画を立てる際に意識すべきクライテリアにおいて、調査、資料や社会の権力構造などの批判的な分析、他者との協働による分析や計画、評価、行動の実行などが求められていたり

する。ここからは、グローバル教育の学習上の要点とSACEとの親和性を指摘することができる。

　2つ目は、学習方法に関するものである。本書の第3章から第5章で見てきたように、開発教育およびグローバル教育では学習への児童生徒の主体的な参加および他者との協同的な学習を保障する探究アプローチに基づく学習を進めることが重要とされていた。一方、SACEの科目概要では、どのようなトピックを学習するかに関わらず探究アプローチを学習活動に位置づけることが求められている。探究アプローチによる学習を通して現代の社会問題を調査したり分析したりする技能を身につけることが生徒に求められているのである。これは、SACEの規定する評価方法において、「フォリオ」「調査」が位置づけられていることからも見てとることができる。評価方法に関してはさらに、「グループ活動」「口述活動」から成る「交流」も確実に位置づけるべきものとして示されていた。すなわち、コースの評価課題に取り組むことによって、他者と協働して学習を進めることや社会的な行動を起こすこと、学習の成果を適切な方法で他者に伝え、コミュニケーションをとることが求められている。以上のことから、SACEの枠組みの中で、グローバル教育が重視する学習方法を実践することは十分に可能であることが分かる。

　3つ目は、教育目標の設定に関するものである。「学習の必要条件」において「社会と文化がどのように関連し、相互依存しているのかに関する知識と理解を示すこと」が示されていること、表7-2に示した教育評価を行う際のガイドラインの概要に関して、「フォリオ」の内容に権力構造の作用の仕方の調査および批判的な分析や相互依存についての理解などが示されていること、表7-3のクライテリアの「調査と批判的分析」の項目に「社会における権力構造の作用の仕方についての批判的分析」が挙げられていることなどから、コルダーとスミス、およびフィエンの開発教育論において強調されていた社会認識と自己認識の深化が、SACEにおいても学習を進めるうえで重要な要素として意識されていることが分かる。また、最終的には行動を起こし、その成果を検証して次の探究活動や行動につなげていくことが意識されている。ただし、SACEの枠組みは、たとえばどのような認識の深化を促すのか、ど

のような行動を起こすことを求めるのかという点について、その内容まで具体的に規定してはいない。したがって、設定される教育目標の内容については、授業者である教師が学習者の実態もふまえながら具体化することが必要であり、それゆえ多様な具体化の方法が許容されていることが分かる。

そして4つ目は、教育内容に関するものである。SACEでは表7-1に示したように扱うべきトピックが例示されていたが、そのトピックを選んでも変更しても構わないとされていた。また、クライテリアの内容からは、必ず取り上げなければならない問題やトピックは規定されていないことも分かる。そのため、一定の方向性は示されつつも、最終的には教師の判断に任されていると言える。一方、コルダーとスミスおよびフィエンの開発教育論に基づくならば、グローバル教育では「不平等」「変化と開発」「正義」「民主主義への関わり合い」などを取り上げることが必要となる（第3章の表3-3および第4章の表4-2を参照）。もちろん、SACEの枠組みにおいてこれらの内容を取り上げることが制限されているわけではないが、実践に際しては、意識的にグローバル教育の目標と関連の深い地球的諸問題や概念を選択し、単元に位置づける必要のあることが指摘できよう。

以上をふまえると、教育内容および教育評価に関するSACEの規定は、グローバル教育の学習上の要点を位置づけて実践することが可能となるような枠組みを提供していると言える。また、この枠組みの中で行われる学習活動の詳細については、各学校や教師に任されている。したがって、SACEの枠組みによってグローバル教育の実践が制限されるという可能性は低いことと、実践者による教育目標の具体化や教育内容の意識的な選択が必要であることが指摘できる。

第2節　SACEの枠組みに実践を位置づけるための取り組み

本節では、アデレード高等学校での実践を分析し、前節で見たSACEの科目概要の要求を満たすためにどのような取り組みが行われたのかを明らかにする。

(1) 教育内容と教育評価に関する規定を反映させた単元づくり

　アデレード高等学校は南オーストラリア州の州都アデレードの中心部に位置する学校であり、第8学年から第12学年までの生徒が在籍している。同校では言語教育に力を入れており、多様な社会的・文化的背景を持つ生徒が集まっている。また、学力調査における生徒の学力レベルも全国平均と比べて上位にある[14]。同校でも他の高等学校と同様に、第11・12学年の生徒は後期中等教育修了資格の取得に向けた科目を受講する。本節で取り上げる実践例は、そうした科目のうちの1つであり、2010年度にSACEの「社会と文化」の単元の1つとして実践されたものである。

　本単元を実践したのが、教職歴25年を超し、社会科関連科目の実践や教育評価についても深い知識と経験を持つセキュロ (Securo, L.) 教諭である。彼女は大学生の時にグローバル教育と出会い、興味を持つようになった。そして、教員になった後、職務を通じてグローバル教育センターとの関わりを持ち始め、以来、15年以上に渡ってグローバル教育を実践してきた[15]。

　本単元は、第12学年の生徒を対象として、2セメスター34週間に渡って実践された。**表7-4**は、本単元の学習活動の流れと評価計画の一覧である。

　第1〜4週では、科目概要で示されたトピックのうち、グループ1に分類される「文化的多様性」に関する学習と評価課題が位置づけられた。具体的には、多様な世代の大人にインタビューを行い、価値観や文化的アイデンティティなどの観点に沿って世代間の類似性と差異性を明らかにし、各自のフォリオにまとめるという課題が設定された。この課題の点数は、全体の10％を占める。

　それをふまえて、第5〜8週には「文化的多様性（グループ1）」について、さらなる探究活動が行われた。具体的には、過去および現代の若者文化について調査し、比較することによって、異なる時代の文化間の類似性と差異性を明らかにしていった。その後、オーストラリア社会を特徴づけている民族的多様性の持つ意義やメディアによる民族的多様性の報じられ方について議論を行い、学習の成果を再びフォリオにまとめた。

　第9〜12週では、「人間と環境（グループ2）」が扱われた。そこではまず、

表7-4：本単元の学習活動と評価計画の概要

週	トピック	学習活動の流れ	評価課題	評価の種類	割合
1〜4	文化的多様性（グループ1）	＊価値観、ライフスタイルに関する認識、仕事、学習、家族、文化的アイデンティティに焦点をあてて多様な世代の大人に対する質問をつくり、インタビューを行う。 ＊その結果をもとに世代間の類似性と差異性をレポートで論じる。 ＊明らかになったことと情報を整理して各自のフォリオにまとめる。	コースワーク	フォリオ	10%
5〜8	文化的多様性（グループ1）	＊オーストラリアにおける現代の若者文化を調査・分析する。 ＊現代、および1950年代、60年代、あるいは70年代の若者文化に関する研究成果を比較する。 ＊比較をもとに異なる時代の文化間の類似性と差異性を見つける。 ＊オーストラリア社会の特徴の1つである民族的多様性の重要性と、メディアがどれほど民族的多様性を誇張してきたかを議論する。 ＊各自のフォリオにまとめる。	コースワーク	フォリオ	15%
9〜12	人間と環境（グループ2）	映画「不都合な真実」を視聴し、以下の7つを研究、議論する。 ＊環境に対するオーストラリア人の考え方は変化してきたと考えるか。主要な影響は何だったと考えるか。 ＊経済と環境問題の間にある競合する要求の近年の例とは何か。 ＊「不都合な真実」では言及されていない代替資源の1つである原子力エネルギーは、温室効果ガス排出の低いものなのか。 ＊原子力エネルギーの利用に関連する他の潜在的な危険性によって、それは受け入れ不可能な代案となるのか。 ＊温室効果ガスの排出を減らすことは誰の責任なのか。それは政府次第なのか、それとも個々人が責任を有するのか。 ＊開発途上国が現在行おうとしているエネルギー利用と同じやり方でわれわれがすでに利益を得てきたことを考えると、先進国は開発途上国よりも大きな責任を有するのか。 ＊個人には本当に何かできるのか。それともどうしようもないのか。	コースワーク	学校に基礎を置く評価 フォリオ	15%
13〜18	グローバリゼーション（グループ3）	3〜5人程度のグループで、以下の活動および課題に取り組む。 ＊出産キットプログラム（Birthing Kit Program）が扱う3つのミレニアム開発目標のうちの1つを選び、その内容、目標、ターゲット、指標を調査する。 ＊出産キットプログラムの内容と、自分のグループが選んだミレニアム目標にどのように影響を与え得るのかを調査する。 ＊「出産キットの素材を買うための資金集め」「出産キットの梱包」という2つの社会活動を行う。 ＊文書および視覚形態の両方で、「打ち合わせの記録」「グループでの企画立案、資金調達、および出産キットに関する集会それぞれにおけるグループの活動の写真」を含む日誌をつける。 ＊活動の成果と課題に関する個々人のふり返りをまとめる。	グループ課題	交流（グループ活動）	10%

第7章　後期中等教育修了試験が実践に及ぼす影響　191

週	トピック（グループ）	内容	課題種別	外部評価	形式	%
19～23	権利についての疑問（グループ3）	映画「サムソンとデリラ」を視聴した後、国連の世界社会フォーラムで報告する課題「権利についての疑問――現代の世界における貧富」について研究する。課題に取り組む際には、統計資料や他の論文、独自の研究から得られた情報などをもとに分析を行い、それらの情報の意味や、そこから得られる示唆について、レポートにまとめていく。	コースワーク		フォリオ	10%
24～27	文化的多様性（グループ1）	シミュレーション・ゲームを行い、それを通して学んだことについて、口頭でのプレゼンテーションを行う。プレゼンテーションの長さは3～5分であり、台本あるいはキュー・カードのかたちで、自身のプレゼンテーションの形跡を示す必要がある。プレゼンテーションに際してはまた、自身のプレゼンテーションのトピックや目的に適した聴衆（小学校の児童、中・高等学校の生徒、大人など）を自身で選択しなければならない。	口述課題		交流（口述活動）	10%
28～34	各自が自由に設定	一人ひとりが学習領域に関連する現代的な問題を選び、コースの中で得てきた知識と理解を用いながら調査を行う。このプロセスは「教師とのコミュニケーションおよびコンサルテーションを必要とする調査プロセス」「1500～2000語の調査レポートの作成」という2つの段階から成る。	調査課題	外部評価	調査	30%

（表は、セキュロ教諭が作成した授業計画に関する文書をもとに筆者が作成）

映画「不都合な真実（An Inconvenient Truth）」を視聴し、環境問題の現状についての理解を深めるとともに、人間と環境の望ましい関わり方についての議論が行われた。そして、自身の考えをフォリオにまとめた。

第13～18週にかけて、「グローバリゼーション（グループ3）」に関して、3～5人程度のグループで行う学習活動と課題が設定された。ここでは、公衆衛生が十分に保障されていない開発途上国において妊婦の安全な出産を助けるためにNGOが提供している「出産キット」と国連の「ミレニアム開発目標（Millennium Development Goals）」[16]との関連を調べたり、キットの材料を購入するための資金を集めたり、集めた資金で購入した材料をまとめて梱包するという社会活動を行うことが求められた。このプログラムはグローバル教育センターのスタッフであるスミス（Smith, F.）との相談に基づいて、セキュロ教諭がスミスと共同で実践した。このプログラムを通して生徒は、他者と協働して社会行動を行い、活動のふり返りをまとめた。

第19～23週にかけては、「権利についての疑問（グループ3）」に関連して、アボリジニの人々について描いた映画「サムソンとデリラ（Samson and Delilah）」

を視聴し、貧富の格差を視点として人権について考えた。具体的には、統計資料や他の論文、独自の研究から得られた情報などをもとに分析を行い、それらの情報の意味やそこから得られる示唆についてレポートにまとめた。

第24〜27週では、再び、「文化的多様性（グループ1）」に関する学習が行われた。このトピックを通して生徒には、信念や価値観、態度などの差異について理解するとともに、それらが文化とどのように関連しているのかを理解することが求められた。この課題に取り組むために、生徒は「バ・ファ・バ・ファ（Ba Fa Ba Fa）」[17]と呼ばれるシミュレーション・ゲームを体験し、そこで得られた気づきをもとに、3〜5分程度のプレゼンテーションを行った。そこでの評価課題は、学習した内容をもとにプレゼンテーションを行うというものであった。これは、表7-2に示した評価の種類のうち、「交流」の中の「口述活動」に分類される。

最後の第28〜34週にかけて、生徒は調査課題に取り組んだ。これはこの単元の仕上げの課題と位置づけられており、それまでの学習をふまえて、各自が設定したトピックに関する探究を行い、その内容を1500〜2000語の調査レポートにまとめることが求められた。この調査課題は「外部評価」の資料とされるため、学習過程ではセキュロ教諭のサポートを受けながら取り組みを進めるものの、最終的な成果はセキュロ教諭だけでなく外部の評価者によっても採点されるものであった。

このように、セキュロ教諭は34週に渡る単元を7つのまとまりに分け、まとまりごとにトピックと評価課題を設定した。これにより、SACEの科目概要で規定された種類の教育評価とトピックを位置づけるとともに、クライテリアで示された身につけさせたい力の習得状況を把握するための評価課題を設定するかたちで単元づくりを行った。これが、SACEの科目概要の要求を満たすための取り組みの1つ目である。

(2) 評価の観点とクライテリアの内容の具体化

続いて、各評価課題に取り組んだ生徒のパフォーマンスを評価するために設定された観点とクライテリアについて見ていこう。表7-5は、評価の観点

とクライテリアの一覧である。

　表7-5に示した評価の観点とクライテリアは、表7-4に示した「評価課題」と対応させるかたちで、「コースワーク（フォリオ）」「グループ課題」「口述課題」「調査課題」の4つに分けて設定された。そしてそれぞれの課題は、「知識と理解」「調査のスキル」「分析」「協働のスキル」「コミュニケーション」「研究」「評価」のうちの3～4の観点から評価された。これらの評価の観点は、表7-3に示した4つの観点をもとに、セキュロ教諭が設定したものである。また、この評価の観点とクライテリアは生徒にも提示されるため、生徒は各学習活動の要点を意識しながら評価課題に取り組むこともできた。

　「コースワーク」は、社会問題についての認識の深化とともに、仮説の設定、焦点づけた質問を構成し独自の調査を行うことによる仮説の検証、結果の分析、解決策の提案などを行う技能の習得状況を把握できるように計画されている[18]。「グループ課題」は、グローバリゼーションというトピックに関する他者との学習活動における分析や協働のスキル、関連する社会活動への取り組み方などを評価するためのものである。「口述課題」では、学習者自身が選択した社会問題についての知識や理解、分析の様相と、それを口述形式で、想定される聴衆に対して適切に伝える力の習得状況が把握される。そして「調査課題」では主に、独力で調査課題と研究仮説を設定し、資料の収集と分析を行い、仮説を検証するとともに、その結果に基づいて研究課題に対する結論を導き出す力が測られる。

　クライテリアからは、まず、SACEの科目概要と同様に、他者との協働を含んだ探究活動を進めていくことができるようになるための力量形成がねらわれていることが分かる。ただし、これらのクライテリアはある特定のトピックに沿ったものとはなっていない。たとえば、「知識」「理解」の具体的な内容は示されておらず、どのようなトピックに関する学習活動を評価する際にも利用することができる記述内容になっている。これもまた、SACEに見られた、扱うべきトピックを限定しないという特徴を反映していると言える。

　このようにセキュロ教諭は、SACEの科目概要が示すクライテリアに関する規定に基づいて単元の評価課題に関する評価の観点とクライテリアを設定

表7-5：各評価課題に関する評価の観点とクライテリアの一覧

評価課題	パフォーマンスを評価するための評価の観点とクライテリア			
コースワーク（フォリオ）	知識と理解 ・現代の社会問題に関する知識と理解をどの程度示しているか ・現代における社会問題の影響をどの程度効果的に説明しているか ・社会変化に関する理解をどの程度うまく示しているか	調査のスキル ・仮説および焦点づけた問いが調査の方向性をどのように導くのかについての理解をどの程度示しているか ・適切な資料を用いた批判的な探究の方法をどの程度うまく概説し、適用しているか ・起こり得る解決策、成果、社会行動をどの程度提案しているか	分析 ・競合する要求に応じて起こった変化をどの程度効果的に分析しているか ・現代社会や社会問題を特徴づける通説（myths）と問いをどの程度うまく確認しているか ・これらの通説や問いを調査する際に分析のスキルをどの程度うまく使っているか	
グループ課題	協働のスキル ・グループの成果を挙げるためにどの程度よく協働しているか ・現代の社会問題、テーマ、副論題に関するグループでの調査に基づいて、どの程度適切に社会行動を行っているか	分析 ・グループで選んだ現代の社会問題、テーマ、副論題を調査する際に、どの程度分析のスキルを示しているか	コミュニケーション ・現代の社会問題、テーマ、副論題に関する知識と理解をどの程度明確に伝達しているか ・想定されている聴衆に対して、グループのメッセージをどの程度うまく伝えているか	
口述課題	知識と理解 ・現代の社会問題に関する知識と理解をどの程度示しているか	コミュニケーション ・想定されている聴衆に対して、情報をどの程度明確かつ適切に表現しているか ・口述形式で行うプレゼンテーションの目的に関する理解をどの程度示しているか	分析 ・選択した現代の社会問題をどの程度うまく分析しているか	
調査課題	研究 ・どの程度、適切な資料を用いて探究を行っているか ・調査を最新の議論の中に位置づける一次資料と二次資料をどの程度集めているか ・批判的な探究を行う適切な方法をどの程度効果的に選択し、概説しているか	知識 ・現代の社会問題に関する知識と理解をどの程度示しているか	分析 ・現代の社会問題を調査する際に分析のスキルをどの程度うまく使っているか ・資料、仮説、そして焦点づけた問いと現代の社会問題をどの程度明確に関連づけているか	評価 ・仮説および焦点づけた問いで確認し、提示したとおりに、現代の社会問題の諸側面についてどの程度深く議論し、熟考しているか ・社会変化と競合する要求との関係の複雑さをどの程度じっくりと探究しているか ・調査の証拠に基づき、起こり得る解決策と成果をどの程度提案しているか

（表は、セキュロ教諭が作成した評価計画に関する文書をもとに筆者が作成）

するとともに、その内容を具体的に記述した。こうして身につけるべき力を明示することで、生徒がその力を獲得するための学習の機会を設定しやすくするとともに、生徒の力を把握することに利用したのである。これが、SACEの科目概要の要求を満たすための取り組みの2つ目である。

第3節　実践を通して見る教育評価の役割とあり方

　本節では、この実践における教師の支援、および、生徒の評価課題への取り組みと学習の成果を整理し、そこから見えてくる教育評価の役割とあり方を検討する。本節で分析の対象とするのは、調査課題に関するレポートである。調査課題を取り上げるのは、これが本単元の最終的な評価課題であるため、生徒が獲得した学力の到達点を確認することができ、教師の取り組みが学習に与えた影響を把握しやすいと考えられることと、「外部評価」の材料として使われるものであるためSACEの枠組みを特に意識した評価活動が行われていると考えられることからである。

(1) 評価課題への取り組みに関する生徒への支援策

　調査課題に取り組むにあたり、生徒には表7-5に示した評価の観点とクライテリアが示された。また、生徒が自由に閲覧できるSACEの科目概要には、「調査」に関する参考資料としてレポートのフォーマットの例(**表7-6**)が掲載されている。

　さらに、セキュロ教諭は生徒に調査課題を与える際、**資料7-2**に示した9項目から成る調査手順の例を示した。これにより、調査に際して意識すべき点を生徒が把握しやすくするとともに、学習の進捗状況の確認やその後の学習の方針決定を促すことがねらわれたのである。

　そのうえで、調査課題への取り組みの前半にセキュロ教諭が生徒と一対一で、これらの観点やクライテリアに基づいて学習の進捗状況やその後の学習の方針を確認した。これにより教諭と生徒は、どの点を意識して学習に取り組む必要があるのかを把握するとともに、そのクライテリアに基づいて学習

表7-6：SACEの科目概要に示されたレポートのフォーマットの例

序論	①仮説と／あるいは指導的役割を果たす問い ②現代の社会的問題や文化的問題の定義 ③その問題を選んだ理由（その重要性を示す） ④調査の全体的な目的 ⑤提案された方法論
本論	①その問題の背景の概要 ②特定のものの見方の論拠を明らかにする一次資料および二次資料の分析 ③総合（主要な議論を調査結果の概要にまとめる）
結論	①仮説および／あるいは指導的役割を果たす問いに関して調査結果から言えることと言えないことに関する評価およびその理由 ②一般的な動向についての評価と説明 ③その調査の限界に関する認識 ④予期せぬ、驚くべき、あるいは期待はずれな調査結果および／あるいは学習に関するその他のふり返り ⑤起こり得る未来の動向と社会的行動の提案

（資料は、SACE Board of SA 2009, *op. cit.*, 2009, p.30をもとに筆者が作成）

資料7-2：セキュロ教諭が生徒に提示した調査手順の例

(1) 調査する問題と調査目的の確定
(2) 方法論の計画
(3) 3～4の「焦点づけた問い」の考案
(4) 方法論の実行
(5) 資料の比較と総合
(6) データの分析と評価
(7) 研究結果の概要
(8) 結論づけ
(9) 文献目録の作成

（資料は、セキュロ教諭が作成した評価計画に関する文書をもとに筆者が作成）

の進捗状況を確認したり、その後の学習の方向性を定めたりすることができた。

　SACEの示すフォーマットの例およびセキュロ教諭の示した調査手順の例は、グローバル教育に特化したものではなく、探究活動において一般的に必要な手順に基づいて調査を行い、その結果をまとめることを要求するものである。これらは表7-5に示した評価課題のクライテリアと対応しているため、そのフォーマットおよび手順に沿ってレポートをまとめることにより、SACEで示されたクライテリアを満たすことができるようになっている。

(2) 評価課題への生徒の取り組みと学習の成果

　調査課題は、生徒が個別にトピックを設定して取り組むものであった。生徒は、「オーストラリアにおいてブルカ[19]は禁止されるべきか」「言語再生と言語復興は先住民族のアイデンティティを維持するために不可欠である」「メキシコ湾における最近の石油流出はその問題に対する人々の関心を高めてきたのか」などのトピックを設定した。以下では、「オーストラリアにおいてブルカは禁止されるべきか」というトピックに取り組んだ生徒Aのレポートを見ていこう。生徒Aを選んだのは、セキュロ教諭が生徒Aのレポートを高く評価しており、教諭のめざす実践の成果が反映されていると考えたためである[20]。

　オーストラリアではメディアが、ムスリム女性のブルカ着用禁止を求める国内での圧力について報じてきた。生徒Aは、ブルカをめぐる議論が、人権、ナショナル・アイデンティティ、宗教的表現、文化的表現に関する本質的な問題に関連していると考え、レポートのトピックにした。生徒Aはまた、この問題が、多文化の人口を抱える国々が普段の生活において尊重し、認めている事柄に関する葛藤、多様性、複数の意見をどのように表現し、扱っているかに関する疑問を提起しているととらえていた。

　調査を行うにあたって生徒Aは、「ブルカとは何か」「オーストラリアにおいてブルカ禁止に賛成する主要な議論とは何か」「これらの議論はどの程度正当化されているのか」という3つの「焦点づけた問い」を設定した。次に、これらの問いを解明するために、このトピックに関する国民の見方を理解するための調査と、大学の研究員を務めるムスリム女性、銀行協会の代表者、銀行員の代表者など、主要なステイクホルダーへのインタビューを行い、一次資料とした。また、二次資料として、オーストラリアにおけるブルカ禁止に関する見方についてインターネットなどを通して得られた情報と、この問題に関する記事や学術研究、文献、フォーラムの内容を用いた。そして、これらの資料を比較したり分析したりすることによって、次のような結果を導き出した。

　まず、1つ目の問いについて生徒Aは、類似したイスラム女性の衣服と比

較しながらブルカとは正確にはどの形状の衣服をさすのかを示すとともに、オーストラリアにおけるブルカに関する多くの議論が、ブルカとは何かを正確に把握しないままに行われていることを示した。2つ目の問いについては、インターネットや他の電子メディアを用いて得られた情報の分析と、その分析を通して得られた情報の真偽を確かめるための独自の調査を行った。そして、主要な議論が「ブルカ着用は女性の抑圧を助長している」「ブルカは銀行強盗の変装に使われ得る」「ブルカを着用するという価値観は『オーストラリア人』の持つ価値観と相容れない」という3つにまとめられることを示した。3つ目の問いについては、2つ目の問いを通して明らかとなった3つの主要な議論それぞれの真偽を確かめるというかたちで調査を進めた。そして、複数の関係者に対するインタビューおよび文献調査を通して、3つの主要な議論は必ずしも正当化されるものではなく、むしろ反対意見が多いというこ

資料7-3：生徒Aの調査課題のレポートの「結論」部分の記述

オーストラリアの国勢調査のデータによれば、イスラム教の人々の数は1996年から2001年の間に約40％増加した。人口に占める割合が著しく増加している一方で、オーストラリアにおけるムスリム女性のたった2％だけが顔を覆っているという示唆を考えれば、ブルカに関するマスコミ報道の量は「多すぎる」ように見える。本研究ではブルカ禁止に関する3つの主要な議論について検討してきたが、禁止を正当化する証拠はいかなる理由においてもほとんど見つかっていない。政治家たちは禁止を標榜しているが、直接的に影響を受けるステイクホルダーは、そうはしていないようである。この調査からはまた、メディアおよび一般市民の関心の多くが、ブルカに関する多くの無知とともにあることも明らかである。調査の結果からは、ムスリム以外のオーストラリア人には、オーストラリア人の中の「他の」グループに関してより一層学習することと、心配を減らすことの必要性が示唆される。この調査で用いたのは少しのインタビューと少数の回答者による調査であるため、得られた結果がオーストラリア全体にもあてはまると一般化することには注意が必要である。それでもなお、さらなる探究のための重要な問題を提起している。特に、マイノリティの文化がとるべき振る舞いに関する判断と要求を行う前に、オーストラリア人は注意深く協議を行い、マイノリティのパースペクティブを理解する時間をとらなければならないということが示されている。この国における多様な文化間の、ただでさえ不安定な関係を誤解によって傷つけることのないようにする必要がある。社会として、私たちは、ムスリムのオーストラリア人が「西洋社会への参加は、表に出ない（staying invisible）ようにすることを条件としているのだ」と感じることのないようにしなければならず、また、オバマ合衆国大統領が大変思慮深く宣言してきたように、「リベラリズムを口実に、いかなる宗教に対する敵意も隠すことはできない」のである。

（資料は、生徒Aのレポートを筆者が訳出して作成）

とを明らかにした。

　以上をふまえて、生徒Aは、**資料7-3**に示す「結論」を導き出した。そこではまず、オーストラリアに見られるブルカ着用禁止をめぐる議論を取り上げ、一次資料と二次資料を用いた情報収集と分析を行って、政治家たちがブルカ着用禁止を標榜していることやマスコミ報道が過度に行われていること、社会で一般的に行われている議論が十分な根拠に基づくものではないことと着用禁止を正当化する理由が見られないことが明らかにされている。ここからは、ブルカ着用禁止の議論の背後にある権力構造や、十分な根拠に基づかない偏見が生み出される社会構造に対する社会認識の深化を見てとることができる。さらに、ブルカ着用禁止が過度なほどに議論される一方で一般市民の多くがブルカに関して正確な知識を持ってはいないことを述べている点からは、社会の言説を生み出している権力構造や社会構造が自他の価値観や社会認識の形成に与えている影響を分析したことが分かる。生徒Aはこうしたかたちで、学習を通して自己認識を深化させたと言える。

　「結論」ではさらに、調査結果をふまえて、マイノリティの文化がとるべき振る舞いに関する判断と要求を行う前には注意深く協議を行い、マイノリティのパースペクティブを理解する時間をとらなければならないというかたちで、今後とるべき行動が提言されている。これは、偏見をなくし、マジョリティとマイノリティの人々が互いの文化を尊重し合える社会づくりを行うために必要な行動のあり方についての情報を提供するものであると言えよう。

　生徒Aのレポートからは、まず、「学習の必要条件」として挙げられていた要素を満たす学習を進めることで期待されていた、現代の社会問題について調査し分析するための様々なアプローチや方法に関する技能の発達が見られることが分かる。さらに、コルダーとスミスおよびフィエンの開発教育論が教育目的としていた「既存の社会構造の批判的な検討と必要に応じた社会変革を視野に入れて、問題解決に向けた行動に参加することのできる人間の育成」につながる社会認識と自己認識の深化および行動への参加が実現されていたことも指摘できよう。このように、本単元においては、SACEの枠組みの中で、グローバル教育の教育目的および教育目標と学習上の要点を位置

づけた実践が進められていたのである。

(3) 評価計画が生徒の学習活動を進める際に果たした役割

続いて、教育評価に関する取り組みが生徒の学習にどのように生かされたのかを明らかにするために、SACEの示すフォーマットの例（表7-6）およびセキュロ教諭の示した調査手順の例（資料7-2）と、生徒Aのレポート全体の構成

表7-7：生徒Aのレポートとセキュロ教諭およびSACEの示す例との対応

生徒Aのレポート		SACEの示すフォーマットの例（表7-6）との対応	セキュロ教諭の提示した調査手順の例（資料7-2）との対応
構成要素	各項目の内容		
序論	＊「ブルカ」をめぐる議論の概要の紹介	序論②	(1)
	＊調査の全体的な目的と問いの設定	序論④・序論①	(1)
	＊「ブルカ」をトピックとして選んだ理由	序論③	ー
文脈／背景	＊「ブルカ着用禁止」を主張する主な人物の紹介	本論①	ー
方法論	＊主な一次資料と二次資料の紹介	序論⑤	(2)
	＊調査方法の紹介	序論⑤	(2)
結果／データ分析	＊「焦点づけた3つの問い」それぞれに関する議論の内容の紹介	本論②	(3) (4) (5) (6)
	＊それぞれの問いに関する主張と対立する主張を支える資料の紹介	本論②	(4) (5) (6)
	＊対立する主張の論拠の分析と、それに基づく生徒A自身の主張の表明	本論③	(6)
結論（資料7-3）	＊調査概要のふり返り	ー	(7)
	＊全体を通した問いに対する自身の意見	結論①	(8)
	＊社会の一般的な動向についてのコメント	結論②	ー
	＊調査の限界に関する言及	結論③	ー
	＊今後とるべき行動への提言	結論⑤	ー
参考資料	＊参考資料の一覧	ー	(9)

（表は、生徒Aのレポートをもとに筆者が作成）

を比較してみよう。**表7-7**は、資料7-3に示した「結論」以外の内容も含めた生徒Aのレポート全体の構成要素と各項目の内容が、表7-6および資料7-2で挙げられた各項目とどのように対応しているのかを示したものである。

表7-7を見ると、生徒Aのレポートの構成要素は、表7-6および資料7-2で挙げられた各項目と大きく重なっていることが分かる。もちろん、こうした重なりの背景には、「調査課題」に取り組む際に表7-6や資料7-2、さらには表7-5に示した評価の観点とクライテリアの内容が生徒に提示されたことと、それらに基づいて教諭と生徒が学習の進捗状況やその後の方針を確認していたことが挙げられる。それに加えてここで特に注目したいのは、これらのフォーマットや調査手順の例が、クライテリアと対応させるかたちで作成されていた点である。表7-5に示したかたちで評価の観点とクライテリアを明確にすることによって、学習を通して身につけさせたい力を明確にすることができる。そしてこれは、学習活動において取り組むべき作業を明確にすることにつながる。さらに、身につけさせたい力や取り組むべき作業の全体像などを教師と生徒が共有することによって、教師は指導に対する指針を、生徒は学習に対する指針を得ることができる。生徒Aのレポートからは、セキュロ教諭がSACEの枠組みを利用して行った教育評価に関する取り組みが、教師の行うべき支援策の明確化と生徒の学習の促進につながり、結果として、教育目標を達成すること、すなわち、生徒の学力保障を達成するというかたちで学習に生かされていたことが指摘できよう。

(4) SACEが実践に及ぼす影響とグローバル教育における教育評価のあり方

最後に、SACEが学校教育の場におけるグローバル教育の実践に及ぼす影響と、グローバル教育における教育評価のあり方について検討する。

先述のように、SACEの枠組みによってグローバル教育の実践が制限されるという可能性は低かった。ただし、SACEの枠組みの中でグローバル教育を実践するためには、科目概要の要求を満たした教育内容の選択と教育評価を実施していることを明示する必要はある。そこで、セキュロ教諭は、SACEの科目概要が示す規定に沿った教育内容と身につけさせたい力の習得

状況を把握するのに適した評価課題を単元に位置づけるとともに、SACEの示す規定を詳細かつ具体的に作成し直すことによって到達度を把握するための評価の観点とクライテリアを設定し、生徒のパフォーマンスの評価に利用していた。生徒のレポートからはグローバル教育の教育目的および教育目標と学習上の要点を位置づけた実践が進められていたことがうかがわれたことから、SACEの枠組みが学校教育の場におけるグローバル教育の実践を制限する可能性は低いと言えた。

　さらに、この実践における生徒の評価課題への取り組みと学習の成果の検討を通して、SACEの枠組みはより積極的なかたちで実践に影響を与えていることが分かった。すなわち、SACEにおいて課題を評価する際の観点とクライテリアが明示されることによって、学習を通して身につけさせたい力とクライテリアを満たすために取り組むべき作業が明確となり、教師の指導ならびに生徒の学習が方向づけられていたのである。さらに、示されたクライテリアが学習の焦点を明確にすることで、生徒による教育目標の達成、すなわち、学力保障の達成につながっているということも指摘できた。

　ここからは、学習の成果を把握するだけでなく、教育目標の達成に向けた学習活動を促すためのものとしても教育評価をとらえ、評価活動を計画、実践することの重要性が示唆される。また、教師の指導方針および支援策の明確化が促されていたことも、教育評価に関する一連の取り組みの役割であると言える。第3章および第4章で検討してきたコルダーとスミスおよびフィエンの所論では教育目標が明示されているものの、その目標の到達度を把握し、学習の改善に生かすための教育評価の方法論については検討されていなかった。本章で検討してきたクライテリアの設定やそれに基づく教師からの働きかけのあり方は、学習者の学力形成とそのための指導および学習の方向づけを可能にするという役割を担う評価活動を行ううえで重要な示唆を提供していると言える。このような教師の指導と学習者の学習の両方に生きる教育評価実践は、学力保障を基盤としたグローバル教育の実践を展開するための方途を拓くとともに、コルダーらの開発教育論が抱えていた教育評価論の弱さを克服することにもつながるだろう。

ただし、SACEでは扱うべきトピックを強力に限定はしないという特徴があり、それゆえ、実践者による諸問題やトピックの意識的な選択が必要であった。本単元ではSACEの科目概要の特徴を反映して、セキュロ教諭の作成したクライテリアも特定のトピックに沿ったものではなく、広く現代社会に見られる社会問題全般に関する学習に適用し得るかたちで設定されていた。確かに、地球的諸問題は多岐に渡り、また、問題同士も複雑に関連し合っているため、グローバル教育のあらゆる実践において扱うべき教育内容を厳格に定めることは難しいだろう。しかしながら、地球的諸問題の解決に取り組むためには、資料収集や分析、他者とのコミュニケーションのスキルなどだけではなく、個々の問題の現状や原因などに関する具体的な知識の獲得も不可欠である。したがって、特定の問題に焦点をあてた単元に応じた教育目標や評価課題、クライテリアの設定をどのように行うことができるのかを明らかにすることは、今後の課題であると言えよう。また、表7-5に示した評価の観点とクライテリアだけでは、生徒の学習の質的な段階を詳細に把握することは困難である。学習者の学習の到達度をより正確に把握し、その後の学習や指導の改善に生かすためにも、評価基準の精緻化が必要となるだろう。

　さらに、グローバル教育に関しては、「問題解決に向けた行動への参加」をどのように教育目標化し、評価するのかを考慮する必要がある。学習者の行動のあり方までを規定するようなかたちで教育目標やクライテリアが設定された場合、問題解決のためにとるべき行動を自己決定することが困難になってしまう危険性が生まれるためである。この点については、本単元の実践に見られたように、社会認識と自己認識の深化を求めるとともに、とるべき行動を自己決定することを促すような評価課題とクライテリアを設定することが効果的であろう。行動の選択を可能にするために必要となる力の育成を保障することによって、とるべき行動を一律に規定することを避けることが求められるのである。

　序章で述べたように、先行研究からは、SACEの枠組みの中で第11学年および第12学年を対象としてグローバル教育を実践することの困難さがうかがわれた[21]。しかしながら、本章で取り上げたアデレード高等学校での実

践をふまえると、SACEの枠組みの中で実践することは十分に可能であることが分かる。さらに、これまで、グローバル教育の実践を制約するものととらえられてきたSACEの枠組みには、コルダーとスミスおよびフィエンの開発教育論が抱えていた教育評価の方法論に関する研究の弱さを乗り越えるための具体的な手立てと研究の方向性が示されているのである。

小括

　本章では、南オーストラリア州のアデレード高等学校での実践を取り上げ、教育制度が学校教育の場におけるグローバル教育の実践に及ぼし得る影響を明らかにするとともに、それをふまえて、先行研究において十分に扱われてこなかった教育評価のあり方について検討することを目的としていた。

　まず、第12学年向けの「社会と文化」の科目概要に焦点をあてて、SACEの枠組み、すなわちSACEの求める教育内容および教育評価に関する規定は、グローバル教育がその教育目標および学習上の要点を保ったまま実践され得るものとなっているのかを検討した。SACEでは同じトピックを全ての生徒に学習させることよりも探究の技能を身につけさせることが重視されるとともに、扱う諸問題の内容に関らず、探究活動を行うために必要となる力量の形成と把握をめざしたクライテリアが設定されていた。そのため、SACEが規定する教育内容および評価方法はグローバル教育の学習上の要点を位置づけて実践することが可能となるような枠組みを提供しており、SACEの枠組みによってグローバル教育の実践が制限されるという可能性は低いこと、そして、実践者による教育目標の具体化や教育内容の意識的な選択が必要であることが指摘できた。

　続いて、SACEの科目概要の要求を満たすためにどのような取り組みが行われたのかを検討した。検討の結果、セキュロ教諭がSACEの科目概要の要求を満たすために行った主な取り組みとしては、次の2つを指摘することができた。1つは、SACEの科目概要で規定された種類の教育評価とトピックを位置づけるとともに、クライテリアで示された身につけさせたい力の習得

状況を把握するための評価課題を設定するかたちで単元づくりを行うことであった。そしてもう1つは、SACEの科目概要が示すクライテリアに関する規定に基づいて単元の評価課題に関する評価の観点とクライテリアを設定するとともに、その内容を具体的に記述することによって、生徒がその力を獲得するための学習の機会を設定しやすくし、また、生徒の力を把握することに利用することであった。

次に、調査課題に関するレポートを分析の対象として、この実践における教師の支援、および、生徒の評価課題への取り組みと学習の成果を整理した。生徒のレポートからはまず、グローバル教育の教育目的および教育目標と学習上の要点を位置づけた実践が進められていたことがうかがわれた。そのため、SACEの枠組みが学校教育の場におけるグローバル教育の実践を制限する可能性は低いと言えた。また、SACEにおいて課題を評価する際の観点とクライテリアが明示されることによって、学習を通して身につけさせたい力とクライテリアを満たすために取り組むべき作業が明確となり、教師の指導ならびに生徒の学習が方向づけられていた。さらに、示されたクライテリアが学習の焦点を明確にすることで、生徒による教育目標の達成、すなわち、学力保障の達成につながっているということも指摘できた。

以上をふまえて最後に、教育評価のあり方について考察した。そして、学習の成果を把握するだけでなく、教育目標の達成に向けた学習活動を促すためのものとしても教育評価をとらえ、評価活動を計画、実践することの重要性を指摘するとともに、教師の指導方針および支援策の明確化を促すことも教育評価の役割であることを指摘した。そしてそのうえで、各単元に応じた教育目標や評価課題、クライテリアの設定の方法を明らかにすることと、評価基準を精緻化することを今後の課題として挙げた。さらに、グローバル教育において特に考慮する必要がある「問題解決に向けた行動への参加」に関する教育目標と評価方法について、社会認識と自己認識の深化を求めるとともに、とるべき行動を自己決定することを促すような評価課題とクライテリアを設定することが効果的であると述べた。

本章での検討を通して、政府の定める教育制度が学校教育の場におけるグ

ローバル教育の実践に与えている影響を明らかにした。そこでは、これまで実践を制約するものととらえられてきた教育制度の枠組みを、『シリーズ』およびその基盤にあるコルダーとスミス、フィエンの開発教育論が抱えていた教育評価のあり方に関する研究の弱さを乗り越えるための手立てと研究の方向性を示すものとしてとらえ直すことができることを指摘した。今後、実践分析を重ねることによって、教育評価のあり方をより具体的に検討していくことができるだろう。

〔註〕

1 　所定の科目のスタンダードを達成することでその科目の単位が取得でき、一定の単位を揃えることによって後期中等教育修了資格を手に入れることができる。また、大学進学のためには各大学の学部・学科が定める所定の科目の単位取得が要件となる。なお、南オーストラリア州では「南オーストラリア州後期中等教育評価委員会（Senior Secondary Assessment Board of South Australia：以下、SSABSA）」と呼ばれる機関が設置されている。各学校は、SACEと関連する科目については、単元計画や評価計画などを記した書類（「アセスメント・プラン（assessment plan）」と呼ばれる）を事前にSSABSAに提出し、SSABSAの承認を得なければならない。承認が得られない場合、SACEの規定を満たすことができていないということになり、実践することが認められなくなる（修正を行って再提出することは可能である）。また、学習を通して作成された生徒のレポートなどの一部は、SACEを取得するための基準をクリアできているかを確認するための資料としてSSABSAに提出され、そこで採点される。こうした取り組みによって、SACEで求められる学力水準を維持するための授業や単元が作成されるとともに、生徒の学力水準も保証されているのである。

2 　カリキュラム編成およびスタンダードに関する枠組みとしては、2001年に公布された「南オーストラリア州のカリキュラム、スタンダード、アカウンタビリティ（South Australian Curriculum, Standards and Accountability：以下、SACSA）」も挙げられる。これは、就学前教育段階から中等教育段階終了までの間に各学習領域において達成すべき目標と、その目標への到達度を評価するためのスタンダードで構成されている（South Australia (Department of Education, Training and Employment), *South Australian Curriculum, Standards and Accountability Framework,* Adelaide: DETE Publishing, Australia, 2001）。ただし、これは各学校でのカリキュラム編成や授業づくりの際に参照されるものではあるものの、後期中等教育修了資格取得のための試験のようないわゆるハイステイクスな評価には用いられないため、実践に大きな影響を与えるものではない。したがって本章では、学校教育の場での実践に実質的な影響をぼしているSACEに焦点をあてて検討を進めることとする。なお、SACSAは2013年以降、段階的に、ナショナル・カリキュラムである「オーストラリアン・カリキュラム」に置きかえられてきている。SACSAの詳細については、拙稿「「南オーストラリア

州のSACSAの基本的な構想に関する一考察——「社会と環境」の領域に焦点をあてて」（京都大学大学院教育学研究科教育方法学講座『教育方法の探究』第10号、2007年、pp.33-40）を参照されたい。

3　SACEは1989年に制度化されたものであり、1989年のホバート宣言に端を発するナショナル・カリキュラム開発の動きを背景として南オーストラリア州で行われたスタンダード策定に関する取り組みの一環である。

4　本章で取り上げる実践をセキュロ教諭が計画し、SSABSAに提出するための「アセスメント・プラン」を作成していた当時、第11学年および第12学年向けの2011年度用の「科目概要」は、ドラフト版（SACE Board of SA, *Society and Culture Stage 1 and 2: Board-accredited subject outline Draft version,* Australia, 2009）しか作成されていなかった。そのため、セキュロ教諭はドラフト版に基づいて「アセスメント・プラン」を作成した。セキュロ教諭が「アセスメント・プラン」をSSABSAに提出した後に正規版（SACE Board of SA, *Society and Culture 2011 Subject Outline Stage 1 and Stage 2,* Adelaide: SACE Board of SA, Australia, 2010）が出されたが、本章では事実に忠実にしたがうために、ドラフト版に基づいて記述を行う。なお、正規版とドラフト版を比較すると、表現上の変更はいくらか加えられているものの、内容に大きな変更は見られない。

5　第1章で述べたように、第64回オーストラリア教育審議会ではナショナル・カリキュラム開発の対象として「英語」「算数・数学」「科学」「社会と環境の学習」「科学技術」「芸術」「健康と身体の教育」「英語以外の言語」の8つの学習領域が挙げられた。ただし、各州・直轄区ではこのガイドラインに沿いながらもそれぞれが独自に学習領域を設定しているため、オーストラリア教育審議会の示したガイドラインと必ずしも一致するとはかぎらない。

6　SACEの詳細については、SACE委員会（SACE Board）のホームページ（http://www.sace.sa.edu.au/：2014年1月24日確認）を参照されたい。

7　SACE Board of SA, *op.cit.,* 2009, p.17.

8　*Idem.*

9　なお、ステージ1の場合は「学校に基礎を置く評価」のみであり、「外部評価」は行われない。ステージ1の「学校に基礎を置く評価」は「資料分析」「グループ活動」「調査」から成り、それぞれの評価の種類に「少なくとも20％」を割り当てることとされている。また、ステージ2の10単位相当の科目として実践される場合には「口述活動」は行われず、「交流」に割り当てられている20％分がすべて、「グループ活動」のみで評価される（*Ibid.,* p.9 and p.25）。

10　正規版においては、10単位相当の科目の場合は計4つの評価を、20単位相当の科目の場合は計7～9つの評価を行うことが必要というかたちに変更された。ただし、10単位相当の場合も20単位相当の場合も、最低限含まなければならない評価の種類と数に変更は見られない。

11　SACE Board of SA, *op.cit.,* 2009, p.25. ただし、正規版においては、変更する場合においてもガイドラインに示されている評価の種類と重みづけの割合は守らなければならないことが明記されている（SACE Board of SA, *op.cit.,* 2010, p.33）。

12　ただし、この記述だけではどのような基準で評価を行えば良いのかが曖昧で実践に生かすことが困難であるため、SACEでは各観点についてAからEの5段階に分けた「パフォーマンス・スタンダード」も示している（SACE Board of SA, *op.cit.*, 2009, pp.32-33）。
13　*Ibid.*, p.26.
14　「私の学校」ウェブサイト（http://www.myschool.edu.au/：2014年1月24日確認）より。
15　2008年2月11日に実施した、セキュロ教諭への質問紙調査による。なお、勤続年数やグローバル教育を実践してきた年数については、質問紙調査実施時の回答をもとに計算し直している。
16　「ミレニアム開発目標」とは、先進国と開発途上国の双方によって合意された、貧困撲滅と人間開発の促進をめざして2015年までに重点的に取り組むべき分野におけるアジェンダである。具体的には、「極度の貧困と飢餓の撲滅」「普遍的な初等教育の達成」「ジェンダーの平等の推進と女性の地位向上」「幼児死亡率の引き下げ」「妊産婦の健康状態の改善」「HIV／AIDS、マラリア、その他の疾病の蔓延防止」「環境の持続可能性の確保」「開発のためのグローバル・パートナーシップの構築」の8項目が定められている。出産キットプログラムが扱っているのは、これらのうち、「ジェンダーの平等の推進と女性の地位向上」「幼児死亡率の引き下げ」「妊産婦の健康状態の改善」の3つである。なお、ミレニアム開発目標の詳細については、国連のウェブサイト（http://www.un.org/millenniumgoals/bkgd.shtml：2014年1月24日確認）を参照されたい。
17　これは、文化の違いが人間の価値観や行動様式に影響を与えていることや、世界には多様な文化が存在していることなどを理解するためのシミュレーション・ゲームの1つである。
18　セキュロ教諭が作成した評価計画に関する文書より。なお、コースワークにおいては、利用可能な科学技術を使う機会を提供することによって、生徒がICTに関するスキルをより一層発達させることも推進されている。
19　イスラム教の女性が着用する全身を覆う服のこと。
20　以下の記述は、「調査課題」に関する生徒Aのレポートに基づく。
21　序章の註51を参照。

終　章

　本研究は、オーストラリアにおけるグローバル教育の理論と実践の検討を目的とするものであった。具体的には、オーストラリアにおける開発教育研究の蓄積がどのように継承され、新たな展開を見せているのかという視点からグローバル教育の理論と実践を検討することを通して、近代公教育において中心的な役割を担ってきた学校教育という枠組みの中でグローバル教育を実践することの可能性と課題を探ることをめざした。そしてそのために、「1990年代半ば以降のグローバル教育をめぐり、学校教育をとりまく教育政策や教育制度などのマクロなレベルにおいて、連邦政府がどのようなかたちでどのような影響を与えているのかを明らかにすること」「GEPのもとでの具体的な実践というミクロなレベルにおいて、連邦政府がどのようなかたちでどのような影響を与えているのかを明らかにすること」「実践を通して理論のあり方を問い直すこと」という3つの課題を設定し、検討を進めてきた。

　本章では、これまでの論述をふり返ったうえで、本研究で明らかになった点と今後の課題として残された点を示す。

第1節　本研究の成果

　第Ⅰ部「グローバル教育の歴史的展開」（第1章、第2章）では、社会的背景およびカリキュラム政策との関連をふまえながら、オーストラリアにおける開発教育およびグローバル教育の歴史的展開を整理するとともに、GEPの具体像と、マクロなレベルで連邦政府がGEPに与えている影響の様相を明らかにすることをめざした。

第1章「開発教育からグローバル教育への歴史的展開――NGOによる取り組みから国家プロジェクトへ」では、オーストラリアにおいて開発教育およびグローバル教育がどのような社会的・文化的背景の中でどのような歴史的展開を見せてきたのか、また、教育政策や教育制度に関する連邦政府の取り組みからどのような影響を受けてきたのかを検討した。

まず、開発教育およびグローバル教育の歴史的展開を明らかにした。その教育目的と教育内容については、主に募金を促すための広報活動としての役割を担っていたものから、先進国に住む人々に自身の生き方を問い直す契機を与え、解決に向けた取り組みを促す教育活動としての役割を担うものになったことを指摘した。その背景には、経済成長を重視する開発のあり方から、そうした開発のあり方を問い直して人間の幸福を重視する開発の重要性を主張するものへという、開発論および開発概念の転換があった。また、実践の場については、学校外の教育の場から学校教育の場への展開が見られた。こうした展開を支えた主要な要因としては、開発教育論に関する研究の推進、それに基づく教材開発、全国規模のネットワークの確立やGEPの立ち上げ、ナショナル・カリキュラム開発の動きがあった。

こうした展開の過程において、連邦政府は常に開発教育およびグローバル教育と関わっていたが、その関わり方には変化が見られた。1960年代から1980年代にかけては、主にNGOなどの活動を資金提供によって支援するというかたちで開発教育に関わっていたのに対して、1990年代に入ると、GEPに代表されるように、グローバル教育を進めるプロジェクトそのものにも連邦政府が関与するようになってきたのである。また、1980年代以前の学校での教育活動に対する連邦政府からの要求は弱かったため教師が自由に教育活動を構想・実践することができたが、1990年代に入り、教育に関する「国家目標」の提示やナショナル・カリキュラム開発などの教育政策や教育制度の枠組みづくりが進められることによって、その枠組みに沿うかたちでグローバル教育を学校教育に位置づけるための方策が模索されるようになった。ここから、マクロなレベルにおいても、ミクロなレベルにおいても、より直接的に連邦政府が関与するようになったことが明らかとなった。

第2章「グローバル教育プロジェクトの全体像とその特質——連邦政府が国家プロジェクトに及ぼす影響」では、GEPの全体像を明らかにしたうえで、GEPに対する連邦政府からの影響に注目しながら、GEPの制度上の特質を探った。その結果、GEPには以下の2つの制度上の特質が見られることを指摘した。

　1つ目は、AusAIDの、ひいては連邦政府の要求を反映した実践を全国に広めることを可能にするシステムが確立されているという点であった。連邦政府は、各州・直轄区の担当者・担当機関を選定したり出版される教材やウェブサイトの内容に要求を出したりするというかたちで、GEPに対して要求を行っていた。その結果、GEPで構想されているグローバル教育には、国外の問題に目を向けることを強調し、また、海外援助活動に対する支持を広げることを志向する立場に立つという性質が見られることを明らかにした。こうしたグローバル教育の性質は、GEPが連邦政府の海外援助活動を担当するAusAIDの一事業であるという性質によって生まれるものであった。

　特質の2つ目は、GEPを通して構想されたグローバル教育の性質を相対化する役割をGEPの担当者・担当機関が果たしているという点であった。この特質が生まれる要因として、GEPで構想されるグローバル教育を相対化してとらえることの必要性を自覚している人物が担当者に選ばれていることと、開発教育に関する研究および実践の蓄積がGEPにおけるグローバル教育のあり方を相対化するための視点や具体的な教材などを提供していることを指摘した。

　第Ⅱ部「グローバル教育プロジェクトへの開発教育研究の継承」（第3章、第4章、第5章）では、GEPにおけるグローバル教育に理論的基盤を提供しているコルダーとスミス、およびフィエンの開発教育論の特質と課題を検討し、その特徴がどのように反映されているのか、あるいは反映されていないのかという視点から、GEPで作成された『シリーズ』の単元例の特徴を明らかにすることをめざした。

　第3章「コルダーとスミスの開発教育論の特質と課題——イギリスにおけるグローバル教育研究の継承」では、コルダーとスミスが共同研究を通して

構築した開発教育論に焦点をあてて、実践の構成原理およびその特質と課題を明らかにした。

イギリスのパイクらのグローバル教育論に学んだコルダーとスミスは、自己認識と社会認識の深化を基盤として問題解決に向けた行動への参加をめざす学習活動の必要性を主張し、そのための教育目標や探究アプローチ、単元に位置づけるべき学習場面を提案していた。ただし、パイクらの論をそのまま継承するのではなく、開発教育の主要な概念と開発論および開発概念の歴史的展開をふまえた変容が見られた。

コルダーとスミスの開発教育論に見られる特質として、まず、相互依存関係に対する認識と、問題解決に資する自身の力量についての認識を深めることを基盤として問題解決のための行動に参加することをめざすという、パイクらのグローバル教育論との共通性が見られることが挙げられた。さらに、地球的諸問題の解決に向けて必要となる能力の獲得を保障することにつながる目標設定が行われているという点も、その特質であった。また、政治的価値判断や行動に関する教育目標を設定することは児童生徒の価値観や行動様式を一律に規定することにつながる危険性を持っているため慎重な議論が必要であるが、この点に関してコルダーとスミスは、主体的かつ協同的な学習を保障する探究アプローチを通した学習を進めることにより、価値観や行動様式の押しつけにならないよう配慮していた。すなわち、コルダーとスミスは行動を起こすことだけを求めるのではなく、調査を通して得られた事実や他者からの意見をふまえて自身のとり得る行動の可能性を探り、そのうえで自身のとるべき行動を選択する機会を提供することによって、学習者が他者の考えに流されることなく、また、独りよがりの考えに陥ることなく社会認識と自己認識を深め、それを基盤としてとるべき行動を自己決定する機会を保障したうえで問題解決のための行動に参加することをめざしていたのである。さらに、自身の行動の結果を評価し、改善することの重要性を強調することによって、より望ましい行動への参加を実現するための方途を拓いていた。

ただし、コルダーとスミスの開発教育論では、社会構造の変革を可能にす

るための政治的技能および行動への参加のあり方とそれを促すための教師の働きかけ方についての検討が十分ではなかった。また、開発教育の教育目標および開発教育論の要点と合致した教育評価の方法論を検討することと、評価課題の設定と評価基準の開発を行う際に必要となる認識の深化の様相を明らかにする作業も、残された課題であった。

第4章「フィエンの開発教育論の特質と課題——批判的教育学に基づく開発教育論の展開」では、特に批判的教育学との関わりに焦点をあてて、フィエンの開発教育論の特質と課題を明らかにした。

フィエンは、コルダーとスミスの開発教育論を基礎としながら自身の開発教育論を展開していた。そこではコルダーらと同様に、社会認識と自己認識の深化を基盤として問題解決のためにとるべき行動を自己決定する機会を保障したうえで行動に参加することがめざされていた。また、自らの行動の結果を評価し、改善することの重要性を意識していることも指摘できた。ただし、以下の3点において、コルダーらの主張とは異なる特質が見られた。

1つ目は、授業づくりやカリキュラム編成の方法論だけではなく開発教育が実践される場としての学校教育の役割にまでふみこんだ主張をしている点であった。ここからは、社会の再生産装置としての役割が与えられてきた近代学校教育を、社会の変革装置としての役割を持つものとして位置づけ直すことの必要性が示唆された。

2つ目は、「変革的知識人」としての役割を教師が担うことの重要性を提起している点であった。これは、社会の変革装置としての役割を持つ学校教育を実現するための開発教育の実践を進める重要な方途とされているものであり、コルダーとスミスの開発教育論に見られた、既存の社会構造の変革を可能にするための政治的技能の獲得とそのための行動への参加を促す教師の働きかけ方についての検討が不十分であるという課題を克服する方途を示すものでもあった。

3つ目は、政治的リテラシーの獲得を通した民主主義と社会変革の政治プロセスへの参加の重要性を主張している点にあった。こうした主張の背景には、複数のイデオロギーや権力、利害がせめぎ合う場として社会をとらえ、

そうしたせめぎ合いが問題を生み出す社会構造の形成や自他の価値観の形成、問題解決に向けた取り組みの選択に及ぼす影響に対する認識の深化を強調するというフィエンの考えがあった。この特質はまた、社会構造の変革を可能にするための政治的技能および行動のあり方の検討が不十分であるというコルダーとスミスの開発教育論の課題を乗り越えるための手立てを提示し得るものであった。

こうした特質を持つ一方で、フィエンの開発教育論には、政治的リテラシーを育成するための具体的方策を十分に提示し得ていないという課題が見られた。また、コルダーとスミスの開発教育論と同様に、社会認識および自己認識の深化の様相の明確化、教育評価の方法論についての検討、行動への参加の位置づけおよび教師からの働きかけ方についての検討も不十分なまま残されていた。

第5章「『グローバル・パースペクティブ・シリーズ』に対する連邦政府からの影響──開発教育研究の継承と変容」では、『シリーズ』に収められている単元例の特徴を、コルダーとスミスおよびフィエンの開発教育論の特徴がどのように反映されているのか、あるいは反映されていないのかという視点から分析することによって、ミクロなレベルでの連邦政府からの影響の様相を明らかにすることをめざした。

まず、ライアンの先行研究で指摘されていた、政府が望む開発教育、すなわち、既存の社会構造の批判的な吟味と変革を行うことを避ける開発教育を「政府型」開発教育と名づけ、「政府型」開発教育、コルダーとスミスの開発教育、フィエンの開発教育の主張を比較して、実践の分析視角を抽出した。そのうえで、分析視角を念頭に置いて単元例「良いビジネス」を検討した。その結果、まず、コルダーとスミス、およびフィエンがその重要性を主張していた探究アプローチに基づく学習方法がとられていることが分かった。また、両論に共通する特徴である、社会認識と自己認識の深化を基盤としてとるべき行動を学習者自身が自己決定することを意識した単元設計がなされていた。

次に、3つの開発教育の主張の違いが表れやすい「社会認識の深化」「自己

認識の深化」「問題解決に向けた行動への参加」という3つの視点に注目して、単元例で構想されている実践の特徴を検討した。社会認識についてはフィエンが強調する方向性、すなわち、問題に関わる利害関係や権力関係、問題を生み出す社会構造などに目を向けさせるかたちでの深化をめざす取り組みを見てとることができた。自己認識については、学習者自身と問題との相互依存関係や問題解決に資する自身の力量、自他の価値観や社会認識の形成に影響を及ぼす要因などに関する認識を深めるという、コルダーとスミスおよびフィエンが強調する方向性が見られた。行動のあり方については主に、情報提供や情報共有を強調するコルダーとスミスの開発教育論の特徴が見られた。また、コルダーとスミスおよびフィエンが強調していた行動の結果の評価と改善については、評価につながる活動は見られるものの、評価と改善を行う機会が必ずしも十分に保障されているとは言い切れなかった。さらに、「政府型」開発教育に特徴的な性質を内包していることも指摘できた。すなわち、社会構造のあり方に目を向けたり問題解決に向けた行動に参加したりするための機会が位置づけられているものの、既存の社会構造のあり方を根本から批判的に問い直す機会を必ずしも保障しているとは言い切れないものとなっていたのである。

　以上の結果をふまえて、分析した単元例に見られるこうした開発教育論の継承と変容の様相に、連邦政府がGEPにおけるグローバル教育に与えているミクロなレベルでの影響が示されていると結論づけた。さらに、単元例に見られる特徴をふまえると、これまで特に連続的にとらえられてきたコルダーとスミスの提唱する開発教育とGEPで構想されているグローバル教育とが構想する学習活動には類似点が多く見られる一方で、社会構造のあり方に対する志向性は必ずしも一致しておらず、それゆえ両者を安易に同義のものと位置づけることはできないことを示した。加えて、教育評価の方法論について十分に示されていないことを指摘するとともに、アボリジニの人々について取り上げられていないことと、自らの行動の結果を評価、改善する機会が十分に保障されているとは言い切れないことを、『シリーズ』の抱える制約として挙げた。

第Ⅲ部「グローバル教育の新たな展開と可能性」（第6章、第7章）では、学校教育の場で行われた特徴的な実践を分析し、『シリーズ』の抱える制約や、従来の研究では十分に検討されていなかった理論上の課題を乗り越えるための方途を探り、グローバル教育論の再構築に向けた展望を得るとともに、今後取り組むべき研究の方向性を明らかにした。
　第6章「『グローバル・パースペクティブ・シリーズ』に基づく実践の具体像とその可能性——開発教育論の抱える課題の克服に向けた展望」では、グッドウッド小学校で行われた『シリーズ』に基づく実践事例を分析し、『シリーズ』の抱える制約と『シリーズ』の基盤にある開発教育論が抱える課題を乗り越えるための方途を検討するとともに、実践における『シリーズ』の使われ方と、学校での実践に関してGEPが果たしている役割について考察した。
　まず、実践においてどのような社会認識と自己認識の深化が促されているのか、また、それはどのような取り組みによって促されているのかを明らかにした。社会認識については、「6つの思考の帽子」を利用した情報収集や情報の解釈、ベン図の作成などを通して、起こっている問題およびそれが人々の生活に及ぼしている影響、問題解決に向けて行われている取り組みとその成果、水が人間の生活において共通に果たしている役割と状況に応じて変化する役割についての認識を深めていた。自己認識については、マインドマップづくりやアボリジニの人々についての学習を通して、水と自分の生活とのつながりの密接さの理解、アボリジニの人々の文化や価値観などの尊重、自身の価値観や生活様式の問い直しというかたちでの深化が見られた。これは、アボリジニの人々についての学習活動が位置づけられていないという『シリーズ』の制約を乗り越えるための取り組みでもあると言えた。
　次に、「問題解決に向けた行動への参加」の位置づけ方と、それを促すための教師の働きかけ方を明らかにした。実践事例においては、個人プロジェクトの遂行と成果発表を通して、コルダーらが行動への参加に関して想定していた「諸問題への認識を高めるための情報提供や情報共有」ならびに「個人で取り組むことのできる生活改善」の実行が促されていた。これらの取り組みは、自らの行動の結果を評価、改善する機会の保障が不十分であるという

『シリーズ』の制約を乗り越えるためのものでもあると同時に、問題解決に貢献するための力を自分が持っているという児童の自己認識の深化を促すものでもあると言えた。

さらに、教育評価がどのように行われているのかを探った。実践事例では、主に個人プロジェクトを通して、意識的な評価活動が行われていた。そこでは、児童の学習の成果を確認するという役割に加えて、児童の学習を方向づけ、促進するという役割、自他の学習のふり返りと改善を促すという役割、そして評価の場面においても他者との協同的な学習を実現させるという役割を担うものとして評価活動が進められていた。加えて、本実践事例からは、学習の質を保証したり児童の学力の実態を把握したりするための評価課題や評価基準の設定や、教師と児童による評価基準の共有を行うことによって、より効果的な評価活動を行うことにつながるということが示唆された。

以上をふまえて最後に、実践における『シリーズ』の使われ方と、学校での実践に関してGEPが果たしている役割について考察した。まず、『シリーズ』が両教諭によって実践に生かしやすいものととらえられ、使用されていたことを指摘した。さらに、GEPは学校教育の場においてグローバル教育を実践するための人的サポートと物的サポートを提供する役割を担うと同時に、そこで構想されている実践自体を問い直し、新たな可能性を拓くための機会を提供するという役割も果たしていることを指摘した。

第7章「後期中等教育修了試験が実践に及ぼす影響——教育評価のあり方に関する問題提起」では、アデレード高等学校での実践を取り上げ、教育制度が学校教育の場におけるグローバル教育の実践に及ぼし得る影響を明らかにするとともに、教育評価のあり方について検討した。

まず、SACEが規定する教育内容および評価方法はグローバル教育の学習上の要点を位置づけて実践することが可能となるような枠組みを提供しており、SACEの枠組みによってグローバル教育の実践が制限されるという可能性は低いこと、そして、実践者による教育目標の具体化や教育内容の意識的な選択が必要であることを指摘した。

次に、この実践事例では、2つの取り組みによってSACEの科目概要の要

求を満たした実践が実現されていることを明らかにした。取り組みの1つは、SACEの科目概要で規定された種類の教育評価とトピックを位置づけるとともに、クライテリアで示された身につけさせたい力の習得状況を把握するための評価課題を設定するかたちで単元づくりを行うことであった。そしてもう1つは、SACEの科目概要が示すクライテリアに関する規定に基づいて単元の評価課題に関する評価の観点とクライテリアを設定するとともに、その内容を具体的に記述することによって、生徒がその力を獲得するための学習の機会を設定しやすくするとともに、生徒の力を把握することに利用することであった。

続いて、調査課題に関するレポートを分析の対象として、この実践における教師の支援、および、生徒の評価課題への取り組みと学習の成果を整理した。まず、生徒のレポートからはグローバル教育の教育目的および教育目標と学習上の要点を位置づけた実践が進められていたことがうかがわれたため、SACEの枠組みが学校教育の場におけるグローバル教育の実践を制限する可能性は低いことを指摘した。また、SACEにおいて課題を評価する際の観点とクライテリアが明示されることにより、学習を通して身につけさせたい力とクライテリアを満たすために取り組むべき作業が明確となり、教師の指導ならびに生徒の学習が方向づけられていた。さらに、示されたクライテリアが学習の焦点を明確にすることで、生徒による教育目標の達成、すなわち、学力保障の達成につながっているということも指摘した。

以上をふまえて、学習の成果を把握するだけでなく、教育目標の達成に向けた学習活動を促すためのものとしても教育評価をとらえ、評価活動を計画、実践することの重要性と、教師の指導方針および支援策の明確化を促すことも教育評価の役割であることを指摘した。そのうえで、各単元に応じた教育目標や評価課題、クライテリアの設定方法を明らかにすることと評価基準を精緻化することを、今後の課題として挙げた。さらに、グローバル教育において特に考慮する必要がある「問題解決に向けた行動への参加」に関する教育目標と評価方法について、社会認識と自己認識の深化を求めるとともに、とるべき行動を自己決定することを促すような評価課題とクライテリアを設

定することが効果的であると述べた。

　そのうえで、最後に、これまで実践を制約するものととらえられてきた教育制度の枠組みを、『シリーズ』およびその基盤にある開発教育論が抱えていた教育評価のあり方に関する研究の弱さを乗り越えるための手立てと研究の方向性を示すものとしてとらえ直すことができると結論づけた。

　以上で示した本研究の成果をふまえると、近代公教育において中心的な役割を担ってきた学校教育という枠組みの中でグローバル教育を実践することについて、次のような可能性と課題が浮かび上がってくる。

　望ましい開発のあり方とは時代や社会を越えて普遍的に存在しているものではない。また、望ましい開発のあり方を考えることは、これまでの経済成長を重視する開発のあり方を無批判に受け入れることでも、完全に否定することでもない。開発をめぐる過去の取り組みの成功と失敗、現状、問題解決に向けて行われてきた取り組みなどをふまえながら、一人ひとりが学習活動を通して得た社会認識と自己認識をもとに考え、他者と議論しながら絶えず模索し続けていくべきものである。そのため、多くの児童生徒を対象として長期的な視野に立った実践を行うことのできる学校教育の場でグローバル教育を実践することは、重要な意味を持つ。すなわち、学校教育の場においてグローバル教育を実践することにより、めざす社会像とその実現に向けた開発のあり方を議論する場が提供されるとともに、そうした議論に参加するための力量を持つ人間を育成する機会を提供するという可能性を拓くことができるのである。

　ただし、グローバル教育が上述した可能性を拓くためには、社会の変革装置としての機能を持つ学校づくりを進める必要がある。学校が社会の再生産装置としての機能を維持し続ければ、既存の社会構造の批判的な吟味を行うことが困難となり、めざす社会像とその実現に向けた開発のあり方を根本から問い直すかたちで議論することができなくなってしまうためである。

　しかしながら、学校は、そこにいる教師の考え方や児童生徒との関わり方、そこで展開される教育活動および学習活動のあり方などによって、社会の再

生産装置としても変革装置としても機能し得る。したがって、コルダーとスミス、およびフィエンの開発教育論の検討を通して明らかにしたように、既存の社会構造の批判的な検討と必要に応じた社会変革を視野に入れた実践を展開することが必要となる。そしてそのためには、学習者一人ひとりが社会認識と自己認識を深化させ、それを基盤として問題解決に向けた行動に参加することができるよう、探究アプローチに基づく学習活動を実現する必要がある。また、学力保障を基盤とした実践を実現するために、社会認識と自己認識の深化と行動への参加に関する具体的な教育目標を設定するとともに、その目標の達成度を把握するための教育評価を行うことが必要である。この点に関しても、児童生徒一人ひとりの発達段階をふまえた教師からの適切な支援のもとで、他者と関わり合いながら探究アプローチに基づく学習活動に取り組むことができることから、学校教育の場でグローバル教育を実践することには大きな可能性があると言える。本研究で明らかにしてきたこれらの取り組みを進めることによって、学校教育の場で、既存の社会構造の批判的な吟味と必要に応じた変革を視野に入れたグローバル教育を実践することが可能になるのである。

　ただし、グローバル教育が教育活動である以上、社会構造の変革それ自体を目的とすることは避けなければならないという点には十分に留意する必要がある。変革の可能性を視野に入れながら、あくまでも、学習者一人ひとりが他者の考えに流されることなく、また、独りよがりの考えに陥ることなく社会認識と自己認識を深め、それを基盤としてとるべき行動を自己決定する機会を保障したうえで問題解決のための行動に参加することをめざした実践を展開することが必要である。この点が保障されなければ、価値観や行動様式の押しつけに陥ってしまう危険性があるためである。

　先行研究においては、連邦政府との深い関わりを背景としてオーストラリアにおける開発教育が政府の望む性質を持つものとなってきたという指摘があった。しかしながら本研究で明らかにしてきたように、GEPには、連邦政府の要求を反映した実践を全国に広めることを可能にするシステムを確立している一方で、GEPを通して構想されたグローバル教育の性質を相対化

する契機をも内在させているという特質があった。フィエンの指摘する教育とイデオロギーとの関係をふまえるならば、GEPが一定の立場に立つグローバル教育を提案することは避けられない。ただし、GEPは一定の立場に立つグローバル教育を提案しつつも、開発教育研究の蓄積を生かした教師教育プログラムや授業づくりのコンサルティング、開発された教材や資料の活用などを通した多様なグローバル教育のあり方を許容し、議論と実践を促す枠組みを提供している。こうした制度設計と開発教育研究の蓄積を生かした多様な実践の提供方法もまた、学校教育の場における実践の可能性を発揮させるための取り組み方として、オーストラリアの研究蓄積から学ぶべき点であると言えよう。

第2節　本研究に残された課題

　最後に、本研究に残された課題をまとめて結びとしたい。本研究に残された主な課題は、以下の3点にまとめられる。
　1つ目は、政治的リテラシーの育成をめざした取り組みのあり方をより具体的にすることである。本研究を通して、社会構造の変革を視野に入れた教育目標の設定や実践を行う際には、フィエンの主張する政治的リテラシーの育成が重要な役割を果たすことを指摘した。ただし、フィエンはその具体的方策を十分に提示してはいなかった。したがって、今後、開発教育およびグローバル教育で求められる政治的リテラシーの内容を具体化することと、育成のための方策を具体化することが必要となる。
　前者については、フィエンが援用するハックルの所論を検討することが1つの手がかりとなるだろう。また、後者については、南オーストラリア州でセーブ・ザ・チルドレン・オーストラリア (Save the Children Australia) によって進められている「グローバル・ピース・スクール・プログラム (Global Peace School Program)」の取り組みが1つの示唆を与えると考えられる[1]。グローバル・ピース・スクール・プログラムは、学校や学級を民主的な手法によって運営される場としてつくりあげ、児童生徒一人ひとりを自身の考えを持つ成員と

してその運営に参加させることによって、政治プロセスへの参加を行うための力量形成の場として学校づくりを行うことの可能性を示しているからである。

　2つ目は、個別具体的な単元に応じた教育目標の設定および教育評価の方法論を明らかにすることである。本研究では、コルダーとスミス、およびフィエンの開発教育論の検討を通して、「社会認識の深化」「自己認識の深化」「問題解決に向けた行動への参加」という3つの視点から教育目標を設定し、その達成に向けて探究アプローチに基づく学習活動を進めることの重要性を示した。しかし、個別具体的な単元で深めるべき認識の内容に即した教育目標や評価課題、評価基準をどのようにして設定するのかは今後の課題として残されていた。

　この課題に取り組むためには、本研究で示した「社会認識の深化」「自己認識の深化」「問題解決に向けた行動への参加」という3つの視点から、それぞれの単元において「どのような社会認識および自己認識の深化を実現する必要があるのか」「行動の質や内容をどのように規定するのか」という点に特に注目して教育目標と評価基準を設定することが求められる。また、設定した教育目標の到達度をどのような場面でどのような方法で把握するのかという点に留意するとともに、到達度を測るための評価基準をどのようにして設定するのかを明らかにする必要がある。この点について、たとえば、本書の第6章で行った認識の深化の様相を明らかにする作業は、評価基準の開発を進めるための1つの方途となり得るだろう。今後、広く実践例を集めるとともに、仮説的に評価課題と評価基準を設定し、それに基づく実践を行い、改善するという作業を繰り返すことによって、学習者の学力保障と教師による授業改善に資する教育目標の設定および教育評価の方法論を明らかにしていきたい。

　3つ目は、グローバル教育において国民の育成と市民の育成との関係をどのようにとらえ、どのような実践を構想する必要があるのかを明らかにすることである。本研究で示したように、オーストラリアでは連邦政府の求める価値観や能力を持った「国民」としての側面の強い「市民」の育成を行うもの

としてシティズンシップ教育が構想されていることへの批判が見られた。そこには、「国民」と「市民」をただ統一的にとらえるのではなく、両者に求められる人間像の内実とそのあるべき関係を問うことの必要性が示されている。シティズンシップ教育に関する国内外の議論を追うことによって、この課題に迫っていきたい。

　本研究ではオーストラリアの研究蓄積に焦点をあてて検討を進めてきた。もちろん、その成果を日本の学校教育の場における実践に生かすためには、両国の学校教育に関する制度的枠組みの類似点や相違点をふまえる必要がある。ただし、「社会認識の深化」「自己認識の深化」「問題解決に向けた行動への参加」という3つの視点をふまえた単元開発や実践を行うこと、学校や学級を民主的な手法によって運営される場としてつくりあげ、児童生徒一人ひとりを自身の考えを持つ成員としてその運営に参加させることによって、政治プロセスへの参加を行うための力量形成の場としての学校づくりを行うことなどは、個々の教師や学校によって取り組みを進めることが可能であろう。また、本節で示した3つの課題は、オーストラリアのみならず、日本の学校教育の場での実践を構想する際にも考慮すべきものである。オーストラリアの開発教育およびグローバル教育に関する研究を通して得られる知見を日本の学校教育の場に生かすことも視野に入れて、今後の研究を進めていきたい。

〔註〕
1　グローバル・ピース・スクール・プログラムの取り組みの実態については、拙稿「オーストラリアのグローバル・ピース・スクール・プログラムの成果と課題——NGOによるグローバル教育の新たな展開」(『オセアニア教育研究』第17号、2011年、pp.19-35) を参照されたい。

引用・参考文献一覧

引用・参考文献一覧

1. 外国語による論文・書籍

Atkinson, J., *Development Education in Canada: Increasing Awareness and Understanding of the Developing World in a Western Society*, Community Aid Abroad, Australia, 1989.

Bliss, S., *Global Educators' Network of Australia: Global Education Perspectives and NSW Secondary Curriculum*.

Bliss, S., 'Australian Global Education: Beyond Rhetoric towards Reality', in Australian Curriculum Studies Association (ed.), *Curriculum Perspectives*, vol.27, no.1, Australia, 2007, pp.40-52.

Bono, E. D., *Six Thinking Hats*, New York: Back Bay Books, U.S.A., 1999.

Bowden, D., *Mekong River Basin: Case Studies in Biodiversity and Ecologically Sustainable Development*, Cotton Tree: Australian Association for Environmental Education, Australia, 1998.

Browett, J. & Ashman, G., *Thinking Globally: Global Perspectives in the Early Classroom*, Melbourne: Curriculum Corporation, Australia, 2008.

Buckley, J., *The Art of Governance: Putting The Pieces Together*, Adelaide: Global Education Centre (SA), Australia, (出版年不明).

Burns, R. J., 'The Role of NGOs in Educating Australians about North-South Issues', in *Development Dossier*, 6, 1981, pp.33-38.

Calder, M. & Smith, R., *A Better World for All: Development Education for the Classroom*(Book 1), Canberra: Australian Government Publishing Service, Australia, 1991.

Calder, M. & Smith, R., *A Better World for All: Development Education for the Classroom*(Book 2), Canberra: Australian Government Publishing Service, Australia, 1991.

Calder, M., Collliver, A. & Wildy, M., *Teachers Guide To Families of the World: East Asia, South East Asia and the Pacific*, CPN publications, Australia, 1994.

Calder, M. (ed.), *Show Me the World: Units with a Global Perspective for Primary and Middle School*, Adelaide: Global Education Centre (SA), Australia, 1997.

Calder, M. (ed.), *Links: Linking Our Health and Our Environment ──Curriculum Materials for Secondary Teachers*, Adelaide: Global Education Centre (SA), Australia, 1998.

Calder, M., 'A Concern for Justice: Teaching Using a Global Perspective in the Classroom', in *Theory into Practice, Global Education: Viewed from around the World*, vol.39, no.2, Ohio: College of Education, The Ohio State University, U.S.A., 2000, pp.81-87.

Calder, M. & Wildy, M., *Where Are We in the World?: Globe and Mapping Activities for Junior Primary and Primary Students*, Adelaide: Global Education Centre (SA), Australia, 2008.

Canfield, J. & Wells, H. C., *100 Ways to Enhance Self-Concept in the Classroom*, New Jersey:

Prentice-Hall, U.S.A., 1976.
Civics Expert Group, *Whereas the People...: Civics and Citizenship Education Report of the Civic Expert Group,* Canberra: Australian Government Publishing Service, Australia, 1994.
Commonwealth of Australia, *Values for Australian Schooling Professional Learning Resources: Primary,* Melbourne: Curriculum Corporation, Australia, 2005.
Commonwealth of Australia, *National Statement for Engaging Young Australian with Asia in Australian Schools,* Melbourne: Curriculum Corporation, Australia, 2006.
Counsel, J., *Education for Development in SA schools: an Opportunity,* Masters of Arts Thesis for Flinders University, Australia, 1995.
Cowden, S. M., *Reassessing Development Education: An Analysis of Recent Experience with Case Studies Drawn from Australian NGO Practice,* Master's Dissertation for Monash University, Australia, 1996.
CSCNEPA, *Aligning Curriculum with the Goals of Schooling,* the stimulus paper for SCSNEPA, Australia, 2008.
Curriculum Corporation, *A Statement on Studies of Society and Environment for Australian Schools,* Melbourne: Curriculum Corporation, Australia, 1994.
Curriculum Corporation, *Global Perspectives: A Statement on Global Education for Australian Schools,* Melbourne: Curriculum Corporation, Australia, 2002.
Curriculum Corporation, *Global Perspectives: A Framework for Global Education in Australian Schools,* Melbourne: Curriculum Corporation, Australia, 2008
Development Education Association, *Measuring Effectiveness in Development Education,* U.K., 2001.
Development Education Association, *The Development Education Journal,* vol.10, no.1, U.K., 2003.
Development Education Centre, *Hidden Messages?: Activities for Exploring Bias,* Birmingham: Development Education Centre, U.K., 1986.
Development Education Centre, *A Sense of School: an Active Learning Approach to Inservice,* Birmingham: Development Education Centre, U.K., 1986.
Development Education Centre, *Theme Work: A Global Perspective in the Primary Curriculum in the 90's,* Birmingham: Development Education Centre, U.K., 1991.
Development Education Centre, *Why on Earth?: an Approach to Science with a Global Dimension at Key Stage 2,* Birmingham: Development Education Centre, U.K., 1991.
Development Education Centre, *Making It Real: Introducing a Global Dimension in the Early Years,* Birmingham: Development Education Centre, U.K., 1996.
Development Education Project, *Teaching Development Issues: Section1 Perceptions,* Manchester: Development Education Project, U.K., 1985.
Dumbleton, M. & Lountain, K., *Addressing Literacy in Society and Environment: A Middle Years Resource,* Melbourne: Curriculum Corporation, Australia, 1999.
Fien, J., *A Humanistic Perspective in Geographical Education,* Master's thesis for University of London, U.K., 1978.

Fien, J. (ed.), *Living in a Global Environment: Classroom Activities in Development Education,* Brisbane: Watson and Ferguson, Australia, 1989.

Fien, J., *Commitment to Justice: A Defence of a Rationale for Development Education,* paper presented to the ACFOA National Development Education Forum in Brisbane, Australia, 1991.

Fien, J., *Education for the Environment: A Critical Ethnography,* Ph.D. thesis for University of Queensland, Australia, 1992.

Fien, J., *Education for the Environment: Critical Curriculum Theorising and Environmental Education,* Melbourne: Deakin University Press, Australia, 1993.

Fien, J. (ed.), *Environmental Education: A Pathway to Sustainability,* Melbourne: Deakin University Press, Australia, 1993.

Fien, J. (ed.), *Teaching for a Sustainable World: Environmental and Development Education Project for Teacher Education,* Canberra: AIDAB, Australia, 1993

Fien, J. (eds.), *Monograph 1: Global Education Opportunities in Australian Curriculum Documents,* Brisbane: Griffith University, Queensland University of Technology, Global Learning Centre (Qld) Incorporated, Australia, 1996.

Fien, J. (eds.), *Monograph 2: Action Research and Professional Development for Global Education,* Brisbane: Griffith University, Queensland University of Technology, Global Learning Centre (Qld) Incorporated, Australia, 1996

Fien, J., *Education for Sustainability: Reorientating Australian Schools for a Sustainable Future,* Melbourne: Australian Conservation Foundation Inc., Australia, 2001.

Fisher, S. & Hicks, D., *World Studies 8-13: A Teacher's Handbook,* London: Oliver & Boyd, U.K., 1985.

Fountain, S., *Learning Together: Global Education 4-7,* Cheltenham: Stanley Thornes, U.K., 1990.

Fountain, S., *Education for Development: A Teacher's Resource for Global Learning,* London: Hodder & Stoughton, U.K., 1995.

Geography Teachers Association of New South Wales, *Geography Bulletin,* vol.33, no.2, Lismore: Northern Star Print, Australia, 2001.

Geography Teachers Association of New South Wales, *Geography Bulletin,* vol.37, no.1, Lismore: Northern Star Print, Australia, 2005.

Geography Teachers Association of New South Wales, *Geography Bulletin,* vol.37, no.3, Lismore: Northern Star Print, Australia, 2005.

Giroux, H. A., 'Citizenship, Public Philosophy and the Struggle for Democracy' in *Educational Theory,* vol.37, no.2, 1987, U.S.A., pp.103-120.

Giroux, H. A., *Teachers as Intellectuals: Toward a Critical Pedagogy of Learning,* Massachusetts: Bergin & Garvey, U.S.A., 1988.

Goldflam, A., *Living and Learning in Harmony: A Resource Kit for Schools,* Perth: One World Centre, Australia, 2000.

Guy, R. (ed.), *Look Global: Global Perspectives in the Upper Primary Classroom,* Melbourne:

Curriculum Corporation, Australia, 1999.

Hanvey, R. G., *An Attainable Global Perspective,* New York: Global Perspectives in Education, U.S.A., 1976.

Hart, R., *Children's Participation: The Theory and Practice of Involving Young Citizens in Community Development and Environmental Care,* London: EarthScan, U.K., 1997.

Hathorn, L. & Gouldthorpe, P., *The Wonder Thing,* Camberwell: Puffin Books, Australia, 1995.

Hicks, D. (ed.), *Education for Peace: Issues, Principles and Practices in the Classroom,* London & New York: Routledge, 1988.

Hicks, D. & Steiner, M. (eds.), *Making Global Connections: A World Studies Workbook,* London: Oliver & Boyd, U.K., 1989.

Hicks, D., *Educating for the Future: A Practical Classroom Guide,* Surrey: WWF UK, U.K., 1994.

Hicks, D., *Citizenship for the Future: A Practical Classroom Guide,* Surrey: WWF UK, U.K., 2001.

Hirst, J., *Discovering Democracy: A Guide to Government and Law in Australia,* Melbourne: Curriculum Corporation, Australia, 1998.

Huckle, J., *Educating for Sustainability: A Guide for Primary Schools,* Birmingham: National Primary Trust, U.K., 2002.

Human Rights and Equal Opportunity Commission, *Face the Facts: Some Questions and Answers about Immigration, Refugees and Indigenous Affairs,* Sydney: Human Rights and Equal Opportunity Commission, Australia, 2001.

Kido, K., *Assessment Strategies in Global Education,* Master's thesis for Flinders University, Australia, 2003.

Murdoch, K. & Hamston, J., *Knowing Me, Knowing You,* Burwood: Dellasta Publishing, Australia, 1999.

One World Centre, *Evaluation of the Global Education Project,* Perth: One World Centre, Australia, 1995.

Pike, G. & Selby, D., *Global Teacher, Global Learner,* London: Hodder and Stoughton, U.K., 1988.

Pike, G. & Selby, D., *Reconnecting: from National to Global Curriculum,* Surrey: WWF UK, U.K., 1995.

Pike, G. & Selby, D., *In the Global Classroom 1,* Ontario: Pippin Publishing, Canada, 2000.

Pike, G. & Selby, D., *In the Global Classroom 2,* Ontario: Pippin Publishing, Canada, 2000.

Pike, G., 'Global Education and National Identity: in Pursuit of Meaning', in *Theory into Practice, Global Education: Viewed from around the World,* vol.39, no.2, Ohio: College of Education, The Ohio State University, U.S.A., 2000, pp.64-73.

Poultney, T., *Globalise Me!: A Student's Guide to Globalisation,* Melbourne: Curriculum Corporation, Australia, 2004

Reid-Nguyen, R. (ed.), *Think Global: Global Perspectives in the Lower Primary Classroom,* Melbourne: Curriculum Corporation, Australia, 1999.

Richardson, R., *Justice and Equality in the Classroom: the Design of Lessons and Courses,* Global

Education Documentation Service, No.7, York: Centre for Global Education, University of York, U.K.

Robottom, I. (ed.), *Environmental Education: Practice and Possibility,* Melbourne: Deakin University Press, Australia, 1987.

Ryan, A., *Is Giving Enough?: The Role of Development Education in Australian NGOs,* PhD thesis for Flinders University, Australia, 1991.

SACE Board of SA, *Society and Culture Stage 1 and 2: Board-accredited subject outline Draft version,* Adelaide: SACE Board of SA, Australia, 2009.

SACE Board of SA, *Society and Culture 2011 Subject Outline Stage 1 and Stage 2,* Adelaide: SACE Board of SA, Australia, 2010.

Save the Children Australia, *Speaking Out: A Save the Children Program for Primary Teachers,* Adelaide: Save the Children Australia, Australia, 2007.

Save the Children Australia, *Speaking Out: A Save the Children Program for Secondary Teachers,* Adelaide: Save the Children Australia, Australia, 2007.

Singh, M., *Monograph 3: Evaluation Report,* Brisbane: Griffith University, Queensland University of Technology, Global Learning Centre (Qld) Incorporated, Australia, 1996.

South Australia (Department of Education, Training and Employment), *South Australian Curriculum, Standards and Accountability Framework,* Adelaide: DETE Publishing, Australia, 2001.

Steiner, M., *Learning from Experience: Cooperative Learning and Global Education,* Staffordshire: Trentham Books, U.K., 1993.

Thorpe, D., *How the World Works: an Oxfam Guide,* London: Two-Can, U.K., 1992.

Townsend, T. & Ottero, G., *The Global Classroom,* Moorabbin: Hawker Brownlow Education, Australia, 1999.

Triolo, R. (ed.), *Go Global: Global Perspectives in the Secondary Classroom,* Melbourne: Curriculum Corporation, Australia, 2000.

Tudball, L. & Stirling, L., *Bright Sparks, Leading Lights: Snapshots of Global Education in Australia,* Melbourne: SEAA, Australia, 2011.

United Nations Development Programme, *Human Development Report 1990,* New York: Oxford University Press, U.S.A., 1990.

Wals, A., 'Caretakers of the Environment: A Global Network of Teachers and Students to Save the Earth', in *Journal of Environmental Education,* vol.21, no.3, 1990, pp.3-7.

Wildy, M. & Smith, F., *Teaching about Other Countries: A Teaching Model for Primary and Middle School Teachers,* Adelaide: Global Education Centre (SA), Australia, 2007.

Wildy, M. & Smith, F., *Food for All: A Teaching Resource for Upper Primary and Lower Secondary School Teachers,* Adelaide: Global Education Centre (SA), Australia, 2008.

World Commission on Environment and Development, *Our Common Future,* New York: Oxford University Press, U.S.A., 1987.

World Vision Australia, *Get Connected, Issue 1: Water,* Burwood East: World Vision Australia,

Australia, 2007.
World Vision Australia, *Get Connected, Issue 2: Disasters,* Burwood East: World Vision Australia, Australia, 2007.
World Vision Australia, *Get Connected, Issue 3: Our Pacific Neighbours,* Burwood East: World Vision Australia, Australia, 2009.

2. 日本語による論文・書籍

青木麻衣子「オーストラリアの学校教育改革——1990年代以降を中心に」『オセアニア教育研究』第12号、2006年、pp.39-50
青木麻衣子『オーストラリアの言語教育政策——多文化主義における「多様性」と「統一性」の揺らぎと共存』東信堂、2009年
青木麻衣子、佐藤博志編著『新版 オーストラリア・ニュージーランドの教育——グローバル社会を生き抜く力の育成に向けて』東信堂、2014年
秋田喜代美、恒吉僚子、佐藤学編『教育研究のメソドロジー』東京大学出版会、2005年
秋田喜代美編著『授業研究と談話分析』放送大学教育振興会、2006年
秋田喜代美、キャサリン ルイス『授業の研究 教師の学習』明石書店、2008年
阿久澤麻理子「イギリスにおける『参加型学習』」開発教育協議会『開発教育』No.42、2000年、pp.27-31
浅野誠、ディヴィッド・セルビー編『グローバル教育からの提案』日本評論社、2002年
天野正輝『教育方法の探究』晃洋書房、1995年
天野正輝編著『総合的学習のカリキュラム創造——教育課程研究入門』ミネルヴァ書房、1999年
天野正治、村田翼夫編『多文化共生社会の教育』玉川大学出版部、2001年
アラン・バーカン（笹森健監訳）『オーストラリア教育史』青山社、1995年
飯笹佐代子『シティズンシップと多文化国家——オーストラリアから読み解く』日本経済評論社、2007年
石附実、笹森健編『オーストラリア・ニュージーランドの教育』東信堂、2001年
イマニュエル・ウォーラーステイン（山下範久訳）『入門・世界システム分析』藤原書店、2006年
稲垣忠彦、佐藤学『授業研究入門』岩波書店、1996年
今村光章『環境教育という〈壁〉——社会変革と再生産のダブルバインドを超えて』昭和堂、2009年
上地完治「アメリカにおける批判的教育学の研究——ジルー（Henry A. Giroux）の学校論を中心に」『教育学研究紀要』第40巻第1部、1994年、pp.1-6
上地完治「学校教育とポストモダニズム——ジルーの批判的教育学を手がかりとして」『カリキュラム研究』第8号、1999年、pp.33-44
魚住忠久、深草正博編著『21世紀地球市民の育成——グローバル教育の探究と展開』黎明

書房、2001年
魚住忠久『共生の時代を拓く国際理解教育——地球的視野からの展開』黎明書房、2000年
魚住忠久『グローバル教育の新地平』黎明書房、2003年
宇田川晴義監修『地球市民への入門講座——グローバル教育の可能性』三修社、2001年
江原武一編『多文化教育の国際比較——エスニシティへの教育の対応』玉川大学出版部、2000年
江原裕美編『開発と教育』新評論、2001年
大石信行『イエロー・オーストラリア——アジア化に揺れる豪州』明石書店、2003年
オーストラリア人権委員会編(福田弘他訳)『みんなの人権——人権学習のためのテキスト』明石書店、1987年
太田弘「オーストラリア・イギリスの開発教育——学校／地理教育から見た開発教育」開発教育協議会『開発教育』No.15、1989年、pp.30-41
越智道雄『オーストラリアを知るための48章』明石書店、2000年
大津和子『社会科——1本のバナナから』国土社、1987年
大津和子『国際理解教育——地球市民を育てる授業と構想』国土社、1992年
大津和子・溝上泰編『国際理解——重要用語300の基礎知識』明治図書、2000年
オードリー・オスラー編(中里亜夫監訳)『世界の開発教育——教師のためのグローバル・カリキュラム』明石書店、2002年
小貫仁「テーマの構造化の試み」開発教育協議会『開発教育』No.44、2001年、pp.56-60
開発教育協議会編『「開発教育」ってなあに？——開発教育Q&A集』開発教育協議会、1998年
開発教育協議会編『わくわく開発教育——参加型学習へのヒント』開発教育協議会、1999年
開発教育協議会編『いきいき開発教育——総合学習に向けたカリキュラムと教材』開発教育協議会、2000年
開発教育協議会編『つながれ開発教育——学校と地域のパートナーシップ事例集』開発教育協議会、2001年
開発教育協議会編『開発教育キーワード51』開発教育協議会、2002年
開発教育協会、神奈川県国際交流協会制作・発行『新・貿易ゲーム——経済のグローバル化を考える』2001年
開発教育協会、かながわ国際交流財団『新・貿易ゲーム——経済のグローバル化を考える』〔改訂第2刷版〕開発教育協会、2009年
(特活)開発教育協会内ESD開発教育カリキュラム研究会編『開発教育で実践するESDカリキュラム——地域を掘り下げ、世界とつながる学びのデザイン』学文社、2010年
開発教育協議会／開発教育協会(編集・発行)『開発教育』No.1～No.52、1982年～2005年
開発教育協会編『開発教育』第53号～第60号、明石書店、2006年～2013年
解放教育研究所編『解放の学力とエンパワーメント』明治図書、1998年
金谷敏郎「開発教育論議の十年—試論」開発教育協議会『開発教育』No.22、1992年、pp.1-23
河内徳子編『多文化社会と教育改革』未来社、1998年

川嶋宗継他編著『環境教育への招待』ミネルヴァ書房、2002年
環境と開発に関する世界委員会『地球の未来を守るために』福武書店、1987年
神鳥直子「オーストラリアにおける英語以外の言語教育政策──多民族社会における教育の保障の観点から」『比較教育学研究』第20号、1994年、pp.129-140
木下雅仁「歴史教育におけるスタディ・デザインと先住民族問題──オーストラリア・ビクトリア州を例に」『関西教育学会紀要』第25号、2001年、pp.65-69
木下雅仁「社会科教材に見るアボリジニ像とその問題点」『関西教育学会紀要』第23号、1999年、pp.176-180
木村一子『イギリスのグローバル教育』勁草書房、2000年
木村裕「日本における開発教育の現状と課題」『アジア教育研究報告』第6号、2005年、pp.41-59
木村裕「開発教育」大田直子・黒崎勲編著『学校をよりよく理解するための教育学2──教育の内容と方法(1)』学事出版、2006年、pp.110-119
木村裕「総合的な学習の時間における開発教育の可能性と課題──互いの意義を生かしたカリキュラム設計に向けて」『日中教育学系合同シンポジウム論文集』(京都大学大学院教育学研究科「魅力ある大学院教育」イニシアティブ国際委員会 編集・発行)、2006年、pp.117-124
木村裕「南オーストラリア州のSACSAの基本的な構想に関する一考察──『社会と環境』の領域に焦点をあてて」京都大学大学院教育学研究科教育方法学講座『教育方法の探究』第10号、2007年、pp.33-40
木村裕「日本におけるオーストラリアの開発教育研究の動向と今後の課題」『オセアニア教育研究』第15号、2009年、pp.73-84
木村裕「オーストラリアの全国学力調査──学力保障の実現に向けた学力調査のあり方」『リテラシーの育成をめざす評価規準と評価方法の開発』(平成19-21年度 文部科学省科学研究費補助金研究成果最終報告書：研究代表者 田中耕治) 2010年、pp.184-193
木村裕「オーストラリアのグローバル・ピース・スクール・プログラムの成果と課題──NGOによるグローバル教育の新たな展開」『オセアニア教育研究』第17号、2011年、pp.19-35
キャロライン・モーザ(久保田賢一・久保田真弓訳)『ジェンダー・開発・NGO』新評論、1996年
教科書調査委員会編『新たな「開発教育」をめざして──南北問題・開発途上国に関する教科書調査報告書』国際協力事業団青年海外協力隊事務局、1977年
熊谷真之、佐藤博志「オーストラリアにおける学校審議会制度の検討──学校段階への権限委譲の歴史的展開と学校審議会の現状」『オーストラリア教育研究』創刊号、1994年、pp.14-38
グラハム・パイク他(阿久澤麻理子訳)『地球市民を育む学習──Global Teacher, Global Learner』明石書店、1997年
黒沢惟昭他編『世界の教育改革の思想と現状』理想社、2000年

小玉重夫『シティズンシップの教育思想』白澤社、2003年
小林哲也、江淵一公編『多文化教育の比較研究――教育における文化的同化と多様化』〔第3版〕、九州大学出版会、1997年
小柳正司『リテラシーの地平――読み書き能力の教育哲学』大学教育出版、2010年
サイモン・フィッシャー、デイヴィッド・ヒックス(国際理解教育・資料情報センター編訳)『ワールド・スタディーズ――学びかた・教えかたハンドブック』めこん、1991年
笹森健、佐藤博志「オーストラリアにおける教育課程行政改革――ナショナルカリキュラムを中心に」『教育研究』(青山学院大学教育学会紀要)第38号、1994年、pp.67-78
佐藤三郎編『世界の教育改革――21世紀への架ヶ橋』東信堂、1999年
佐藤博志「オーストラリアにおけるナショナル・カリキュラムに関する考察――実施過程を中心に」『比較教育学研究』第22号、1996年、pp.101-112
佐藤博志『オーストラリア教育改革に学ぶ――学校変革プランの方法と実際』学文社、2007年
佐藤博志『オーストラリア学校経営改革の研究――自律的学校経営とアカウンタビリティ』東信堂、2009年
佐藤博志編著『オーストラリアの教育改革――21世紀型教育立国への挑戦』学文社、2011年
ジョン・フリードマン(斉藤千宏・雨森孝悦監訳)『市民・政府・NGO――「力の剥奪」からエンパワーメントへ』新評論、1995年
ジョン・フィエン(石川聡子他訳)『環境のための教育――批判的カリキュラム理論と環境教育』東信堂、2001年
スー・グレイグ、グラハム・パイク、ディヴィッド・セルビー(世界自然保護基金ジャパン訳)『環境教育入門――EARTHRIGHTS』明石書店、1998年
杉本和弘『戦後オーストラリアの高等教育改革研究』東信堂、2004年
杉本良夫『オーストラリア6000日』岩波書店、1991年
杉本良夫『オーストラリア――多文化社会の選択』岩波書店、2000年
鈴木敏正『エンパワーメントの教育学』北樹出版、1999年
青年海外協力隊『クロスロード』1979年10月号、1980年10月号
関根政美他『概説オーストラリア史』有斐閣、1988年
関根政美『多文化主義社会の到来』朝日新聞社、2000年
高野剛彦「『総合的な学習』における開発教育・グローバル教育の単元モデルの開発――ポートフォリオ評価を用いて」兵庫教育大学大学院学校教育研究科修士論文、2000年
竹川慎哉『批判的リテラシーの教育――オーストラリア・アメリカにおける現実と課題』明石書店、2010年
竹田いさみ他編『オーストラリア入門』東京大学出版会、1998年
竹田いさみ『物語 オーストラリアの歴史』中央公論新社、2000年
田嶋一他著『新版 やさしい教育原理』有斐閣、2007年
田中耕治編『よくわかる教育評価』ミネルヴァ書房、2005年

田中耕治編『よくわかる授業論』ミネルヴァ書房、2007年
田中耕治『教育評価』岩波書店、2008年
田中耕治編『よくわかる教育課程』ミネルヴァ書房、2009年
田中耕治、水原克敏、三石初雄、西岡加名恵『〈改訂版〉新しい時代の教育課程』有斐閣、2009年
田中治彦「開発教育の定義を再考する」開発教育協議会『開発教育』No.28、1994年、pp.48-52
田中治彦『南北問題と開発教育』亜紀書房、1994年
田中治彦「総合学習と開発教育」開発教育協議会『開発教育』No.38、1998年、pp.3-11
田中治彦「地球的課題と生涯教育」『立教大学教育学科研究年報』No.42、1999年、pp.147-156
田中治彦『国際協力と開発教育――「援助」の近未来を探る』明石書店、2008年
田中治彦編著『開発教育――持続可能な世界のために』学文社、2008年
谷川とみ子「H. A. ジルーの批判的教育学におけるカルチュラル・スタディーズの位置――教育学の独自性の再審」『関西教育学会研究紀要』第5号、2005年、pp.16-30
ディヴィッド・ヒックス、ミリアム・スタイナー編(岩﨑裕保監訳)『地球市民教育のすすめかた――ワールド・スタディーズ・ワークブック』明石書店、1997年
東和大学国際教育研究所「新しい国際理解教育としての開発教育」国際理解教育研究所『国際理解』No.13、1981年、pp.9-20
中西直和『オーストラリア移民文化論――「異文化」と「普遍主義」の接合』松籟社、1999年
西岡加名恵『教科と総合に活かすポートフォリオ評価法――新たな評価基準の創出に向けて』図書文化、2003年
西岡尚也『開発教育のすすめ』かもがわ出版、1996年
西岡尚也『子どもたちへの開発教育――世界のリアルをどう教えるか』ナカニシヤ出版、2007年
西川潤『〈新版〉貧困』岩波書店、1994年
西川潤「グローバリゼーションと社会開発」開発教育協議会『開発教育』No.43、2001年、pp.4-11
西川潤「社会サミットと開発教育」開発教育協議会『開発教育』No.30、1995年、pp.1-10
日本国際理解教育学会編著『グローバル時代の国際理解教育――実践と理論をつなぐ』明石書店、2010年
パウロ・フレイレ(小沢有作他訳)『被抑圧者の教育学』亜紀書房、1979年
パウロ・フレイレ(里見実訳)『希望の教育学』太朗次郎社、2001年
深井慈子『持続可能な世界論』ナカニシヤ出版、2005年
藤川隆男『オーストラリア 歴史の旅』朝日新聞社、1990年
藤川隆男編『オーストラリアの歴史』有斐閣、2004年
藤原孝章『外国人労働者問題をどう教えるか――グローバル時代の国際理解教育』明石書店、1994年

藤原孝章「開発教育と『総合的な学習の時間』」開発教育協議会『開発教育』No.44、2001年、pp.61-65

藤原孝章『シミュレーション教材「ひょうたん島問題」』明石書店、2008年

二杉孝司他編著『授業分析の基礎技術』学事出版、2002年

本多泰洋『オーストラリア連邦の個別化才能教育――米国および日本との比較』学文社、2008年

本間和美「学校教育における難民問題の取り扱い方――オーストラリアの教科書『New Wave Geography 1』を手がかりとして」開発教育協会編『開発教育』No.49、2004年、pp.68-71

マイケル・アップル他編著『学校文化への挑戦――批判的教育研究の最前線』東信堂、1993年

マイケル・アップル他編著『批判的教育学と公教育の再生』明石書店、2009年

松倉信幸、矢田貞行「イギリス・オーストラリアの多文化教育に関する比較研究」『鈴鹿国際大学紀要』第7号、2000年、pp.121-157

松田陽子『多文化社会オーストラリアの言語教育政策』ひつじ書房、2009年

見世千賀子「オーストラリアにおける多文化教育と市民性教育の動向と課題」『オセアニア教育研究』第11号、2005年、pp.29-40

文部省編『諸外国の学校教育（アジア・オセアニア・アフリカ編）』大蔵省印刷局、1996年

山西優二「開発教育の成立とその概念の進展」『フィロソフィア』No.81、1994年

山西優二・上條直美・近藤牧子編『地域から描くこれからの開発教育』新評論、2008年

吉田敦彦『ホリスティック教育論』日本評論社、1999年

ルイス・フォスター（吉井弘訳）『オーストラリアの教育』勁草書房、1990年

ロジャー・ハート（IPA日本支部訳）『子どもの参画――コミュニティづくりと身近な環境ケアへの参画のための理論と実際』萌文社、2000年

「座談会：開発教育の広がりを求めて」開発教育協議会『開発教育』No.15、1989年、pp.1-22

「課題別分科会報告書：開発とは？」開発教育協議会『開発教育』No.39、1999年、pp.27-29

3. ウェブサイト

アデレード宣言：21世紀における学校教育に関する国家目標（The Adelaide Declaration on National Goals for Schooling in the Twenty-First Century）：
http://www.mceetya.edu.au/mceetya/nationalgoals/index.htm（2014年1月24日確認）

エデュケーション・サービス・オーストラリア（Education Service Australia）：
http://www.esa.edu.au/（2014年1月24日確認）

エデュケーション・ドット・エイユー（Education.au）：
http://www.educationau.edu.au/jahia/Jahia/home（2008年11月27日確認）

オーストラリア国際開発庁（Australian Agency for International Development：AusAID）：

http://ausaid.gov.au/Pages/home.aspx（2013年8月30日確認）
開発教育協会
　　http://www.dear.or.jp/index.html（2014年1月24日確認）
学校教育に関するホバート宣言（The Hobart Declaration on Schooling）：
　　http://www.mceecdya.edu.au/mceecdya/hobart_declaration,11577.html（2014年1月24日確認）
カリキュラム・コーポレーション（Curriculum Corporation）：
　　http://www.curriculum.edu.au/ccsite/cc_home,17988.html（2008年11月27日確認）
グローバル教育ウェブサイト（Global Education Website）：
　　http://www.globaleducation.edna.edu.au/globaled/go（2012年1月11日確認）
　　現行のもの：http://www.globaleducation.edu.au/（2014年1月24日確認）
グローバル教育センター（Global Education Centre）：
　　http://www.global-education.asn.au/GECSA_Home（2014年1月24日確認）
ケンプによるスピーチ "Discovering Democracy School Materials Launch"（Minister Archives, 18 November, 1998）：
　　http://www.dest.gov.au/archive/ministers/kemp/ks181198.htm（2012年1月11日確認）
シティズンシップ教育ウェブサイト（Civics and Citizenship Education website）：
　　http://www.civicsandcitizenship.edu.au/cce/default.asp（2014年1月24日確認）
ミレニアム開発目標（国連のウェブサイト）：
　　http://www.un.org/millenniumgoals/bkgd.shtml（2014年1月24日確認）
メルボルン宣言：若いオーストラリア人のための教育目標（The Melbourne Declaration on Educational Goals for Young Australians）：
　　http://www.curriculum.edu.au/verve/_resources/National_Declaration_on_the_Educational_Goals_for_Young_Australians.pdf（2014年1月24日確認）
連邦教育雇用職場環境省（Department of Education, Employment and Workplace Relations）のウェブサイトにあるシティズンシップ教育のホームページ：
　　http://www.civicsandcitizenship.edu.au/cce/background,8985.html（2014年1月24日確認）
「私の学校」ウェブサイト（My School Website）：
　　http://www.myschool.edu.au/（2014年1月24日確認）
SACE委員会（SACE Board）：
　　http://www.sace.sa.edu.au/（2014年1月24日確認）

巻末資料
オーストラリアの開発教育・
グローバル教育の年表

年代	世界の出来事	オーストラリアの出来事
		*約5万年前、アボリジニが渡来(推定)
1788		*イギリスによる植民地の建設開始
1901		*オーストラリア連邦の誕生 ⇒ 白豪主義政策の開始
1920	*世界大学サービス(World University Service)開始	
1936		*オーストラリア教育審議会設立
1942	*オックスフォード飢饉救済委員会(Oxford Famine Relief)設立	
1945	*国際通貨基金(IMF)設立 *国際復興開発銀行(IBRD)設立 *「ヨーロッパ・クリスチャン委員会(Christian Reconciliation in Europe)」設立	*国際連合(以下、国連)に加盟
1946	*マーシャルプラン開始 *ユネスコ設立 ⇒ 設立後に国際理解教育を提唱 *ユニセフ設立	
1948	*国連総会で「世界人権宣言」を採択	
1949	*欧州評議会(Council of Europe)設立	*メンジース自由党・地方党連合政権樹立
1950	*コロンボ計画開始	
1953	*ユネスコ協同学校計画開始	*フード・フォー・ピース(Food For Peace:FFP)設立
1955	*アジア・アフリカ会議開催 (於:バンドン)	
1959	*フランクスが南北問題の存在を指摘	*白豪主義反対運動勃発
1960	*オックスフォード飢饉救済委員会を、オックスファム(Oxfam)に改称	
1961	*「第一次国連開発の10年」計画開始 ⇒ 近代化論が主流 *経済協力開発機構(OECD)設立	
1962	*緑の革命開始(於:フィリピン)	*FFPを前身として、クリスチャン・エイド・アブロード(Christian Aid Abroad)設立
1964	*プレビッシュ報告書が発表される *国連貿易開発会議(UNCTAD)第一回総会開催(於:ジュネーブ) *ベトナム戦争が本格化 *「ヨーロッパのクリスチャン委員会」を、クリスチャン・エイド(Christian Aid)に改称	*移民法改正

年		
1965		*オーストラリア海外援助審議会 (Australian Council for Overseas Aid：ACFOA) 設立 *ワールド・ビジョン・オーストラリア (World Vision Australia) 設立
1966	*アジア開発銀行設立 *国連総会において「国際人権規約」を採択 *国連開発計画 (UNDP) 設置	*ホルト自由党・地方党連合政権樹立
1967		*ゴートン自由党・地方党連合政権樹立
1968	*国際公教育会議において「教育課程と学校生活に不可欠な国際理解のための教育」勧告を採択 *世界大学サービスが国際セミナー開催 (於：デンマーク)	*オーストラリアに開発教育が紹介される
1969	*ピアソン委員会報告書が発表される	
1970		*移民子弟教育計画 　⇒　連邦政府が「第二言語としての英語 (ESL)」への援助を開始 *教会の関連団体が「世界の開発のための行動 (Action for World Development：AWD)」の全国会議を開催 (於：シドニー)
1971	*「第二次国連開発の10年」計画開始 　⇒　従属理論が主流	*経済協力開発機構 (Organization for Economic Co-operation and Development：OECD) に加盟 *移民教育法制定 *マクマーン自由党・地方党連合政権樹立
1972	*国連人間環境会議開催 (於：ストックホルム) *国連環境計画 (UNEP) 設置 *シャプラニール設立 *ローマクラブが『成長の限界』を発表	*ウィットラム労働党政権樹立 *1970年の会議を受けて、AWD計画開始
1973	*石油ショック *イギリスにおいて、ワールド・スタディーズ・プロジェクト (World Studies Project) 開始 　⇒　イギリスの国会議員や、クリスチャン・エイド、オックスファムなどの海外援助団体の教育活動家が中心となった	*ACFOAが開発教育に関する全国会議開催 (於：キャンベラ) 　⇒　その後の開発教育のあり方に影響を与える *カーメル報告が出される 　⇒　教育の機会均等の理念を明確に打ち出す *グラスビーがオーストラリアは多文化社会であることを宣言 *ACFOAがシドニーにアイディア・センター (Ideas Centre) を設立 *イリッチがオーストラリアを訪問

年		
1974	*国連経済特別総会において「新国際経済秩序（NIEO）」を宣言 *ユネスコとFAOが中等学校における開発教育に関する報告書を発表 *ユネスコ総会において「国際理解、国際協力および国際平和のための教育ならびに人権および基本的自由についての教育に関する勧告」を採択	*オーストラリア開発援助庁（Australian Development Assistance Agency：ADAA）設立 *ウィットラム労働党政権により、白豪主義の終結が宣言される *フレイレがオーストラリアを訪問
1975	*ベトナム戦争終結 *ユネスコが環境教育国際ワークショップ開催（於：ベオグラード） *第一回国連世界女性会議開催 　　　　　　　　　（於：メキシコ） *国際婦人年	*ウィットラム労働党政権が人種差別禁止法を制定 *フレーザー自由党・国民党連合政権樹立 *キャンベラのオーストラリア国立大学（Australian National University）に開発研究センター（Centre for Development Studies）設立
1976	*国際労働機関（ILO）が世界雇用会議開催（於：ジュネーブ） 　⇒　開発の目標が完全な雇用と人間の基本的ニーズ（Basic Human Needs：BHN）の充足であることが述べられる	*ADAAを、オーストラリア開発援助局（Australian Development Assistance Bureau：ADAB）に改称 *ACFOAの教育部門解散
1977	*環境教育に関する政府間会議において「トビリシ勧告」を発表 　　　　　　　　　（於：トビリシ）	*フレーザー自由党・国民党連合政権がガルバリー委員会を設置
1978	*第一回国連軍縮総会開催 　　　　　　　　（於：ニューヨーク）	*ACFOAが、会議（Summer School of Development）を開催（於：ホバート） 　⇒　「アジア・太平洋地域におけるオーストラリア」という視点の重要性が認識され始める *ガルバリー報告が提出される 　⇒　多文化主義を提唱 *フレーザーによってガルバリー報告が受け入れられる 　⇒　多文化主義が連邦政府によって採用される 　⇒　「英語以外の言語」の必要性が認識され始める
1979	*インドシナ難民問題国際会議開催 　　　　　　　　（於：ジュネーブ） *国際児童年 *国連総会において「女性差別撤廃条約」を採択	*マクナマラ報告が提出される 　⇒　多文化教育プログラムの実施 *南オーストラリア州開発教育グループ（Development Education Group in South Australia）設立

年		
1980	*ブラント委員会が報告書を提出 　⇒　貧困との戦い、経済需要の構築、マクロ経済のバランスの維持は南と北の全ての国々にとって不可欠であると提唱 *ユネスコが軍縮教育世界会議を開催 　　　　　　　　　　　　（於：パリ）	*アイディア・センターとオーストラリア国立大学継続教育センター（Australian National University's Centre for Continuing Education）が全国会議を開催 *ACFOAが、開発教育委員会（Development Education Committee）を再建
1981	*「第三次国連開発の10年」計画開始 *南北サミット開催（於：カンクン） *国際障害者年	
1983		*ホーク労働党政権樹立 　⇒　開発教育への資金援助が増加 *ホーク労働党政権がジャクソン委員会を設置
1984	*アフリカ（特にエチオピア）の飢餓が深刻化	*ジャクソン報告書が提出される 　⇒　開発教育に関する取り組みが国際水準と比べて低いことと、フォーマルな教育部門と援助団体とのネットワークの重要性が指摘される 　⇒　開発教育に対する資金援助が増加 *オーストラリア開発研究ネットワーク（Australian Development Studies Network）設立 *ホーク労働党政権がジャヤスリア委員会を設置 *ブレイニー論争が起こる 　⇒　アジア系移民導入の是非をめぐる論争
1985	*国際青年年	*西オーストラリア州にワン・ワールド・センター（One World Centre）設立 *タスマニア州にタスマニア開発教育センター（Tasmanian Development Education Centre）設立
1986	*国際平和年	*平和教育への関心が高まる *クイーンズランド州にグローバル学習センター（Global Learning Centre）設立
1987	*ブルントラント委員会の報告書『地球の未来を守るために』（Our Common Future）刊行 　⇒　「持続可能な開発」概念が公式に提唱される	*ADABを、オーストラリア国際開発援助局（Australian International Development Assistance Bureau：AIDAB）に改称 *ジャヤスリア報告が提出される *教育省を、雇用教育訓練省（Department of Employment, Education and Training：DEET）に改組

1989	*国連総会において「子どもの権利条約」を採択 *インドシナ難民国際会議を開催 　　　　　　　　　（於：ジュネーブ） *開発援助委員会の報告書において「参加型開発」概念が使われる	*第60回オーストラリア教育審議会において「学校教育に関するホバート宣言」を発表 *ACFOAがワン・ワールド・キャンペーン（One World Campaign）を開催 　⇒　持続可能な開発の概念が進展
1990	*国際識字年 *湾岸戦争勃発 *ユニセフ、世界銀行、UNDPが「万人のための教育」会議を開催 　　　　　　　　（於：ジョムティエン） *国連開発計画が『人間開発報告書』創刊（その後、毎年発表されている） 　⇒　「人間開発」概念の提唱	*ホバート宣言を受けてカリキュラム・コーポレーション（Curriculum Corporation）設立 *南オーストラリア州に南オーストラリア州開発教育センター（South Australian Development Education Centre）設立
1991	*「第四次国連開発の10年」計画開始 *ソビエト連邦が崩壊 *ILOなどが共同報告書において「参加型開発」を提唱 *ユニセフが「開発のための教育」を提唱 *ユネスコが「国際教育指針」を発表 *国際自然保護連合などによる指針『新・世界保全戦略　かけがえのない地球を大切に』刊行	*キーティング労働党政権樹立 *全国開発教育センター協会（Network of Australian Development Education Centres：NADEC）設立 *AIDABの支援を受け、コルダーとスミスが『万人にとってより良い世界を（A Better World for All）』を出版 *第64回オーストラリア教育審議会においてナショナル・カリキュラムの8領域を設定
1992	*国連環境開発会議（リオ・サミット）開催（於：リオデジャネイロ） 　⇒　「リオ宣言」および「アジェンダ21」を発表	*南オーストラリア州開発教育センターを、グローバル教育センター（Global Education Centre）に改称
1993	*世界人権会議開催（於：ウィーン） *イギリスで開発教育協会（Development Education Association）設立 *国際先住民年	*フィエンが『環境のための教育（Education for the Environment）』を出版 *キーティング労働党政権が先住民保護法を制定 *オーストラリア教育審議会、職業教育・雇用・訓練に関する行政審議会、および青少年の行政審議会を、教育・雇用・訓練・青少年問題に関する行政審議会（Ministerial Council on Employment, Education, Training and Youth Affairs：MCEETYA）に改組

年		
1994	*ユネスコ国際教育会議において「平和・人権・民主主義のための教育」宣言を発表 *国際人口開発会議開催（於：カイロ） *ルワンダ大虐殺が起こる	*グローバル教育プロジェクト（Global Education Project：GEP）開始 *DEETを、雇用教育訓練青少年問題省（Department of Employment, Education, Training and Youth Affairs；DEETYA）に改組 *資金難のためにアイディア・センターが閉鎖される *ナショナル・カリキュラムの全領域のステイトメントとカリキュラム・プロファイルが完成 *ビクトリア州AWD支部（Victorian branch of AWD）閉鎖
1995	*「人権教育のための国連の10年」開始 *社会開発サミット開催（於：コペンハーゲン） ⇒ 社会開発という概念が広まる *世界女性会議開催（於：北京）	*AIDABを、オーストラリア国際開発庁（Australian Agency for International Development：AusAID）に改称 *AusAIDが、教師教育のための環境教育・開発教育プロジェクト（Environmental and Development Education Project for Teacher Education）を開始
1996	*ユネスコの「21世紀のための教育についての国際委員会」が報告書（『学習：秘められた宝』）を発表	*ハワード自由党・国民党連合政権樹立 ⇒ 開発教育に関わる資金援助を削減
1997	*環境と社会に関する国際会議開催（於：ギリシア） ⇒ 「テサロニキ宣言」を採択	*ハーストを議長とするシティズンシップ教育委員会（Civics Education Group）が「デモクラシーの発見（Discovering Democracy）」プログラムを開始
1998		*教育訓練青少年問題省（Department of Education, Training and Youth Affairs：DETYA）設置
1999	*国際高齢者年	*『グローバルに考える（Think Global）』が出版される *『グローバルに見る（Look Global）』が出版される *「アデレード宣言」発表
2000	*国連ミレニアム・サミットにおいて「国連ミレニアム宣言」を採択（於：ニューヨーク） ⇒ 「ミレニアム開発目標」が宣言される	*『グローバルにふるまう（Go Global）』が出版される

年		
2002	*欧州グローバル教育会議開催 　　　　　　　（於：マーストリヒト） 　⇒「マーストリヒト・グローバル教育宣言」採択 *「持続可能な開発に関する世界首脳会議（ヨハネスブルグ・サミット）」開催 　　　　　　　（於：ヨハネスブルグ） 　⇒　持続可能な開発の達成に向けた取り組みに関する協議を行う 　⇒　日本政府が日本のNGOとともに「国連ESD（持続可能な開発のための教育）の10年」を提案し、持続可能な開発に関する世界首脳会議実施計画に盛り込まれる *第57回国連総会において、日本政府が2005年から始まる10年（2005〜2014年）を「国連ESDの10年」とする決議案を46カ国の共同提案国とともに提出し、満場一致で採択される（あわせて、ユネスコが主導機関に指名される）	*『グローバル教育に関するステイトメント（Global Perspectives: A Statement on Global Education for Australian Schools）』が出版される
2003		*タスマニア開発教育センターを、タスマニアグローバル学習センター（Tasmanian Centre for Global Learning）に改称
2004		*「デモクラシーの発見」プログラムを、「シティズンシップ教育（Civics and Citizenship Education）」に改称
2005	*「国連持続可能な開発のための10年」国際実施計画をユネスコが策定し、国連総会において同計画を承認、開始	
2008		*ラッド労働党政権樹立 *「メルボルン宣言」発表 *『グローバルに考えること（Thinking Globally）』が出版される
2009	*ESD世界会議開催（於：ボン） 　⇒「国連ESDの10年」中間年における進捗状況レビューのための世界会議が開催され、「ボン宣言」を採択	
2010		*ギラード労働党政権樹立 *カリキュラム・コーポレーションとエデュケーション・ドット・エイユーを合併し、エデュケーション・サービス・オーストラリア（Education Service Australia）を設立

2012	＊国連持続可能な開発会議（リオ＋20）開催（於：リオデジャネイロ） ⇒　宣言文に、2014年以降もESDを推進することが盛り込まれる	
2013		＊アボット自由党・国民党連立政権樹立 ＊AusAIDを、外務貿易省（Department of Foreign Affairs and Trade：DFAT）に再編 ＊「オーストラリアン・カリキュラム」の段階的な導入の開始

(年表は、筆者が作成)

あとがき

　本書は、筆者が京都大学大学院教育学研究科に提出した博士学位請求論文「オーストラリアのグローバル教育の理論と実践――開発教育研究の継承と新たな展開――」(2012年1月提出、2012年3月学位(博士)取得)に加筆・修正を行ったものである。刊行に際しては、平成25年度日本学術振興会科学研究費補助金(研究成果公開促進費(学術図書))の交付を受けた。また、本書を完成させるまでに、平成19年度京都大学グローバルCOE「心が活きる教育のための国際的拠点」大学院生海外留学資金、平成20年度日本学術振興会科学研究費補助金(特別研究員奨励費)、平成21-22年度日本学術振興会科学研究費補助金(若手研究(スタートアップ／研究活動スタート支援))、平成23-26年度日本学術振興会学術研究助成基金助成金(若手研究(B))を受けることで、国内外での研究活動を充実したものとすることができた。

　本書は、筆者がこれまでに発表してきた以下の論考をもとにしている。ただし、本書をまとめる過程で、いずれも大幅な加筆・修正を行った。

「オーストラリアの学校教育の場における開発教育の特質に関する一考察　　――1960年代から1995年までに焦点を当てて」オセアニア教育学会『オセアニア教育研究』第12号、2006年、pp.51-63。
「オーストラリアの学校教育の場における開発教育カリキュラムの特徴と意　　義――『グローバル・パースペクティブ・シリーズ』の単元分析を通して」　　『教育目標・評価学会紀要』第17号、2007年、pp.57-67。
「コルダーとスミスの開発教育論に関する一考察――オーストラリアにお　　ける理論的到達点を探る」『京都大学大学院教育学研究科紀要』第53号、

2007年、pp.246-259。
「現代オーストラリアの教育改革が開発教育に及ぼす影響に関する一考察
　　──南オーストラリア州に着目して」京都大学大学院教育学研究科教育
　方法学講座『教育方法の探究』第11号、2008年、pp.9-16。
「フィエンの開発教育論に関する一考察──開発教育と批判的教育学との
　関わりに焦点をあてて」『京都大学大学院教育学研究科紀要』第54号、
　2008年、pp.193-205。
「オーストラリアにおけるグローバル教育実践の具体像──単元「水は金よ
　りも大切？」の授業分析を通して」日本教育方法学会『教育方法学研究』
　第34巻、2009年、pp.37-48。
「オーストラリアのグローバル教育プロジェクトの基本的構想とその特質」
　『京都大学大学院教育学研究科紀要』第55号、2009年、pp.377-390。
「オーストラリアの後期中等教育段階におけるグローバル教育実践の可能性
　　──南オーストラリア州のSACEとの関わりに焦点をあてて」滋賀県立
　大学人間文化学部『人間文化』Vol.32、2012年、pp.36-45。
「オーストラリアのグローバル教育における教育評価実践の方策と課題──
　南オーストラリア州の高等学校での実践の分析を通して」日本教育方法
　学会『教育方法学研究』第38巻、2013年、pp.49-60。

　学生の頃、長期休みを利用してオーストラリアを何度も訪れた。吸い込ま
れるような青い空、赤茶けた大地、柔らかな海、深い原生林、洋風の建築、
漁村の桟橋、都会の高層ビル、街にあふれる多様な言語、街ですれ違う際に
笑顔で声をかけてくれる人たち、宿泊した安宿で出会った世界各地からの
バックパッカーたち…。オーストラリアは、訪れるたびに新しい顔を筆者に
見せ、筆者を魅了し続けてきた。大学院進学後、研究で関わるようになって
からは、多様な背景を持つ子どもたちがともに過ごす教室、一人ひとりの興
味関心を尊重した選択授業、保護者や地域の人たちの学校参加の様子などを
目にしてきた。そしてまた、まったく研究上のネットワークを持たずにオー
ストラリアに飛び込んだ筆者を温かく受け入れ、成長の機会を与え続けてく

ださる多くの方々と出会ってきた。筆者にとって、そうした場面の一コマ一コマがまさに、自他を尊重し、関わり合いながら、力を合わせてより良い社会を築いていくための取り組みに対するイメージを具体化する場面であった。

　筆者が開発教育と出会ったのは、卒業論文のテーマを探していた大学3回生の後期であった。旅を通してさまざまな自然や文化、歴史に触れ、世界中から集まる多くの人々と出会う中で漠然と感じた「これほど素敵な人たちがたくさんいるにも関わらず、どうして、みんなにとって住みやすい世界がなかなか実現されないのだろう」という素朴な疑問が、筆者と開発教育を結びつけた。そして、卒業論文を執筆する過程で、開発教育に対する自身の興味がどんどん深まっていった。『開発教育におけるエンパワーメントの検討』と題した筆者の卒業論文には、稚拙な文章が並ぶ。しかしながら、この卒業論文がなければ、その後、開発教育やグローバル教育の研究に深く入りこむことはなかっただろう。開発教育研究に対する荒削りな興味と稚拙な文章があふれる卒業論文は、今でもときどき読み返しており、私の研究の大切な拠り所となっている。

　卒業論文執筆のために資料収集をする中で、オーストラリアには注目すべき研究蓄積があることを知った。そこで、大学院進学後、オーストラリアの開発教育およびグローバル教育についての研究に本格的に取り組み始めた。そして、より良い社会づくりに向けた多くの方々の多くの努力を知る中で、卒業論文執筆時に抱いていた素朴な疑問は、「きっと実現できる」という確信と、「教育方法学を専攻する者として、カリキュラム編成や授業づくりという側面から、その実現に向けた取り組みを行っていきたい」という想いに変わっていった。本書が、こうした筆者の想いのいくらかを言葉にし、読者の方々と議論を深めるきっかけをつくるものとなっていればと願う。

　本書の刊行に至るまでには、本当に多くの方々のお世話になった。この場をお借りして、お礼を申し上げたい。
　指導教官であった田中耕治先生には、卒業論文、修士論文、博士論文の主

査をしていただき、また、日々の授業や授業外においても、言い尽くせないほどお世話になった。教育学部の1回生向けの講義において学校現場で実践されている授業の奥深さや可能性を教えていただいたことが、教育方法学を志す第一歩となった。開発教育という教育活動の存在を教えてくださったのも田中先生である。また、多忙な中にあっても相談に伺うと常に時間をつくってくださり、じっくりと話を聞いてくださったうえで、時に取り組むべき課題を、時に悩むべき内容を、指し示してくださった。そして田中先生のアドバイスにしたがって取り組んだり悩んだりすることによって、常に、道が拓けてきた。「答え」を提示するのではなく考えるべき方向性を示してくださることによって、気がつけば「自分なりの答え」に辿りついている──こうした「田中先生マジック」に導かれることによって、何とかここまで進んでくることができた。本当にありがとうございました。

　同じく指導教官として、修士論文と博士論文の副査をしていただいた西岡加名恵先生からいただいたご指導や支えも、ここに書き尽くせないほどである。論文や学会発表の原稿を持参すると、常にびっしりと、厳しくも温かいコメントを書き込んで返してくださった。大学院生時代に長時間に渡って相談に乗っていただきながら作成したオーストラリアでの授業研究の計画メモは、現地で授業研究を進める過程において、何度見返したことだろう。博士論文の執筆に際しても、筆者の悩みやこだわりを的確にくみ取ってくださったうえで、じっくりと話を聞きながら、改善のために取り組むべき課題を明確にご指摘くださった。研究に対する真摯な姿勢やバイタリティ、後進を育てることに対する情熱や細やかな配慮などは、今の私が研究者として、また、教育者として歩みを進めるうえでの大きな指針となっている。本当にありがとうございました。

　京都大学大学院教育学研究科比較教育学講座の杉本均先生には、卒業論文、修士論文、博士論文の副査をしていただき、また、先生のゼミナールに参加し続けさせていただいた。先生は、所属講座の異なる筆者を常に優しく迎えてくださり、温かくそして鋭く、研究に対するアドバイスや激励をくださった。先生のゼミナールは私にとって、異なる専門分野の研究の視点や研究手

法を学ぶ貴重な機会であり、そこでの議論は刺激に満ちたものであった。博士論文の出版に対する励ましの言葉をいただいたり、東信堂の下田勝司社長をご紹介いただいたりするなど、本書の刊行に際しても大変お世話になった。改めて、心よりお礼を申し上げたい。ありがとうございました。

京都大学の教育方法研究室でともに学んだメンバーたちにも感謝の気持ちを伝えたい。特に、研究室の先輩である石井英真先生と伊藤実歩子先生には、博士論文執筆に際して原稿を検討いただいたり、本書の刊行に際してアドバイスや励ましの言葉をいただいたりした。本当に、ありがとうございました。また、「あんな風になりたい」「少しでも近づきたい」と思う姿を見せ続けてくださる諸先輩方や、「自分も負けていられない」「しっかり研究をしなければ」と思わせ続けてくれる後輩たちは筆者にとってかけがえのない存在であり、このメンバーとこれまでに過ごしてきた、そして今後過ごすであろう時間は何物にも代えがたい宝物である。

学会活動を通してお世話になった先生方や同世代の研究者の方たちとの出会いも、大変大きな支えであり、刺激であった。特に、オセアニア教育学会の研究推進グループの活動を通してご指導いただいた佐藤博志先生（筑波大学）、伊井義人先生（藤女子大学）、青木麻衣子先生（北海道大学）には、オーストラリアの教育に関する研究を進めるうえで意識すべき視点や内容、研究手法の多くを教えていただいた。そしてまた、こうした活動の機会を与えてくださった、学会の前会長である笹森健先生（青山学院大学名誉教授）と福本みちよ先生（東京学芸大学）にも、改めてお礼を申し上げたい。ありがとうございました。

オーストラリアでの研究に際しても、大変多くの方々にお世話になった。ブロウェット（Browett, J.）先生、セキュロ（Securo, R.）先生、ウォーカー（Walker, S.）先生、ゴールディン（Goulding, B.）先生には、ご自身の実践を見せていただいたり私の拙い英語でのインタビューや記録の作成に粘り強くお付き合いいただいたりするとともに、その内容を論文に掲載することの承諾や励ましをいただいた。コルダー（Calder, M.）先生、バーチ（Burch, A.）氏、マクニコル（McNicol, C.）氏、スミス（Smith, F.）氏をはじめ、他の多くの方々にも、研究に関する資料を提供いただいたり議論の相手をしていただいたりした。日本から遠く離

れたオーストラリアを常に身近に感じ続け、研究を続けてくることができたのは、「この研究がオーストラリアと日本との新しいつながりのきっかけになるはず」「研究成果がまとまったらぜひ内容を教えてほしい」と、彼・彼女たちが私の研究に期待をかけてくださり、支え続けてくださったおかげである。本当にありがとうございました。

現在の所属先である滋賀県立大学の同僚の先生方やゼミ生たちにも、お礼を述べたい。「若手の人たちにはしっかりと研究をしてもらいたいから」と言って多くの学内業務をお引き受けくださったり激励をくださった同僚の先生方のおかげで、就職後も自身の研究に力を注ぐことができた。また、自身の問題意識や資料と向き合い、同級生たちと議論を重ねながら必死で卒業論文の言葉を紡ごうと努力しているゼミ生たちの姿に、筆者自身がこの研究テーマと出会った頃の気持ちを思い出させてもらい、多くの刺激と励ましをもらってきた。ありがとうございました。

本書の刊行に際しては、東信堂の下田勝司社長に、大変多くのご助力とご助言をいただいた。出版事情の厳しい中、駆け出しの若手研究者の作品の出版を快くお引き受けくださり、最後まで粘り強くお付き合いいただいたご恩は忘れられない。本当にありがとうございました。

本書の執筆の過程は、これまでいかに多くの方々にお世話になったのかを改めて思い起こすとともに、そうした方々からいただいた支えや期待に十分に応えることができているのだろうかという不安を感じる過程でもあった。特に、オーストラリアでお世話になった方々の熱い想いや努力、細部にわたる工夫などの様相を十分に伝えきれていないとすれば、それはひとえに、筆者の力量のなさによるものである。お世話になったすべての方々のお名前を記してお礼を申し上げられないのが残念であるが、ここに、心からの感謝を申し上げたい。本当にありがとうございました。

本書は、筆者の研究の一里塚である。これまで支えてくださった多くの方々への感謝を忘れずに、これからも歩を進めていきたい。そのためにも、読者の皆様から、忌憚のないご批正を賜ることができれば幸いである。そしてまた、不十分な点も多い本書ではあるが、日本とオーストラリアの開発教育研

究およびグローバル教育研究に何らかの議論を生むとともに、両国の研究交流を深める一助となれば、望外の喜びである。

　最後に、私事にわたり恐縮ではあるが、両親に心からの感謝の意を表したい。大学入学後から一人暮らしを始め、なかなか実家に顔を見せない不肖の息子に対し、「自分のしたいことを、納得がいくまでしたらいい」と、常に背中を押してくれた。また、忙しそうな様子を見せる私に対し、常に健康を気遣ってくれた。博士学位取得の記念にと地元で一緒に食事をしたときの楽しい時間と2人の笑顔は、今でも鮮やかに思い出される。なかなか面と向かってお礼を言えない私ではあるが、この場を借りて、本書と感謝の言葉を贈りたい。心から、ありがとう。

　2014年1月

　　　　　　　　　　　　　　　　　　　　　　　　　　　木村　裕

事項索引

あ行

アイディア・センター	32, 33, 39
アカウンタビリティ	13, 14
アデレード高等学校	20, 180, 189, 217
アデレード宣言	41, 55, 74
アボリジニ	43, 64, 155, 158, 168〜170, 173, 215, 216
イデオロギー	13, 114, 116〜118
内への旅	10, 80, 82, 103
エデュケーション・サービス・オーストラリア	52, 75, 76
エデュケーション・ドット・エイユー	52, 62, 76
エンパワーメント	5, 35, 51, 81, 87
オーストラリア教育審議会	37, 52, 207
オーストラリアン・カリキュラム	17, 178, 206

か行

開発援助委員会	35
開発教育	3, 20, 39, 71, 88, 111
開発教育協会	8, 9, 22
開発教育協議会	8
開発教育研究会	8
『開発のための教育』	68
外部評価	183〜185, 191, 192, 207
学習過程	17, 85, 86, 93, 96, 97, 129, 182
学習方法	17, 84, 92, 112, 129, 133, 136, 144, 147, 162, 187
学力保障	37, 201, 202, 218, 220
学校に基礎を置く評価	183, 184, 190, 207
可能性の言語	118〜120
科目概要	181, 192, 193, 195, 201, 217, 218
カリキュラム開発	12, 37
カリキュラム・コーポレーション	37, 52, 57, 61, 62, 64, 74
カリキュラム・プロファイル	24, 42, 44
カリキュラム編成	7, 37, 46, 120, 178, 206, 213
環境教育	5, 20, 105
環境についての教育	106, 107
環境のための教育	106〜108
環境を通しての教育	106, 107
機械論的パラダイム	79
教育政策	11, 13, 15〜18, 28, 37, 41, 46, 63, 209, 210
教育制度	7, 11, 15〜18, 20, 28, 41, 46, 63, 180, 209, 210, 217, 219
教育評価	14, 17, 88, 100, 124, 129, 134, 136, 155, 171, 180, 186, 195, 201, 215, 217, 218, 220, 222
教育目的	17, 81, 87, 89, 111, 136, 186, 199
教育目標	17, 82, 83, 89, 90, 98, 112〜114, 136, 140, 158, 160, 187, 199, 203, 212, 220, 222
近代化パラダイム	114, 125
近代化論	29, 30, 36, 114, 132
近代公教育	3, 7, 209, 219
グッドウッド小学校	20, 155, 216
クライテリア	185, 186, 188, 192〜196, 201〜203, 218
グローバル学習センター	33, 59, 60
グローバル教育	3, 10, 39, 81, 85, 137
グローバル教育ウェブサイト	62, 66, 68
グローバル教育センター	33, 59, 60, 62, 68, 69, 137, 157, 174, 189, 191
『グローバル教育に関するステイトメント』	14, 24, 40, 44, 53, 61, 67-68
グローバル教育プロジェクト	6, 60, 63, 69
『グローバルに考える』	40, 68, 137, 138
『グローバルに考えること』	68

『グローバルにふるまう』 40, 137, 138
『グローバルに見る』 40, 137, 138, 156
『グローバル・パースペクティブ・シリーズ』 13
グローバル・ピース・スクール・プログラム 221, 223
経済協力開発機構 35
後期中等教育修了資格 25, 180, 189, 206
行動への参加 97, 98, 133, 134, 136, 147, 155, 162, 170, 172, 199, 212
国連 29
国家目標 41～43, 46, 55, 210

さ行

再生産装置 118, 121, 213, 219
再生産論 118
参加型開発 34～36, 115
参加型学習 9, 10, 23, 130
自己認識 87, 96, 97, 112, 123, 133, 134, 136, 145, 147, 154, 162, 166, 168, 171, 172, 174, 187, 199, 203, 212～214, 216, 219, 220
持続可能な開発 4, 31, 36, 115
持続可能な開発のための教育 39, 110
シティズンシップ教育 54, 70, 71, 74, 223
シティズンシップ教育委員会 56～58
社会開発 4, 35, 36, 115
社会と環境の学習 45, 46
社会認識 87, 97, 112, 123, 133, 134, 136, 144, 147, 154, 162, 164, 172, 174, 187, 199, 203, 212～214, 216, 219, 220
社会批判的志向性 106, 107, 110
ジャクソン委員会 32, 51
ジャクソン報告書 32, 51
従属理論 4, 31, 36, 91, 115, 132
授業づくり 7, 9, 12, 61, 62, 69, 71, 174, 206, 213, 221
『シリーズ』 13, 40, 61, 139, 146, 154, 173, 175, 214
人権教育 5, 20

ステイトメント 24, 42, 44
政治的リテラシー 108, 120, 123, 124, 129, 135, 213, 221
「政府型」開発教育 131～133, 136, 146, 151, 214
世界大学サービス 29, 30, 49
セーブ・ザ・チルドレン・オーストラリア 13, 24, 221
外への旅 10, 80, 82, 103

た行

タスマニア開発教育センター 33
タスマニアグローバル学習センター 33
タスマニア大学 60, 65
多文化教育 5
多文化主義 32, 50
探究アプローチ 92, 93, 97, 98, 112, 116, 134, 136, 144, 147, 162, 187, 212, 214, 220
地球市民 4, 44
地球的諸問題 4, 46, 79, 94, 188
デモクラシーの発見 54, 56, 58, 70, 74
東西問題 29

な行

ナショナル・カリキュラム 13, 14, 17, 37, 40, 41, 44, 46, 47, 55, 178, 206, 210
南北問題 3, 29
人間開発 4, 35, 36, 115

は行

パースペクティブ 12, 45, 46, 92
白豪主義 32, 50
『万人にとってより良い世界を』 12, 38, 139
批判的教育学 13, 105, 117
批判の言語 118～120
評価課題 173, 186, 190, 192～194, 196, 197, 202, 203, 217, 218, 222
評価基準 173, 203, 217, 222

索 引　257

ファシリテーター	115, 122	**欧字**	
ブルントラント報告書	31		
プロフェッショナル・デベロップメント		ACFOA	30, 32, 34, 41, 50
	16, 67	ACT	33, 60, 75
平和教育	5, 20	ADAA	21
変革装置	122, 213, 219	ADAB	21
変革的知識人	119, 120, 213	AIDAB	6, 21, 32, 38, 59, 111
貿易ゲーム	142, 151	AusAID	6, 17, 21, 38, 54, 59, 61, 65, 111, 211
ホバート宣言	37, 40 〜 42, 74	DETYA	56
ホリスティック・パラダイム	79, 82, 84, 86, 103	DFAT	17, 21, 32
		ESD	i, 39
ま行		GEP	6, 14, 39, 54, 59, 62, 69, 71, 73, 174, 175, 209 〜 211
南オーストラリア州	15, 18, 155, 189, 221	GCSE	88
南オーストラリア州開発教育センター	33, 39	GNP	30
南オーストラリア州後期中等教育評価委員会	206	NADEC	37, 38
ミレニアム開発目標	190, 191, 208	NGO	3, 28, 30, 34, 50, 210
メルボルン宣言	41	NSW	33, 60, 75
		NT	33, 60, 75
や行		PEACE パラダイム	114, 115, 124
ユニセフ	8	QLD	33, 60
		SA	33, 60
わ行		SACE	25, 180, 181, 183, 186, 188, 201, 204, 206, 207, 217, 218
ワークショップ	10, 11, 60, 130	SACSA	178, 206
ワールド・スタディーズ	8, 10, 78	SEAA	13
ワールド・ビジョン・オーストラリア	13, 24, 49, 62, 66, 68	SSABSA	206
ワン・ワールド・センター	33, 59, 60	TAS	33, 60, 75
		VIC	33, 60
		WA	33, 60

人名索引

あ行		ウィットラム，E. G.（Whitlam, E. G.）	32, 50
アボット，T.（Abbott, T.）	21	ウォーカー，S.（Walker, S.）	155, 156, 166, 170, 171, 173, 174
飯笹佐代子	54		

大津和子 9
小貫仁 9

か行

カプラ，F.（Capra, F.） 79
キーティング，P. J.（Keating, P. J.） 51, 55
キド，K.（Kido, K.） 12, 14
木村一子 10
グラスビー，A. J.（Grasbby, A. J.） 49, 50
ケンプ，D.（Kemp, D.） 56, 58, 75
コーデン，S. M.（Cowden, S. M.） 12
ゴールディン，B.（Goulding, B.） 155, 156, 173, 174
コルダー，M.（Calder, M.） 5, 12, 38, 78, 131, 170, 211

さ行

ジルー，H. A.（Giroux, H. A.） 13, 17
スウィヒン，T.（Swee-Hin, T.） 114
スティーブンソン，R.（Stevenson, R.） 117
スミス，F.（Smith, F.） 191
スミス，R.（Smith, R.） 5, 12, 38, 78, 131, 211
セキュロ，L.（Securo, L.） 189, 192, 195, 197, 201
セルビー，D.（Selby, D.） 9, 78

た行

田中治彦 8
デカルト，R.（Descartes, R.） 79

な行

西岡尚也 9
ニュートン，I.（Newton, I.） 79

は行

ハースト，J.（Hirst, J.） 58, 71, 74
バーチ，A.（Burch, A.） 65, 70
バーンズ，R. J.（Burns, R. J.） 12, 29
バーンスタイン，B.（Bernstein, B.） 118
パイク，G.（Pike, G.） 9, 78, 97, 212
ハックル，J.（Huckle, J.） 107, 221
ハワード，J.（Howard, J.） 47, 51, 54, 70
ハンベイ，R.（Hanvey, R.） 103
フィエン，J.（Fien, J.） 6, 12, 14, 39, 78, 105, 110, 131, 213
藤原孝章 9
フランクス，O.（Franks, O.） 29
ブリス，S.（Bliss, S.） 25
フリードマン，J.（Friedmann, J.） 51
ブルデュー，P.（Bourdieu, P.） 118
ブロウェット，J.（Browett, J.） 65, 70, 71
ボノ，E. D.（Bono, E. D.） 159
ホーク，R.（Hawke, R.） 50
ボーム，D.（Bohm, D.） 79

ま行

マクニコル，C.（McNicol, C.） 61, 64, 75
マッキンタイアー，S.（Macintyre, S.） 74

や行

山西優二 9
吉田敦彦 104

ら行

ライアン，A.（Ryan, A.） 12, 15, 132
リチャードソン，R.（Richardson, R.） 85, 102

わ行

ワルス，A.（Wals, A.） 108

著者紹介

木村　裕(きむら　ゆたか)

1981年兵庫県神戸市生まれ。京都大学大学院教育学研究科教育科学専攻博士後期課程学修認定退学。博士(教育学)。日本学術振興会特別研究員を経て、2009年4月より、滋賀県立大学人間文化学部助教。専攻は教育方法学。

主な著書に、『新しい学力テストを読み解く──PISA／TIMSS／全国学力・学習状況調査／教育課程実施状況調査の分析とその課題』(共著、日本標準、2008年)、『時代を拓いた教師たちⅡ──実践から教育を問い直す』(共著、日本標準、2009年)、『オーストラリアの教育改革──21世紀型教育立国への挑戦』(共著、学文社、2011年)、『環境教育学──社会的公正と存在の豊かさを求めて』(共著、法律文化社、2012年)、『新版オーストラリア・ニュージーランドの教育──グローバル社会を生き抜く力の育成に向けて』(共著、東信堂、2014年)など。

Theory and Practice of Global Education in Australia
Continuity and Progress of the Research in Development Education

---

オーストラリアのグローバル教育の理論と実践
──開発教育研究の継承と新たな展開

2014年2月26日　　初 版第1刷発行　　　　　　〔検印省略〕
　　　　　　　　　　　　　　　　　　　　定価はカバーに表示してあります。

著者ⓒ木村裕　発行者 下田勝司　　　　　印刷・製本／中央精版印刷株式会社

東京都文京区向丘1-20-6　　郵便振替 00110-6-37828
〒113-0023　TEL (03) 3818-5521　FAX (03) 3818-5514　　発　行　所
Published by TOSHINDO PUBLISHING CO., LTD.　　株式会社 東信堂
1-20-6, Mukougaoka, Bunkyo-ku, Tokyo, 113-0023, Japan
E-mail : tk203444@fsinet.or.jp　http://www.toshindo-pub.com

ISBN978-4-7989-1220-2 C3037　　ⓒ 2014 KIMURA Yutaka

東信堂

比較教育学事典	日本比較教育学会編	一二〇〇〇円
比較教育学の地平を拓く	森山肯子編	二六〇〇円
比較教育学——越境のレッスン	馬越徹	三六〇〇円
比較教育学——伝統・挑戦・新しいパラダイムを求めて	馬越徹・大塚豊監訳 ブレイM編著	三八〇〇円
国際教育開発の再検討——途上国の基礎教育普及に向けて	北村友人編著 小川啓一・西村幹子・	二四〇〇円
中国教育の文化的基盤	大塚豊監訳 顧明遠著	二九〇〇円
中国大学入試研究——変貌する国家の人材選抜	大塚豊	三六〇〇円
中国高等教育独学試験制度の展開	南部広孝	三二〇〇円
中国の職業教育拡大政策——背景・実現過程・帰結	劉文君	五〇四八円
中国の後期中等教育の拡大と経済発展パターン——江蘇省と広東省の比較	呉琦来	三八二七円
中国高等教育の拡大と教育機会の変容	王傑	三九〇〇円
現代中国初中等教育の多様化と教育改革	楠山研	三六〇〇円
ドイツ統一・EU統合とグローバリズム——教育の視点からみたその軌跡と課題	木戸裕	六〇〇〇円
教育における国家原理と市場原理——チリ現代教育史に関する研究	斉藤泰雄	三八〇〇円
中央アジアの教育とグローバリズム	日下部達哉	三六〇〇円
バングラデシュ農村の初等教育制度受容	川嶺野辺明敏子編著	三二〇〇円
オーストラリアのグローバル教育の理論と実践	木村裕	三六〇〇円
開発教育研究の継承と新たな展開	本柳とみ子	三六〇〇円
オーストラリアの教員養成とグローバリズム——多様性と公平性の保証に向けて	佐藤博志編著	二〇〇〇円
[新版]オーストラリア・ニュージーランドの教育——グローバル社会を生き抜く力の育成に向けて	青木麻衣子・佐藤博志編著	三八〇〇円
オーストラリアの言語教育政策——多文化主義における「多様性」と「統一性」の揺らぎと共存	青木麻衣子	三八〇〇円
オーストラリア学校経営改革の研究——自律的学校経営とアカウンタビリティ	佐藤博志	三八〇〇円
戦後オーストラリアの高等教育改革研究	杉本和弘	五八〇〇円
マレーシア青年期女性の進路形成	鴨川明子	四七〇〇円
「郷土」としての台湾——郷土教育の展開にみるアイデンティティの変容	林初梅	四六〇〇円
戦後台湾教育とナショナル・アイデンティティ	山﨑直也	四〇〇〇円

〒113-0023 東京都文京区向丘1-20-6　TEL 03-3818-5521　FAX 03-3818-5514　振替 00110-6-37828
Email tk203444@fsinet.or.jp　URL http://www.toshindo-pub.com/

※定価：表示価格（本体）＋税